投資中國大陸法律環境報告

企管、貿易、稅務、居住典型案例

出右律師事務所/著

推薦序

　　本書由兩岸律師與法律專業人士共同執筆，自台灣與大陸多元角度切入，針對大陸法制佐以實例，提出了系統性的解析，有助台灣民眾清楚掌握大陸法律脈動。對於本書的出版，首先給予誠摯祝福。

　　台海兩岸關係複雜獨特，1991年3月，海基會由政府與民間共同捐助成立，成為唯一受政府委託及授權處理兩岸往來衍生事務的中介團體。近三十年來，海基會肩負起「協商」、「交流」與「服務」的使命，平均每年受理超過35萬件涵蓋各類項目的案件，具體顯示海基會為兩岸人民服務的績效與成果。

　　兩岸關係發展迭有起伏，雙方人民接觸往來衍生問題未曾間歇。近年中國大陸單方提出許多措施，吸引台灣民眾前往就學、就業、創業、投資或生活，兩岸人員與經貿、文化各領域交流更趨熱絡頻繁，衍生的法律關係因此更加龐雜。從早期聚焦在台商投資貿易與勞工僱用等糾紛，到兩岸婚姻衝突、子女監護權爭奪、隔海財產繼承、家族財富跨境傳承等多樣性法律爭議，其牽涉層面的廣度、深度，已不復過往單純。有鑑於此，對於大陸當地法令與政策熟悉與否，將影響台灣民眾往來大陸的各項權益。

　　為協助民眾解決問題，海基會除努力維繫兩岸溝通聯繫管道，更持續精進相關業務，包括成立「台商服務中心」、籌組「台商財經法律顧問」與「律師志工團」、建置「24小時緊急服務專線」與海基會APP等，提供及時、專業的服務與協助，獲得兩岸人民高度的肯定，擦亮了無可取代的「金字招牌」。

　　「一傾而天下用法皆為輕重，民安所措其手足？」法律如果不明確，連帶人民將無所遵循，但如果人民連基本的法律規範都不清楚，更遑論知法守法、依法行事的可能了。坊間資料蒐羅豐贍、內容解析精闢的大陸法律書籍有限，出右法律集團長期深耕兩岸法律業務，處理跨境事務有前瞻獨到的見解。藉承辦諸多案件累積豐沛實務經驗，如今匯聚資源針對

大陸法制環境與案例編撰專書，共饗讀者，實屬可貴，有助台灣民眾瞭解中國大陸的法制，進而維護自身的權益，故樂爲之序。

財團法人海峽交流基金會

董事長

推薦序

　　身爲一名執業會計師，長期投入在會計實務中，深深明白會計與法律關係深遠，尤其是稅法與會計更是密不可分。在製作會計帳冊過程中，不免涉及各項會計科目間之法律關係；在處理法律爭議中，也勢必會接觸到會計項目的調整，更遑論一個稅務負擔由誰分配的問題，有時往往成爲爭議可否化解之關鍵因素。

　　兩岸往來頻繁，彼此交流深切，在各方面已形成緊密交錯的複雜網絡下，早有法律、會計專業人士介入提供服務之實際需求。會計領域因全球會計科目共通，發展程度與法律領域相比雖較爲成熟，可由會計師按照財稅合理規劃標準針對台灣民眾（企業）前往大陸置產及轉投資事項給予節稅規劃，本人於1999年通過大陸註冊會計師考試。因此，本人十分期待市面上出現一本專門剖析大陸地區法律事務之書籍，尤其是以「外商投資」爲主軸之工具書，除可開啓兩岸法律交流外，也能讓會計服務在執行上更能有所本。本書「投資中國大陸法律環境報告」以外商目光出發，完整分析解讀大陸法制體系，十足作爲台灣民眾處理跨境法律事務之具體指引。

　　除一般外商投資事項外，對於跨境家事案件之處理因涉及財務分配，也爲大家近期所關注的「顯學」。本書特意在投資內容外，增設中國大陸關於跨境婚姻、繼承事項之分析，並檢附法院實例判決，也有助於讀者理解在地生活法律關係之全貌。

　　本書側重外商投資中國大陸事務處理，除給法律服務項目帶來了新視野，也可作爲會計服務另一思考基礎。本人作爲專業會計師，這本書的出

版，相信對往返兩岸的專業人士實務上參考應有助益，樂見本書引發的學術、實務交流，也對本書之付梓給予祝福。

執業會計師 黃勝興

臺灣省會計師公會第二十八屆理事長

2019/11/18

推薦序

　　特別高興看到我的摯友張旭中律師主編的「投資中國大陸法律環境報告」在今年12月問世，尤其是與本人拙著「區塊鏈會計」的發行時間前後不超過兩個月，可見在學習及實務操作這條道路及時機點上，我們倆不約而同，都在工作實踐中持續汲取養分。

　　我認識張旭中律師已近十年，對他的生涯選擇及執業眼光有很深刻的印象。張旭中律師在台灣原本是上市櫃銀行法務主管，當時金融業在台灣十分火熱，但在大陸地區2008年開放台灣民眾參與當地司法考試後，他就毅然決然投入大陸司法考試，可見張旭中律師對法律執業十分具有熱忱。此外，張旭中律師對其在法律市場中的定位取向，也令人驚艷。兩岸往來交往頻繁，跨境法律事務本來就有高度需求，但市面上可直接提供兩岸法律服務之專業機構卻不常見，即便有，亦很多不具法律專業或力道不足，而導致許多失敗案例反而花了錢又走錯了路，張律師把握其原本在台灣法律之基礎，又兼具大陸地區當地之執業經驗，應有助於在兩岸跨境事務上發揮長才。

　　尤其我在兩岸行事，會計事務所發生的法律問題事項都請教張律師，兩人偶也有共同合作，完成客戶交付牽扯兩岸法律、會計實務事項之處理，大致均能圓滿達成客戶要求去完成其在兩岸企業間、跨法、會等不同機能的關連之業務，找出更佳解決辦法之方案！

　　本書的內容體現張旭中律師長期專注在跨境事務的特色，從介紹大陸地區憲政體制出發，兼論當地法律、司法體系環境，並著重在外商投資環節，十分值得台灣民眾及台灣專業投資人參考。另外，本書中、後半段輔以案例說明，相信以深入淺出的方式，可以更令人理解大陸地區法律實務。

　　再次恭喜張旭中律師在百忙之際，將執業經驗化成文字積累。預祝本書大賣，也預祝張旭中律師日後著作等身。

執業會計師

臺灣省會計師公會第二十二屆理事長

2019/11/18

編者序

　　2008年中國大陸開放台籍居民參加司法考試，2009年我立志以台籍大陸律師為終生職業目標，至今2019年剛好滿十周年，回首過去十年，一路走來，因無前例可參考，只能摸著石頭過河，從一開始在台灣找不到中國大陸司法考試書本，到成立「出右法律集團」，期間所面對的問題及挫折從不曾間斷，能堅持走到現在，除了貴人相助之外，破釜沉舟、永不回頭的決心，是每次克服難關力量來源的關鍵。

　　早期的中國大陸法制尚不健全，行政裁量的空間比較大，加上為了招商引資，實務上會以比較寬鬆及優惠的方式處理大陸台商經營上遇到的法律問題，近幾年中國大陸中央政策強力宣導依法治國、依法行政，加上法律制度已趨完備、嚴格，熟悉法律是解決法律問題的基本及前提，因此大陸台商對律師的需求也就日益提升，尤其在面對重大決定如出售土地或廠房，台籍大陸律師是大陸台商的首選，以上的變化在最近三年更是明顯；但在面對日益增加的業務，我深刻體會要真正做好大陸台商的法律服務，唯有依靠團隊的公司化運作模式，才能全面滿足大陸台商所涉及的，從個人、公司、兩岸到全球，從過去、現在到未來等複雜的法律問題，因此我以「團隊→專業→責任」的理念尋找兩岸優秀的資深律師、會計師及金融專業人士加入團隊，經過多年的運作終於成立「出右法律集團」，雖然成本高、速度慢，但根基紮實，出右律師也才能在三年內完成「台商一典通」及本書的出版。希望未來能有更多的專業人士加入「出右法律集團」的平台，一起努力朝「兩岸法律服務第一品牌」的目標前進。

　　為了避免超過百萬的大陸台商誤觸大陸法律，是出右律師編寫本書的主要動機，我在大陸執業律師已滿八年，大陸台商是我主要的客戶，所以我非常清楚大陸台商應該關注的法律問題，因為一不小心，輕者傷財，重者牢獄之災，期盼本書的出版能達到提醒、指引及幫助大陸台商的目的；另一個動機是希望給在台灣從事與大陸商業往來有關的機構，例如銀行、

證券、保險、法律、會計、不動產等專業人士，有系統的瞭解中國大陸的政治、法律制度及相關重要案例實務見解，進而幫助其在處理個案時更加專業及正確。

　　本書是全體出右律師在繁忙工作之餘，犧牲休息及休閒的辛苦結果，在此我要對您們的付出表示肯定及感謝，眾志成城，遠大的理想需要結合眾人的力量才能達到，本書的出版，代表我們團隊離「兩岸法律服務第一品牌」的目標又向前邁進一大步。

　　2008年金融危機，重創全球經濟，當年我四十歲人生也跌到谷底，隔年立志從大陸律師東山再起，歷時十年打造現在的「出右法律集團」，不敢言成功，但我會不忘初心繼續努力朝著我的目標前進，最後，我要感謝過去十年對我提供幫助的貴人，是您們成就了現在的我，尤其是我的妻子及我的合夥人廣東出右律師事務所劉建榮律師，在我最徬徨時給予的信任、支持及鼓勵。

廣東出右律師事務所所長

台籍大陸律師

2019年9月

編者序

　　這個夏季，不算太熱，但似乎讓人頭腦有些發熱。中國大陸《外商投資法》在中美貿易爭端白熱化環境下出台，同樣不失熱烈。作為一名服務包括台港澳地區客戶在內的廣大外商逾十七載的律師，突然很想找一本能夠給境外友人提供參考的有關投資中國大陸的法律專業書籍，但搜遍了中國大陸四大圖書銷售電商平臺，除少許介紹他國投資環境的書籍外，竟未找到全面介紹中國大陸投資法律環境方面的書籍，甚是震驚，也頗感失望。於是在律所的一次會議上，我藉著中國大陸《外商投資法》出台的契機，提出了編寫本書的構想，不想與我的同事們一拍即合，當即大家就對本書的編寫及內容進行了深入意見交換，並此後多次專門召開會議予以研究、進行分工。緊鑼密鼓，奮戰半年，終於在既定的時間完成並交付出版。

　　出右律所編寫本書的目的在於向境外投資者提供在（前往）中國大陸投資的第一手法律資訊，使境外投資者對中國大陸的投資法律環境有較為全面的認識；同時，也給境外的包括律師同行在內的法律、企管等專業服務機構提供此類資訊，以幫助其向（擬）在中國大陸的投資的客戶提供更加全面、專業、具有預見性的專業法律服務。

　　本書分為上、中、下三篇和附錄，上篇主要介紹中國大陸的法律環境，包括政治制度、法律體系以及司法體系，還專章就中國大陸外商投資法律環境和外商投資企業設立、變更、登出涉及的法律事務進行了較為詳細的介紹；中篇及下篇均以案例形式呈現，其中中篇為與外商投資企業運營各環節相關的典型案例，下篇為境外自然人在中國生活和家庭關係（包括結婚、離婚、繼承和收養）相關的典型案例，合計甄選了123個案例，每個案例包括了案情簡介、法院認定（或有權部門的決定）、實務要點以及案例檢索四個部分；附錄則介紹了境外居民在中國大陸常見的辦事指引。我們希望本書可以向（擬）在中國大陸的境外投資者以及其他希望瞭

解中國、來往中國大陸的境外人士提供具有實用性的參考；向包括中國大陸律師同行在內的世界律師同行提供一點參考、引起一些共鳴和思考。

　　鑒於篇幅的原因，本書收集的多數案例僅保留了與題述問題相關的案情部分，並且爲突出重點，對原裁判單位的認定內容進行了刪減、提煉或充實。爲此，如讀者在閱讀中發現任何不足或遺漏之處，請不吝指正。律所信箱：tw.cn.gb@vip.163.com.

　　最後，我要說說感謝的話，我要向爲本書編寫付出艱辛努力的侯文景律師、鄧寶霖律師、蘇家弘律師、方智藝律師、陳慧冰律師以及劉媛律師致謝，也要向實習律師（本書出版前後他們已陸續成爲執業律師）楊淑樺、蔡楚嫻、林雯菁、邱嘉俊、吳文軍致謝。同時還要感謝我的妻子、孩子，往年該有的暑期空閒都統統爲這本書讓路，以致沒能好好陪伴你們。本書的完成，離不開你們的努力付出和全力支持。本書的出版，應當記你們一功。但我們也不能因此而自滿，因爲後面還有更多更艱巨的任務和更光榮的使命等著我們。讓我們手拉手、肩並肩，繼續昂首奮進在「出右」律師道路上。

劉進學

於2019年8月2日

編者序

　　身爲一個法律實務工作者，投入法律工作已近十年，在這十年時光中，我工作內容的質與量因爲投入中國大陸司法考試有了顯著差異。服務項目從原先台灣訴訟涉入兩岸跨境事務，服務族群也從一般民眾轉向面對公司企業。在本來執業領域或轉變過程中，每每想提筆寫一些自己在執業過程中的想法及積累，要不是被工作上瑣碎事務占據了生活，就是擔心題材上落入拾人牙慧的難題。本書另闢蹊蹺以中國大陸法制爲介紹背景並集結全體作者群的智慧，成功解決以上兩道難題，共同促進了本書的出版，其順利付梓歸功於出右法律集團全體人員。

　　在法律人漫長的考試宿命中，我是屬於較幸運的一群。2006年，輔仁大學畢業後的次年考取台灣律師，台灣執業十年後決定開拓中國大陸法律新領域後，一次通過大陸司法考試順利取得執業證。人說十年磨一劍是爲了積累出工作上成果，我則在這十年中專注探求職涯的方向。台灣律師業的整體發展，因爲放寬錄取門檻加上法律扶助基金會的成立，成爲高度競爭產業已是不爭的事實，但其中仍不乏有眾多成功律師保持市場上佼佼者之姿，箇中原因即是找到適才適所的專業領域。兩岸商務往來發展多年，近年又陸續開放民眾多方交流，彼此早在不同環節上構建出多樣法律關係，台灣民眾對中國大陸專業法律服務的需求也日漸攀升，中國大陸市場深值各方專業人才投入。因此，本書從中國大陸法制體系出發，完整介紹現行制度，並針對企管、投資、稅務、居住等不同面向給予案例說明，除可幫助有需求的一般民眾更加瞭解中國大陸法制外，也盼望本書能對將來不免遇到中國大陸法律問題時的台灣律師、會計師等專業人士有所助益。

　　本書內容係以深度介紹中國大陸法律體系爲主，考量到一旦修改當地慣用詞語將可能產生與實際內容不符情況，因此，在部分用語與台灣不同情況下，爲便利讀者更加理解當地法律思維及脈絡，本書在不影響讀者理

解的情況下盡量保持中國大陸慣用詞語。

　　今日的一切來自過往生命的累積，這其中有苦有甜，對於每一位在工作歷程上曾給過我鼓勵、支持的人，感謝您們成就了我。也由衷感謝另外兩位主編給我這個機會共同參與本書的編輯，張旭中律師帶給我看見中國大陸法律市場的契機，劉建榮律師則帶我深窺中國大陸法律操作的玄妙。最後，感謝我的家人，在我前往大陸執業這段期間給我了無聲且巨大的支持，我們是彼此生命中最大的安慰。

　　本書的付梓雖幾經編稿校對，但仍不免有疏漏錯誤，不當之處尚望各位先進不吝指教。

出右律師事務所

蘇家弘　律師

2019年11月

PART 1　投資中國大陸‧法律環境報告

PART 2　中國大陸外資商事主體運營之典型案例彙編

PART 3　境外居民在中國大陸結婚、離婚、繼承和收養典型案例彙編

附錄　境外居民在中國大陸生活指南

投資中國大陸・法律環境報告

第一章

憲政制度

　　一國政治和政局的穩定，是社會穩定的基石，是企業預期能否實現的重要保障，也始終是投資者去當地投資前最關心的以及必須進行考察的事項之一。中國大陸社會的整體穩定與和諧，為中國大陸改革開放取得巨大成功提供了有力保障。瞭解憲法下的中國大陸政治制度，有利於增進你對中國大陸的全面瞭解，增強你對投資中國大陸的信心。憲法及其政治制度具有中國大陸特色，特予介紹之。

第一節　法治基礎——憲法

　　現行憲法是中國大陸於1982年12月4日由第五屆全國人民代表大會（以下簡稱「全國人大」）第五次會議通過並實行的。截止2019年底，共進行了五次修訂。憲法對中國大陸政治制度、公民的基本權利義務等做出了原則性規定。

一、政治制度主要原則

1. 規定中國共產黨是中國大陸的唯一執政黨。中國共產黨過去是、現在是、將來仍然是中國大陸的執政黨。

2. 規定中國大陸施行人民民主專政。中國大陸的國家性質是工人階級領導的、以工農聯盟為基礎的人民民主專政。工人階級是中國大陸的領導階級，農民階級是工人階級的同盟軍，也是國家的領導階級。

3. 規定中國大陸施行社會主義制度。工人階級領導的、以工農聯盟為基礎的社會主義制度是中國大陸的根本制度。禁止任何組織和個人對社會主義制度進行破壞。

4. 規定一切權力屬於人民。包括：

   (1) 國家的一切權力屬於人民。

   (2) 人民行使國家權力的機關是全國人大和地方各級人民代表大會。

   (3) 人民通過各種途徑和形式，管理國家、經濟、文化以及社會事務。

   (4) 統一戰線由中國共產黨領導，各民主黨派和各人民團體、全體社會

主義勞動者、擁護社會主義的愛國者和擁護祖國統一的愛國者參加。

(5) 統一戰線在國家政治、社會和對外友好活動中，在現代化建設、維護國家的統一和團結的鬥爭中，將繼續鞏固和發展。

(6) 中國人民政治協商會議是有廣泛代表性的統一戰線組織。

5. 規定國家的根本任務和目的。即：沿著中國特色社會主義道路，集中力量進行社會主義現代化建設。中國各族人民將繼續在中國共產黨領導下，在馬克思列寧主義、毛澤東思想、鄧小平理論、「三個代表」重要思想、科學發展觀、習近平新時代中國特色社會主義思想指引下，堅持人民民主專政，堅持社會主義道路，堅持改革開放，不斷完善社會主義的各項制度，發展社會主義市場經濟，發展社會主義民主，健全社會主義法治，貫徹新發展理念自力更生，艱苦奮鬥，逐步實現工業、農業、國防和科學技術的現代化，推動物質文明、政治文明、精神文明、社會文明、生態文明協調發展，把中國建設成為富強民主文明和諧美麗的社會主義現代化強國，實現中華民族偉大復興。

6. 規定國家機構的組織原則為民主集中制。表現為：

(1) 全國人大和地方各級人民代表大會都由民主選舉產生，對人民負責，受人民監督。

(2) 國家行政機關、監察機關、審判機關、檢察機關都由人民代表大會產生，對它負責，受它監督。

(3) 中央和地方國家機構的職權劃分，遵循在中央的統一領導下，充分發揮地方的主動性、積極性的原則。

7. 規定武裝力量屬於人民。中國的武裝力量屬於人民，其任務是鞏固國防，抵抗侵略，保衛祖國，保衛人民的和平勞動，參加國家建設事業，努力為人民服務。

8. 規定施行依法治國，建設社會主義法治國家。表現為：

(1) 任何個人、政黨和社會組織都必須以憲法為根本的活動準則，都不得有超越憲法和法律的特權。

(2) 一切違反憲法和法律的行為，必須予以追究。

9. 規定實行民族區域自治制度。中國為多民族國家，各民族一律平等，禁

止對任何民族的歧視和壓迫，禁止破壞民族團結和製造民族分裂的行為。

二、公民在國家政治生活中的地位和權利

1. 公民在法律面前一律平等。具體包括三層含義：一是法律對於全體中國公民，不分民族、種族、性別、職業、社會出身、宗教信仰、財產狀況、居住期限等，都是統一適用的。所有公民依法享有同等的權利並承擔同等的義務。二是全體公民的合法權利一律平等地受到法律保護。三是任何公民的違法、犯罪行為都會受到法律制裁，國家在依法實施處罰方面對任何公民一律平等，不允許任何人有超越憲法和法律的特權。

2. 公民有選舉權和被選舉權。具體為：除依照法律被剝奪政治權利的人外，凡年滿十八周歲的公民，不分民族、種族、性別、職業、家庭出身、宗教信仰、教育程度、財產狀況、居住期限，都有選舉權和被選舉權。

3. 公民有思想和言論自由權。包括公民有言論、出版、集會、結社、遊行、示威的自由。

4. 公民具有宗教信仰自由的權利。任何國家機關、社會團體和個人不得強制公民信仰宗教或者不信仰宗教。

5. 公民有人身自由不受侵犯的權利。包括：
   (1) 任何公民，非經檢察院批准或者決定或者法院決定，公安機關執行，不受逮捕。
   (2) 禁止非法拘禁和以其他方法非法剝奪或者限制公民的人身自由。
   (3) 禁止非法搜查公民的身體。
   (4) 公民的人格尊嚴、住宅不受侵犯。

6. 公民具有通信自由的權利。包括：
   (1) 公民的通信自由和通信秘密受法律保護。
   (2) 除因國家安全或者追查刑事犯罪的需要，由公安機關或者檢察機關依照法律規定的程序對通信進行檢查外，任何組織或者個人不得以任何理由侵犯公民的通信自由和通信秘密。

7. 公民具有批評和建議權。即：公民對於任何國家機關和國家工作人員，有提出批評和建議的權利；對於任何國家機關和國家工作人員的違法失職行為，有向有關國家機關提出申訴、控告或者檢舉的權利。

8. 公民具有要求國家賠償權的權利。對由於國家機關和國家工作人員侵犯公民權利而受到損失的公民，其有權依照法律規定取得賠償。

9. 公民具有勞動權。包括：
   (1) 公民有勞動的權利和義務；
   (2) 國家應當通過各種途徑，創造勞動就業條件，加強勞動保護，改善勞動條件，並在發展生產的基礎上，提高勞動報酬和福利待遇。

10. 公民具有福利權。包括：
    (1) 公民在年老、疾病或者喪失勞動能力的情況下，有從國家和社會獲得物質幫助的權利。
    (2) 國家和社會保障殘廢軍人的生活，撫恤烈士家屬，優待軍人家屬。
    (3) 國家和社會幫助安排盲、聾、啞和其他有殘疾的公民的勞動、生活和教育。

11. 公民具有受教育權。受教育在中國大陸既是公民的權利，也是公民的義務。

12. 公民具有學術和創作自由權。即中國大陸公民有進行科學研究、文學藝術創作和其他文化活動的自由。

13. 男女平等權。特別指出婦女在政治的、經濟的、文化的、社會的和家庭的生活等各方面享有同男子平等的權利。

14. 夫妻雙方有實行計劃生育的義務。計劃生育目前仍為中國大陸的基本國策，隨著中國大陸人口老齡化、觀念更新以及社會保障體系的健全，預計中國大陸的計劃生育政策將逐漸放寬甚至不排除取消的可能。

15. 公民具有依照法律納稅的義務。表明：依法納稅是公民的基本義務；稅收與世界上多數國家一樣，具有強制性、無償性的特點；對偷稅漏稅、損害國家和社會利益的，將會受到法律的制裁。

16. 公民具有服兵役、參加民兵組織的義務。依法服兵役是中國大陸每一

個公民義不容辭的責任和義務。中國大陸公民，不分民族、種族、職業、家庭出身、宗教信仰和教育程度，都有義務依照本法的規定服兵役。但有嚴重生理缺陷或者嚴重殘疾不適合服兵役的人，可免服兵役。中國大陸要求當年12月31日前年滿18歲的男性公民，按照法律規定履行兵役登記義務。但中國大陸人口數量龐大，目前仍施行徵兵制，服兵役仍需要經過嚴格的挑選程序。

三、憲法的解釋、修改和監督實施

1. 憲法的解釋權屬於全國人大常務委員會。而全國人大常委會一般通過制定法律、發布決定、決議的形式解釋憲法。
2. 全國人大擁有憲法修改權。憲法的修改，由全國人大常務委員會或者五分之一以上的全國人大代表提議，並由全國人大以全體代表的三分之二以上的多數通過。
3. 全國人大及其常務委員會履行監督憲法實施的職權。全國人大有權改變或者撤銷其常務委會對憲法所作的解釋。中國大陸目前沒有憲法法院，對憲法條款審查，仍是全國人大及其常務委員會的職責。

第二節　執政黨——中國共產黨

中國共產黨是中國大陸的唯一執政黨。該黨建立於1921年，1949年通過武裝鬥爭的方式，建立了中華人民共和國。該黨目前已擁有黨員逾9000萬人，410萬個基層組織。中國共產黨在中國大陸政府和社會的各個層級和領域都建立有正式（即通過黨內選舉方式建立的）或非正式（即通過上級黨組織任命）的組織。

一、中國共產黨的根本組織制度——民主集中制

中國共產黨是根據自己的綱領和章程，按照民主集中制組織起來的統一整體，民主集中制既是中國共產黨的根本組織制度，也是其根本領導制

度。民主集中制的基本原則是：

1. 黨員個人服從黨的組織，少數服從多數，下級組織服從上級組織，全黨各個組織和全體黨員服從黨的全國代表大會和中央委員會。

2. 黨的各級領導機關，除它們派出的代表機關和在非黨組織中的黨組外，都由選舉產生。

3. 黨的最高領導機關，是黨的全國代表大會和它所產生的中央委員會。黨的地方各級領導機關，是黨的地方各級代表大會和它們所產生的委員會。黨的各級委員會向同級的代表大會負責並報告工作。

4. 黨的上級組織要經常聽取下級組織和黨員群眾的意見，及時解決他們提出的問題。黨的下級組織既要向上級組織請示和報告工作，又要獨立負責地解決自己職責範圍內的問題。上下級組織之間要互通情報、互相支持和互相監督。黨的各級組織要使黨員對黨內事務有更多的瞭解和參與。

5. 黨的各級委員會實行集體領導和個人分工負責相結合的制度。凡屬重大問題都要按照集體領導、民主集中、個別醞釀、會議決定的原則，由黨的委員會集體討論，作出決定；委員會成員要根據集體的決定和分工，切實履行自己的職責。

6. 黨禁止任何形式的個人崇拜。要保證黨的領導人的活動處於黨和人民的監督之下，同時維護一切代表黨和人民利益的領導人的威信。

二、中國共產黨的民主集中組織制度的體現

1. 黨的各級代表大會的代表和委員會的選舉採用無記名投票的方式。候選人名單要由黨組織和選舉人充分醞釀討論，可以直接採用候選人數多於應選人數的差額選舉辦法進行正式選舉，也可以先採用差額選舉辦法進行預選，產生候選人名單，然後進行正式選舉。選舉人有瞭解候選人情況、要求改變候選人、不選任何一個候選人和另選他人的權利。任何組織和個人不得以任何方式強迫選舉人選舉或不選舉某個人。黨的地方各級代表大會和基層代表大會的選舉，如果發生違反黨章的情況，上一級

黨的委員會在調查核實後，應作出選舉無效和採取相應措施的決定，並報再上一級黨的委員會審查批准，正式宣布執行。

2. 黨的中央和地方各級委員會在必要時召集代表會議，討論和決定需要及時解決的重大問題。代表會議代表的名額和產生辦法，由召集代表會議的委員會決定。

3. 凡是成立黨的新組織，或是撤銷黨的原有組織，必須由上級黨組織決定。

4. 黨的中央和地方各級委員會可以派出代表機關。

5. 在黨的地方各級代表大會和基層代表大會閉會期間，上級黨的組織認為有必要時，可以調動或者指派下級黨組織的負責人。

6. 黨的中央和省、自治區、直轄市委員會實行巡視制度，在一屆任期內，對所管理的地方、部門、企事業單位黨組織實現巡視全覆蓋。中央有關部委和國家機關部門黨組（黨委）根據工作需要，開展巡視工作。黨的市（地、州、盟）和縣（市、區、旗）委員會建立巡察制度。

7. 黨的各級領導機關，對同下級組織有關的重要問題作出決定時，在通常情況下，要徵求下級組織的意見。凡屬應由下級組織處理的問題，如無特殊情況，上級領導機關不要干預。

8. 有關全國性的重大政策問題，只有黨中央有權作出決定，各部門、各地方的黨組織可以向中央提出建議，但不得擅自作出決定和對外發表主張。

9. 黨的下級組織必須堅決執行上級組織的決定。下級組織如果認為上級組織的決定不符合本地區、本部門的實際情況，可以請求改變；如果上級組織堅持原決定，下級組織必須執行，並不得公開發表不同意見，但有權向再上一級組織報告。

10. 黨的各級組織的報刊和其他宣傳工具，必須宣傳黨的路線、方針、政策和決議。

11. 黨組織討論決定問題，必須執行少數服從多數的原則。決定重要問題，要進行表決。對於少數人的不同意見，應當認真考慮。對重要問題發生爭論，雙方人數接近，除了在緊急情況下必須按多數意見執行

外，應當暫緩作出決定，進一步調查研究，交換意見，下次再表決；在特殊情況下，也可將爭論情況向上級組織報告，請求裁決。

12.黨員個人代表黨組織發表重要主張，如果超出黨組織已有決定的範圍，必須提交所在的黨組織討論決定，或向上級黨組織請示。任何黨員不論職務高低，都不能個人決定重大問題；如遇緊急情況，必須由個人作出決定時，事後要迅速向黨組織報告。不允許任何領導人實行個人專斷和把個人凌駕於組織之上。

13.黨的中央、地方和基層組織，都必須重視黨的建設，經常討論和檢查黨的宣傳工作、教育工作、組織工作、紀律檢查工作、群眾工作、統一戰線工作等，注意研究黨內外的思想政治狀況。

三、中國共產黨的組織機構

中國共產黨的組織機構包括中央組織、地方組織、基層組織、黨組、紀律檢查機關。分述如下：

（一）中國共產黨的中央組織

中國共產黨的中央組織是黨的全國代表大會及由其產生的中央委員會。

1. 中國共產黨的全國代表大會每五年舉行一次，由中央委員會召集。中央委員會認為有必要，或者有三分之一以上的省一級組織提出要求，全國代表大會可以提前舉行；如無非常情況，不得延期舉行。在全國代表大會閉會期間，中央委員會執行全國代表大會的決議，領導黨的全部工作，對外代表中國共產黨。

2. 中央委員會全體會議由中央政治局召集，每年至少舉行一次。中央政治局向中央委員會全體會議報告工作，接受監督。黨的中央政治局、中央政治局常務委員會和中央委員會總書記，由中央委員會全體會議選舉。中央委員會總書記必須從中央政治局常務委員會委員中產生。中央政治局和它的常務委員會在中央委員會全體會議閉會期間，行使中央委員會的職權。中央委員會總書記負責召集中央政治局會議和中央政治局常務

委員會會議，並主持中央書記處的工作。每屆中央委員會產生的中央領導機構和中央領導人，在下屆全國代表大會開會期間，繼續主持黨的日常工作，直到下屆中央委員會產生新的中央領導機構和中央領導人為止。

3. 黨的中央軍事委員會組成人員由中央委員會決定，中央軍事委員會實行主席負責制。中國人民解放軍的黨組織，根據中央委員會的指示進行工作。中央軍事委員會負責軍隊中黨的工作和政治工作，對軍隊中黨的組織體制和機構作出規定。

（二）中國共產黨的地方組織

中國共產黨的地方組織是指各省、自治區、直轄市、設區的市和自治州、縣（旗）、自治縣、不設區的市和市轄區的代表大會及其同級黨的委員會。

1. 地方各級代表大會，每五年舉行一次，由同級黨的委員會召集。在特殊情況下，經上一級委員會批准，可以提前或延期舉行。

2. 地方各級委員會每屆任期五年，在地方各級代表大會閉會期間，執行上級黨組織的指示和同級黨代表大會的決議，領導本地方的工作，定期向上級黨的委員會報告工作。地方各級委員會的常務委員會，在委員會全體會議閉會期間，行使委員會職權，並在下屆代表大會開會期間，繼續主持日常工作，直到新的常務委員會產生為止。

（三）中國共產黨的基層組織

中國大陸所有的企業、農村、機關、學校、科研院所、街道社區、社會組織、人民解放軍連隊和其他基層單位，凡是有正式中國共產黨黨員三人以上的，都要求成立黨的基層組織。

黨的基層組織，根據工作需要和黨員人數，經上級黨組織批准，分別設立黨的基層委員會、總支部委員會、支部委員會。基層委員會由黨員大會或代表大會選舉產生，總支部委員會和支部委員會由黨員大會選舉產生，提出委員候選人要廣泛徵求黨員和群眾的意見。

（四）中國共產黨黨組

在中央和地方國家機關、人民團體、經濟組織、文化組織和其他非黨組織的領導機關中，可以成立黨組。黨組的成員，由批准成立黨組的黨的委員會指定。黨組設書記，必要時可以設副書記。黨組必須服從批准它成立的黨的委員會領導。

（五）中國共產黨的紀律檢查機關

中國共產黨的紀律檢查機關有中央紀律檢查委員會、地方各級紀律檢查委員會和基層紀律檢查委員會。中央紀律檢查委員會在中央委員會領導下進行工作。地方各級紀律檢查委員會和基層紀律檢查委員會在同級黨的委員會和上級紀律檢查委員會雙重領導下進行工作。

第三節　多黨合作與政治協商制度

中國大陸目前有中國國民黨革命委員會、中國民主同盟、中國民主建國會、中國民主促進會、中國農工民主黨、中國致公黨、九三學社、臺灣民主自治同盟等八個民主黨派。中國大陸的民主黨派是中國的參政黨。受中國共產黨的領導。多黨合作和中國人民政治協商會議（即政協）是中國民主黨派參政的主要形式。

一、多黨合作

是指在中國共產黨的領導下，各民主黨派成員參與國家重大方針、政策、法律、法規的制定和執行；參與國家重大政治問題和國家機構領導人選的協商；參與國家事務的管理。

中國共產黨與各民主黨派就具體事務進行的協商主要採用以下一些形式：

1. 民主協商會。通常每年舉行一次，中共中央主要領導人邀請各民主黨派主要領導人和無黨派人士參加，中國共產黨領導人就將要提出的重大政

策、方針與民主黨派人士協商，聽取他們的意見。

2. 高層談心會。中共中央主要領導人根據自己的需要，不定期地邀請各民主黨派主要領導人和無黨派人士舉行小範圍的談心，就共同關心的問題交換意見和想法。

3. 雙月座談會。由中共中央主持，各民主黨派、無黨派人士參加，通報或交流重要情況，傳達重要文件，聽取各民主黨派、無黨派人士提出的政策性建議或討論某些專題。一般每兩個月舉行一次，但重大事件隨時通報。

4. 各民主黨派領導人和無黨派人士可以隨時就國家大政方針和具體的重大問題向中共中央提出書面建議，或約請中共中央負責人交談。

此外，各個民主黨派一般均有少數成員被中國共產黨舉薦擔任各級政府和司法機關的領導職務。

二、政治協商會議（政協）

政協是中國人民愛國統一戰線組織，是中國共產黨領導的多黨合作和政治協商的重要機構；由中國共產黨、各民主黨派、無黨派民主人士、人民團體、各民族和各界的代表，臺灣同胞、港澳同胞和歸國僑胞的代表以及特別邀請的人士組成。政協設全國委員會和地方委員會。

政協的主要職能是政治協商和民主監督，組織參加政協的各黨派、團體和各族各界人士參政議政。協商和監督的主要內容包括：國家在社會主義物質文明建設、社會主義精神文明建設、社會主義民主法制建設和改革開放中的重要方針政策及重要部署，政府工作報告，國家財政預算，經濟與社會發展規劃，國家政治生活方面的重大事項，國家的重要法律草案，中共中央提出的領導人人選，國家省級行政區劃的變動，外交方面的重要方針政策，關於統一祖國的重要方針政策，群眾生活的重大問題，各黨派之間的共同性事務，政協內部的重要事務以及有關愛國統一戰線的其他重要問題。

政協實現政治協商和監督的主要形式有：政協全國委員會的全體委員

會議、常務委員會議、主席會議、常務委員專題座談會、各專門委員會會議，根據需要召開的各黨派、無黨派民主人士、人民團體、少數民族人士和各界愛國人士的代表參加的協商座談會，地方各級人民政治協商會議的各種活動等。

第四節　權力機構──人民代表大會

中國大陸憲法規定，中華人民共和國的一切權力屬於人民。人民行使國家權力的機關是全國人大和地方各級人民代表大會。全國人大和地方各級人民代表大會都由民主選舉產生，對人民負責，受人民監督。國家行政機關、審判機關、檢察機關都由人民代表大會產生，對它負責，受它監督。全國人大是最高國家權力機關；地方各級人民代表大會是地方國家權力機關。

一、代表的產生

年滿18周歲的中國公民，不分民族、種族、性別、職業、家庭出身、宗教信仰、教育程度、財產狀況和居住期限，都有選舉權和被選舉權。

被判處有期徒刑、拘役、管制而沒有被剝奪政治權利的；被羈押，正在受偵查、起訴、審判，檢察院或者法院沒有決定停止當事人行使選舉權利的；正在取保候審或者被監視居住的；正在被勞動教養的；正在受拘留處分的人員，同樣享有選舉權和被選舉權。

全國人大的代表由省、自治區、直轄市人民代表大會和軍隊選舉產生，為間接選舉。省、直轄市、自治區、設區的市的人民代表大會代表由下一級的人民代表大會選舉，為間接選舉。縣、不設區的市、市轄區、鄉、民族鄉、鎮的人民代表大會代表由選民直接選舉。

對使用暴力、威脅、欺騙、賄賂等手段破壞選舉或者妨害選民和代表自由行使選舉權和被選舉權的；對偽造選舉文件、虛報選舉票數或者有其

他違法行為的；對壓制、報復控告、檢舉選舉中違法行為的人或者提出要求罷免代表的人的，中國大陸將給予其行政或刑事處罰。

二、全國人民代表大會及其常委會

（一）全國人大的組成和任期

　　全國人大由省、自治區、直轄市和軍隊選出的代表組成，每屆任期為五年。各少數民族都在全國人民代表大會中有適當名額的代表。

　　全國人大的會議每年舉行一次，由全國人大常務委員會召集。如果全國人大常務委員會認為必要，或者有五分之一以上的全國人大代表提議，可以臨時召集全國人大會議。

（二）全國人大的職權

1. 修改憲法。憲法的修改，由全國人大常務委員會或者五分之一以上的全國人大代表提議，並由全國人大以全體代表的三分之二以上的多數通過。
2. 監督憲法的實施。
3. 制定和修改刑事、民事、國家機構的和其他的基本法律。
4. 選舉中華人民共和國主席、副主席；
5. 根據中華人民共和國主席的提名，決定國務院總理的人選；根據國務院總理的提名，決定國務院副總理、國務委員、各部部長、各委員會主任、審計長、秘書長的人選。
6. 選舉中央軍事委員會主席；根據中央軍事委員會主席的提名，決定中央軍事委員會其他組成人員的人選。
7. 選舉最高人民法院院長、最高人民檢察院檢察長。
8. 審查和批准國民經濟和社會發展計畫和計畫執行情況的報告。
9. 審查和批准國家的預算和預算執行情況的報告。
10. 改變或者撤銷全國人大常務委員會不適當的決定。
11. 批准省、自治區和直轄市的建制。
12. 決定特別行政區的設立及其制度。

13. 決定戰爭與和平的問題。

14. 應當由最高國家權力機關行使的其他職權。

15. 全國人大有權罷免下列人員：

 (1) 中華人民共和國主席、副主席；

 (2) 國務院總理、副總理、國務委員、各部部長、各委員會主任、審計長、秘書長；

 (3) 中央軍事委員會主席和中央軍事委員會其他組成人員；

 (4) 最高人民法院院長；

 (5) 最高人民檢察院檢察長。

（三）全國人大常務委員會職權

  全國人大常務委員會是全國人大的常設機關，在全國人大閉會期間，行使最高國家權力，對全國人大負責並報告工作。其主要職權有：

1. 解釋憲法，監督憲法的實施；

2. 制定和修改除應當由全國人大制定的法律以外的其他法律；

3. 在全國人民代表大會閉會期間，對全國人民代表大會制定的法律進行部分補充和修改，但是不得同該法律的基本原則相牴觸；

4. 解釋法律；

5. 在全國人大閉會期間，審查和批准國民經濟和社會發展計畫、國家預算在執行過程中所必須作的部分調整方案；

6. 監督國務院、中央軍事委員會、最高人民法院和最高人民檢察院的工作；

7. 撤銷國務院制定的同憲法、法律相牴觸的行政法規、決定和命令；

8. 撤銷省、自治區、直轄市國家權力機關制定的同憲法、法律和行政法規相牴觸的地方性法規和決議；

9. 在全國人大閉會期間，根據國務院總理的提名，決定部長、委員會主任、審計長、秘書長的人選；

10. 在全國人大閉會期間，根據中央軍事委員會主席的提名，決定中央軍事委員會其他組成人員的人選；

11. 根據最高人民法院院長的提請，任免最高人民法院副院長、審判員、審判委員會委員和軍事法院院長；

12. 根據最高人民檢察院檢察長的提請，任免最高人民檢察院副檢察長、檢察員、檢察委員會委員和軍事檢察院檢察長，並且批准省、自治區、直轄市的人民檢察院檢察長的任免；

13. 決定駐外全權代表的任免；

14. 決定同外國締結的條約和重要協議的批准和廢除；

15. 規定軍人和外交人員的銜級制度和其他專門銜級制度；

16. 規定和決定授予國家的勳章和榮譽稱號；

17. 決定特赦；

18. 在全國人大閉會期間，如果遇到國家遭受武裝侵犯或者必須履行國際間共同防止侵略的條約的情況，決定戰爭狀態的宣布；

19. 決定全國總動員或者局部動員；

20. 決定全國或者個別省、自治區、直轄市的戒嚴；

21. 全國人民代表大會授予的其他職權。

三、地方各級人民代表大會及其常務委員會

省、直轄市、自治區、縣、市、市轄區、鄉、民族鄉、鎮設立人民代表大會，縣級以上的地方各級人民代表大會設立常務委員會。

（一）地方各級人民代表大會的職權

1. 地方性法規的制定權

省、直轄市的人民代表大會和它們的常務委員會，在不同憲法、法律、行政法規相抵觸的前提下，可以制定地方性法規，報全國人民代表大會常務委員會備案。

設區的市的人民代表大會和它們的常務委員會，在不同憲法、法律、行政法規和本省、自治區的地方性法規相牴觸的前提下，可以依照法律規定制定地方性法規，報本省、自治區人民代表大會常務委員會批准後施行。

2. 人事任免權

地方各級人民代表大會分別選舉並且有權罷免本級人民政府的省長和副省長、市長和副市長、縣長和副縣長、區長和副區長、鄉長和副鄉長、鎮長和副鎮長。

縣級以上的地方各級人民代表大會選舉並且有權罷免本級監察委員會主任、本級人民法院院長和本級人民檢察院檢察長。選出或者罷免人民檢察院檢察長，須報上級人民檢察院檢察長提請該級人民代表大會常務委員會批准。

3. 決定權

地方各級人民代表大會在本行政區域內，依照法律規定的許可權，通過和發佈決議，審查和決定地方的經濟建設、文化建設和公共事業建設的計畫；縣級以上的地方各級人民代表大會審查和批准本行政區域內的國民經濟和社會發展計畫、預算以及它們的執行情況的報告；民族鄉的人民代表大會可以依照法律規定的許可權採取適合民族特點的具體措施。

4. 監督權

地方各級人民代表大會在本行政區域內，保證憲法、法律、行政法規的遵守和執行；地方各級人民代表大會有權聽取和審查本級人民代表大會常務委員會的工作報告；聽取和審查本級人民政府、人民法院、人民檢察院的工作報告；改變或者撤銷本級人民代表大會常務委員會不適當的決定。

（二）地方各級人民代表大會常務委員會的職權

縣級以上的地方各級人民代表大會常務委員會對本級人民代表大會負責並報告工作。其組成人員不得擔任國家行政機關、審判機關和檢察機關的職務。

縣級以上的地方各級人民代表大會選舉並有權罷免本級人民代表大會常務委員會的組成人員。

縣級以上的地方各級人民代表大會常務委員會討論、決定本行政區域內各方面工作的重大事項；監督本級人民政府、人民法院和人民檢察院

的工作；撤銷本級人民政府的不適當的決定和命令；撤銷下一級人民代表大會的不適當的決議；依照法律規定的許可權決定國家機關工作人員的任免；在本級人民代表大會閉會期間，罷免和補選上一級人民代表大會的個別代表。

省、自治區、直轄市，省、自治區所在地的市和經國務院批准的較大的市的人民代表大會常務委員會，在本級人民代表大會閉會期間，有權根據本行政區域政治、經濟、文化等特點，制定地方性法規。

第五節　元首制度

中華人民共和國的元首是中華人民共和國主席。中華人民共和國主席對外代表中華人民共和國。

一、主席的產生和罷免

中華人民共和國主席由全國人大主席團提出候選人名單，由全國人大選舉產生。全國人大有權罷免國家主席。

二、主席的基本職權

1.公布法律

國家主席根據全國人大的決定和全國人大常務委員會的決定，公布法律。全國人大及其常務委員會通過的法律，必須由國家主席公布才能生效施行，但公布法律只是一項立法程序，國家主席對最高國家權力機關通過的法律無否決權，也不能要求重新審議法案。

2.提名權與任免權

國家主席有權向全國人大提名國務院總理的人選；有權根據全國人大及其常委會的決定，任免國務院總理、副總理、國務委員、各部部長、各委員會主任、審計長、秘書長。

3. 發布命令權

　　國家主席有權根據全國人大及其常委會的決定，發布特赦令，宣布進入緊急狀態，宣布戰爭狀態，發布動員令。

4. 外交權

　　國家主席代表中國，進行國事活動，接受外國使節；根據全國人大常務委員會的決定，派遣和召回駐外全權代表，批准和廢除同外國締結的條約和重要協定。

5. 榮典權

　　國家主席根據全國人大及其常務委員會的決定，授予國家的勳章和榮譽稱號。

第六節　行政制度

　　行政制度，亦即政府制度。中國大陸的行政制度是在其全國人大體制下的中央行政機關、中央行政機關對地方各級行政機關的領導關係以及地方各級行政體制。

一、行政領導體制

　　國務院統一領導全國地方各級國家行政機關的工作，規定中央和省、自治區、直轄市的國家行政機關的職權。中國大陸行政機關統一施行首長負責制。具體為：

（一）國務院總理負責制

1. 總理全面領導國務院工作，總理代表國務院對全國人大及其常委會負責。副總理、國委委員協助總理工作，並與秘書長、各部部長、各委員會主任、審計長一起對總理負責。
2. 國務院工作中的重大問題，總理具有最後決策權。
3. 總理有權向全國人大及其常委會提出副總理、國務委員、各部部長、各

委員會主任、審計長、秘書長的任免人選。

4. 總理有權在全國人大閉會期間向全國人大常委會提名國務委員、各部部長、各委員會主任、審計長、秘書長的任免人選。

5. 國務院發布的決定、命令和行政法規，向全國人大及其常委會提出的議案，任免行政人員，須由總理簽署，才具法律效力。

（二）國務院各部、委員會部長、主任負責制

各部長、各委員會主任領導本部門的工作，召集和主持部務會議或委員會議、委務會議；簽署上報國務院的重要報告和下達的命令、指示。

（三）地方人民政府首長負責制

地方各級人民政府分別實行省長、自治區主席、市長、州長、縣長、區長、鄉長、鎮長負責制。

二、中央行政機關

中華人民共和國國務院，即中央人民政府，是最高國家權力機構的執行機關，是最高國家行政機關。

（一）國務院的組成

國務院由總理、副總理若干人、國務院委員若干人、各部部長、各委員會主任、審計長和秘書長組成。

國務院總理由中華人民共和國主席提名，全國人大決定，國家主席任免。

國務院副總理、國務委員、各部部長、各委員會主任、審計長、秘書長的人選由國務院總理提名，全國人大決定，國家主席任免；在全國人大閉會期間，根據國務院總理的提名，由全國人大常務委員會決定部長、委員會主任、審計長、秘書長的人選，國家主席任免。

（二）國務院的職權

1. 根據憲法和法律，規定行政措施，制定行政法規，發布決定和命令；

2. 向全國人大或者全國人大常務委員會提出議案；

3. 規定各部和各委員會的任務和職責，統一領導各部和各委員會的工作，並且領導不屬於各部和各委員會的全國性的行政工作；

4. 統一領導全國地方各級國家行政機關的工作，規定中央和省、自治區、直轄市的國家行政機關的職權的具體劃分；

5. 編制和執行國民經濟和社會發展計畫和國家預算；

6. 領導和管理經濟工作和城鄉建設；

7. 領導和管理教育、科學、文化、衛生、體育和計劃生育工作；

8. 領導和管理民政、公安、司法行政和監察等工作；

9. 管理對外事務，同外國締結條約和協議；

10. 領導和管理國防建設事業；

11. 領導和管理民族事務，保障少數民族的平等權利和民族自治地方的自治權利；

12. 保護華僑的正當的權利和利益，保護歸僑和僑眷的合法的權利和利益；

13. 改變或者撤銷各部、各委員會發佈的不適當的命令、指示和規章；

14. 改變或者撤銷地方各級國家行政機關的不適當的決定和命令；

15. 批准省、自治區、直轄市的區域劃分，批准自治州、縣、自治縣、市的建置和區域劃分；

16. 決定省、自治區、直轄市的範圍內部分地區進入緊急狀態；

17. 審定行政機構的編制，依照法律規定任免、培訓、考核和獎懲行政人員；

18. 全國人大和全國人大常務委員會授予的其他職權。

（三）國務院的會議形式

1. 國務院全體會議：國務院全體會議由總理、副總理、國務委員、各部部長、各委員會主任、人民銀行行長、審計長、秘書長組成，由總理召集和主持。國務院全體會議的主要任務是討論決定國務院工作中的重大事項、部署國務院的重要工作。

2. 國務院常務會議：國務院常務會議由總理、副總理、國務委員、秘書長組成；由總理召集和主持。國務院常務會議一般每周召開一次，討論國務院工作中的重要事項、討論法律草案、審議行政法規草案、通報和討論其他重要事項。

3. 總理辦公會議：總理辦公會議由總理主持召開（或委託副總理主持召開），研究、處理國務院日程工作中的重要問題。總理辦公會議不定期召開。

三、地方行政機關

（一）地方行政區劃層級

1. 行政區域的劃分。中國大陸的行政區域劃分為：
   (1) 全國分為省、自治區、直轄市；
   (2) 中央政府設立的特別行政區；
   (3) 省、自治區分為自治州、縣、自治縣、市；
   (4) 縣、自治縣分為鄉、民族鄉、鎮；
   (5) 直轄市和較大的市分為區、縣；
   (6) 自治州分為縣、自治縣、市。

2. 行政區劃的層級。根據下轄區域的層次，中國大陸的行政區劃層級包括：
   (1) 二級制：直轄市—區；
   (2) 三級制：省、自治區、直轄市—縣、自治縣、市—鄉、民族鄉、鎮；
   (3) 四級制：省、自治區、直轄市—設區的市、自治州—縣、自治縣、市—鄉、民族鄉、鎮。

（二）地方行政機關的類型

中國大陸地方各級行政機關即地方各級人民政府，根據中國大陸行政區劃、行政管理機構設置、行政管理許可權等不同，中國大陸的地方各級政府包括以下類型：

1. 一般行政地方的政府。包括：在省、直轄市、縣、市、市轄區、鄉、民族鄉、鎮分別設立的地方各級政府。
2. 民族自治地方的政府。包括：自治區、自治州、自治縣的人民政府。
3. 特別行政區的地方政府。特別行政區的政府制度，由全國人大以法律具體規定。目前設有中國香港和中國澳門兩個特別行政區。
4. 特殊形式的地方政府。包括：經濟特區政府、開發區、礦山工業區、自然保護區等，其行政管理機構的設置不同於一般地方政府。

第七節　民族區域自治制度

開篇已經講到，中國為多民族國家。長期以來，中國的民族分布以大雜居、小聚居為主。長期的經濟文化聯繫，形成了各民族只適宜於合作互助，而不適宜於分離的民族關係；由於人口、資源分布和經濟文化發展不平衡，因此在國家統一領導下，在各少數民族聚居的地方實行區域自治，設立自治機關，實行民族區域自治制度，有利於各民族的發展和國家的全面繁榮、昌盛。

一、民族自治地方的自治機關及其地位

（一）民族自治地方的自治機關

民族自治地方的自治機關是自治區、自治州、自治縣的人民代表大會、人民政府、人民法院和人民檢察院。

民族自治地方的自治機關依照憲法、民族區域自治法和其他法律規定的許可權行使自治權，根據本地方實際情況貫徹執行國家的法律、政策。

（二）民族自治地方自治機關的行政地位

民族自治地方的自治機關實行人民代表大會制。

民族自治地方的人民政府對本級人民代表大會和上一級國家行政機關負責並報告工作，在本級人民代表大會閉會期間，對本級人民代表大會常

務委員會負責並報告工作。

各民族自治地方的人民政府都是國務院統一領導下的國家行政機關，都服從國務院。

民族自治地方自治機關實行自治區主席、自治州州長、自治縣縣長負責制，分別主持本級人民政府的工作。

二、民族自治地方自治機關的自治權

中國實行民族區域自治制度的目的就是維護國家統一，在國家的統一領導下，以少數民族聚居的地區為基礎，建立相應的自治機關，行使自治權，由自治機關自主地管理本民族、本地區的內部事務，充分尊重民族區域自治地方的特色和文化，主要的自治權利包括：

1. 民族立法權：具體內容包括：

   (1) 民族自治地方的人民代表大會有權依照當地的政治、經濟和文化的特點，制定自治條例和單行條例；

   (2) 自治條例規定有關本地方實行民族區域自治的基本問題；單行條例規定有關本地實行民族區域自治的某一方面的具體事項；

   (3) 自治條例、單行條例可以對國家法律和政策作出變通性規定。

2. 變通執行權：具體指上級國家機關的決議、決定、命令和指標，如果不適合民族自治地方實際情況，自治機關可以報經上級國家機關批准，變通執行或者停止執行。

3. 財政經濟自主權：具體內容包括：

   (1) 民族自治地方的自治機關具有較大程度的財政經濟自主權，並可以享受國家的照顧和優待；

   (2) 凡是依照國家規定屬於民族自治地方的財政收入，都應當由民族自治地方的自治機關自主安排使用；

   (3) 民族自治地方的財政收入和財政支出的項目，由國務院按照優待民族自治地方的原則規定；

   (4) 民族自治地方的財政預算支出，按照國家規定，設立機動資金，預

備費在預算中所占比例高於一般地區。

4. 文化、語言文字自主權：民族自治地方的自治機關享有一定程度的文化自主權。民族自治地方的自治機關在執行公務的時候，依照本民族自治地方自治條例的規定，使用當地通用的一種或者幾種語言文字。同時使用幾種通用的語言文字執行公務的，可以以實行區域自治的民族的語言文字為主。

第八節　特別行政區制度

特別行政區，簡稱「行政特區」，指在中國版圖內，根據中國憲法和全國人大針對該區域制定的基本法的規定而設立的，具有特殊的法律地位，實行特別社會政治、經濟制度的行政區域。通常規定特區政府對所轄區域社會的政治、經濟、財政、金融、貿易、工商業、土地、教育、文化等方面享有高度自治權的制度。是中國實行「一國兩制」的具體實踐。目前中國設有香港和澳門兩個特別行政區。

一、特別行政區的法律和行政地位

（一）特別行政區仍為中華人民共和國的組成部分

特別行政區是中華人民共和國的一個地方行政區域，特別行政區的基本法，由全國人大制定。

（二）特別行政區享有比民族自治地方更高的自主權

特別行政區的立法機關可以根據基本法規定、按既定程序制定法律，但須報全國人大備案。特別行政區的行政長官在當地通過選舉或協商產生，由中央政府任命。

（三）特別行政區的自主界限

1. 特別行政區不能行使國家主權。特別行政區的外交事務，由中央政府統

一管理；防務由中央政府負責。

2. 全國人大宣布戰爭狀態或香港、澳門進入緊急狀態，中央政府可以發布命令在特別行政區實施有關全國性法律。

3. 全國人大如認為特別行政區立法機關制定的法律不符合基本法有關條款，可將有關法律發回，但不作修改。發回的法律立即失效。

4. 特別行政區應自行立法禁止任何叛國、分裂國家、煽動叛亂、顛覆中央政府及竊取國家機密的行為，禁止外國的政治性組織或團體在特別行政區進行政治活動，禁止特別行政區的政治性組織或團體與外國的政治性組織或團體建立聯繫。

二、特別行政區的高度自治權

特別行政區的高度自治權主要體現在以下方面：

1. 特別行政區可實行與中華人民共和國內地不同的社會經濟、政治和文化制度。

2. 全國人大及其常委會制定的法律，除了有關國防、外交，以及其他有關體現國家統一和領土完整，並且不屬於特別行政區自治範圍內的法律外，其他均不在特別行政區實施。

3. 中央政府所屬各部門，各省、自治區、直轄市均不得干預特別行政區依法自行管理的事務。

4. 特別行政區的立法機關和政府機構由當地人組成。

5. 特別行政區的立法機關，在不與特別行政區基本法相牴觸的前提下，可以制定、廢除和修改法律。

6. 特別行政區享有司法終審權。

7. 特別行政區的財政收入不上繳中央政府，中央政府也不在特別行政區徵稅。

8. 特別行政區可以以自己的名義單獨同各國、各地區以及有關國際組織保持和發展經濟、文化聯繫，簽訂雙邊和多邊經濟、文化、科技等協定，參加各種民間國際組織，自行簽發出入本特別行政區的旅行證件。

第二章

法律體系

　　無論社會主義國家，還是資本主義國家，法律都是服務於政治，反映執政者的政治要求，法律是執政者執政的工具，法律與政治聯繫十分密切。但政治又不能完全等同於法律，法律具有普遍適用性，不僅適用於執政者，也適用於非執政者，法律和政治的不斷改革和進步，使得「法律面前人人平等」的價值日益被彰顯。

第一節　立法機構

　　依據制定主體與效力的不同，中國大陸的法律體系的構成可分為：憲法；法律；行政法規；地方性法規、自治條例和單行條例；部門規章、政府規章等。制定上述法律規範的主體均可稱為立法機構，根據上述法律規範的分類，中國大陸的立法機構分類如下：

一、全國人大及其常委會

　　全國人大及其常委會是最高權力機構，也是最高立法機構，其立法權主要包括：

1. 全國人大有權修改憲法，制定和修改刑事、民事、國家機構的和其他的基本法律。

2. 《中華人民共和國立法法》規定，以下事項屬於全國人大及其常委會的專屬立法權：

　　(1) 國家主權的事項；

　　(2) 各級人民代表大會、人民政府、人民法院和人民檢察院的產生、組織和職權；

　　(3) 民族區域自治制度、特別行政區制度、基層群眾自治制度；

　　(4) 犯罪和刑罰；

　　(5) 對公民政治權利的剝奪、限制人身自由的強制措施和處罰；

　　(6) 稅種的設立、稅率的確定和稅收徵收管理等稅收基本制度；

　　(7) 對非國有財產的徵收、徵用；

(8) 民事基本制度；

(9) 基本經濟制度以及財政、海關、金融和外貿的基本制度；

(10) 訴訟和仲裁制度；

(11) 必須由全國人大及其常務委員會制定法律的其他事項。

3. 全國人大常委會制定和修改除應當由全國人大制定的法律以外的其他法律；在全國人大閉會期間，對全國人大制定的法律進行部分補充和修改，但是不得同該法律的基本原則相牴觸。

4. 全國人大及其常委會制定的法律的效力均次於憲法。

二、國務院

　　國務院的立法權由法律賦予，國務院制定行政法規需根據憲法和法律的規定進行，其制定出的行政法規效力也低於憲法和法律。

　　根據《中華人民共和國立法法》的規定，涉及可制定行政法規事項包括：

1. 為執行法律的規定需制定行政法規的事項；

2. 憲法規定的屬國務院行政管理職權的事項。

　　而對應當由全國人大及其常委會制定法律的事項，國務院根據全國人大及其常委會的授權決定先制定的行政法規，在經過實踐檢驗、制定法律的條件成熟時，國務院應當及時提請全國人大及其常委會制定法律。

三、省、自治區、直轄市、設區的市的人大及其常委會

　　省、自治區、直轄市人大及其常委會根據本行政區域的具體情況和實際需要，在不同憲法、法律、行政法規相牴觸的前提下，可以制定適用於本地方的地方性法規。

　　設區的市的人民代表大會及其常務委員會根據本市的具體情況和實際需要，在不同憲法、法律、行政法規和本省、自治區的地方性法規相牴觸的前提下，可以對本地方的城鄉建設與管理、環境保護、歷史文化保護等方面的事項制定地方性法規，法律對設區的市制定地方性法規的事項另有

規定的，從其規定。

設區的市的地方性法規須報省、自治區的人大常委會批准後施行。省、自治區的人大常委對報請批准的地方性法規，應當對其合法性進行審查，同憲法、法律、行政法規和本省、自治區的地方性法規不牴觸的，應當在四個月內予以批准；但如在批准中發現其同本省、自治區的人民政府的規章相牴觸的，應當作出處理決定。

自治州的人大常委會可以參照設區的市的規定行使制定地方性法規的職權。

《立法法》還規定，除應當由全國人大及其常委會制定法律的事項外，其他事項國家尚未制定法律或者行政法規的，省、自治區、直轄市和設區的市、自治州根據本地方的具體情況和實際需要，可以先制定地方性法規。在國家制定的法律或者行政法規生效後，地方性法規同法律或者行政法規相牴觸的規定無效，制定機關應當及時予以修改或者廢止。

此外，深圳市、廈門市、汕頭市、珠海市、海南省等經濟特區的人大及其常委會根據全國人大的授權決定，可根據經濟特區的具體情況和實際需要，遵循憲法的規定以及法律和行政法規的基本原則，制定法規，在各自的經濟特區範圍內實施。

四、民族自治地方人民代表大會

根據現行《憲法》規定，民族自治地方分為自治區、自治州、自治縣。中國大陸現有的自治區包括內蒙古自治區、廣西壯族自治區、西藏自治區、寧夏回族自治區、新疆維吾爾自治區五個自治區，並包含眾多的自治州、自治縣。

民族自治地方的人大有權依照當地民族的政治、經濟和文化的特點，制定自治條例和單行條例。自治區的自治條例和單行條例，報全國人大常務委員會批准後生效。自治州、自治縣的自治條例和單行條例，報省、自治區、直轄市的人民代表大會常務委員會批准後生效。

自治條例和單行條例可以依照當地民族的特點，對法律和行政法規的

規定作出變通規定，但不得違背法律或者行政法規的基本原則，不得對憲法和民族區域自治法的規定以及其他有關法律、行政法規專門就民族自治地方所作的規定作出變通規定。

五、國務院各部、委員會、人民銀行、審計署和具有行政管理職能的國務院直屬機構

國務院各部、委員會、人民銀行、審計署和具有行政管理職能的國務院直屬機構，可以根據法律和國務院的行政法規、決定、命令，在本部門的許可權範圍內，制定規章。

部門規章規定的事項應當屬於執行法律或者國務院的行政法規、決定、命令的事項。沒有法律或者國務院的行政法規、決定、命令的依據，部門規章不得設定減損公民、法人和其他組織權利或者增加其義務的規範，不得增加本部門的權力或者減少本部門的法定職責。

涉及兩個以上國務院部門職權範圍的事項，應當提請國務院制定行政法規或者由國務院有關部門聯合制定規章。

六、省、自治區、直轄市和設區的市、自治州的人民政府

省、自治區、直轄市和設區的市、自治州的人民政府，可以根據法律、行政法規和本省、自治區、直轄市的地方性法規，制定地方政府規章。地方政府規章可以就下列事項作出規定：（一）為執行法律、行政法規、地方性法規的規定需要制定規章的事項；（二）屬於本行政區域的具體行政管理事項。但設區的市、自治州的人民政府制定地方政府規章，限於城鄉建設與管理、環境保護、歷史文化保護等方面的事項。

應當制定地方性法規但條件尚不成熟的，因行政管理迫切需要，可以先制定地方政府規章。規章實施滿兩年需要繼續實施規章所規定的行政措施的，應當提請本級人大或者其常委會制定地方性法規。

七、其他立法機構

中央軍事委員會根據憲法和法律，制定軍事法規；中央軍事委員會各總部、軍兵種、軍區、中國大陸人民武裝警察部隊，可以根據法律和中央軍事委員會的軍事法規、決定、命令，在其許可權範圍內，制定軍事規章。軍事法規、軍事規章在武裝力量內部實施。

最高人民法院、最高人民檢察院可以作出屬於審判、檢察工作中具體應用法律的解釋，但應當主要針對具體的法律條文，屬於對法律的解釋，並符合立法的目的、原則和原意。

最高人民法院、最高人民檢察院作出的屬於審判、檢察工作中具體應用法律的解釋，應當自公佈之日起三十日內報全國人大常委會備案。最高人民法院、最高人民檢察院以外的審判機關和檢察機關，不得作出具體應用法律的解釋。

最高人民法院、最高人民檢察院遇到法律制定後出現新的情況，需要明確適用法律依據，應由全國人大常委會解釋的情況，應當向全國人大常委會提出法律解釋的要求或者提出制定、修改有關法律的議案。

第二節　法律體系

中國大陸經過最近70年的發展，形成了具有其特色的法律體系，體系以憲法為統帥，以法律為主幹，以行政法規、地方性法規為重要組成部分，由憲法相關法、民商法、行政法、經濟法、社會法、刑法、訴訟與非訴訟程序法等多個法律部門組成的有機統一整體。[1]

---

[1]　中華人民共和國國務院新聞辦公室：《中國特色社會主義法律體系》白皮書，2011年10月27日發表。

一、法律的效力層次

根據立法權利的來源不同，不同層級立法權機構所制定的法律在中國大陸分屬不同的效力層次，具體如下：

第一層次：憲法。憲法由中國大陸最高權力機關——全國人大制定、修改，憲法在中國大陸具有最高的法律效力，一切法律、行政法規、地方性法規、自治條例和單行條例、規章都不得同憲法相牴觸。

第二層次：法律。此處的法律專指由全國人大及其常務委員會制訂的規定。其效力低於憲法，高於行政法規、地方性法規、規章。

第三層次：行政法規。行政法規特指由國務院所制訂的規定。行政法規的效力低於憲法和法律，但高於地方性法規、規章。

第四層次：地方性法規、自治條例和單行條例。地方性法規為地方人民代表大會及其常委會制訂；自治條例和單行條例為民族自治區的人民代表大會及其常委會或自治州、自治縣的人民代表大會制訂，其效力低於憲法、法律、行政法規，但高於其所屬地方的規章；地方人民代表大會及其常委會制訂的地方性法規的效力高於本級和下級地方政府的規章。

第五層次：規章。這裡的規章包括了部門規章和政府規章。部門規章由國務院各部委制訂，政府規章由地方各級人民政府制訂。規章的效力在憲法、法律、行政法規、地方性法規（含自治條例、單行條例）之下；在部門規章相互之間或部門規章與省、自治區、直轄市的政府規章之間，如對同一事項的規定存在不一致時，應交由國務院裁決，並如國務院認為應當適用部門規章的，應當提請全國人大常委會裁決；省、自治區的人民政府制定的規章的效力高於本行政區域內的設區的市、自治州的人民政府制定的規章；

另外，根據授權制定的法規出現與法律的規定不一致，導致不能確定如何適用時，應交由全國人大常務委員會裁決。

二、法律部門

　　根據中國大陸現行有效的法律所調整的社會關係及其調整方法，中國大陸現行法律可劃分爲七個法律部門，即：憲法相關法、民法商法、行政法、經濟法、社會法、刑法、訴訟與非訴訟程序法。各法律部門涵蓋的法律分述如下：

（一）憲法相關法

　　憲法相關法是與憲法相配套、直接保障憲法實施和國家政策運作等方面的法律規範的綜合，大多屬於全國人大及其常委會的專屬立法權限，主要包括四個方面：

1. 有關國家機構的產生、組織、職權和基本工作制度的法律：如《全國人大和地方各級人民代表大會選舉法》、《全國人大組織法》、《地方各級人民代表大會和地方各級人民政府組織法》、《國務院組織法》、《立法法》等。

2. 有關民族區域自治制度、特別行政區制度、基層群眾自治制度的法律：如《民族區域自治法》、《香港特別行政區基本法》、《澳門特別行政區基本法》、《村民委員會組織法》、《城市居委會組織法》等。

3. 維護國家主權、領土完整和國家安全的法律：如《領海及毗連區法》、《專屬經濟區和大陸架法》、《國旗法》、《國徽法》、《國籍法》等。

4. 有關保障公民基本政治權利的法律：如與選舉相關的法律、《集會遊行示威法》、《國家賠償法》、《信訪條例》等。

（二）民商法

　　民商法是調整自然人、法人和其他組織等平等民事主體間的財產關係、人身關係的法律規範的總和，調整的是自然人、法人和其他組織之間以平等地位而發生的各種法律關係。

　　中國大陸的民商法以《民法通則》、《民法總則》爲基礎，從財產權、侵權責任、婚姻家庭、智慧財產權、商事主體、商事行爲等方面進行

規範，包括：

1. 財產權方面的法律規範：如《合同法》、《物權法》、《農村土地承包法》等。

2. 侵權責任方面的法律規範：如《侵權責任法》、《消費者權益保護法》、《產品品質法》、《環境保護法》、《道路交通安全法》等。

3. 智慧財產權方面的法律規範：如《專利法》、《商標法》、《著作權法》、《計算機軟件保護條例》、《集成電路布圖設計保護條例》、《著作權集體管理條例》、《植物新品種保護條例》、《知識產權海關保護條例》等。

4. 婚姻家庭方面的法律規範：如《婚姻法》、《收養法》、《繼承法》等。

5. 商事主體方面的法律規範：如《公司法》、《合夥企業法》、《個人獨資企業法》、《商業銀行法》、《農民專業合作社法》、《外商投資法》、《企業破產法》等。

6. 商事行為方面的法律規範：《海商法》、《票據法》、《保險法》、《證券法》、《證券投資基金法》、《信託法》等。

（三）行政法

　　行政法是調整中國大陸行政機關行政管理活動的法律規範的總稱，調整的法律關係是中國大陸行政機關與行政管理相對人（即公民、法人和其他組織）之間因行政管理活動而發生的法律關係，包括行政行為、社會管理、國防、環境保護、教育、衛生、行政監督、國家公務員等方面的法律規範，如：

1. 行政行為方面的法律規範：如《行政處罰法》、《行政許可法》；

2. 社會管理方面的法律規範：如《居民身份證法》、《公民出入境管理法》、《外國人入境出境管理法》、《治安管理處罰法》、《道路交通安全法》、《槍支管理法》、《消防法》等。

3. 國防方面的法律規範：如《國防法》、《兵役法》、《軍事設施保護法》、《人民防空法》、《預備役軍官法》、《現役軍官法》、《軍官

軍銜條例》等。

4. 環境保護方面的法律規範：如《環境保護法》、《環境影響評價法》、《清潔生產促進法》、《防沙治沙法》、《海洋環境保護法》、《大氣污染防治法》、《固體廢物污染環境防治法》、《水污染防治法》、《環境噪聲污染防治法》、《放射性污染防治法》等。

5. 教育方面的法律規範：如《教育法》、《學位條例》、《義務教育法》、《教師法》、《職業教育法》、《高等教育法》、《民辦教育促進法》、《普通高等學校設置暫行條例》、《幼兒園管理條例》、《中外合作辦學條例》等。

6. 衛生方面的法律規範：如《藥品管理法》、《國境衛生檢疫法》、《母嬰保健法》、《獻血法》、《職業醫師法》、《人口與計劃生育法》、《傳染病防治法》、《食品安全法》等。

7. 行政監督方面的法律規範：如《行政覆議法》、《行政監察法》等。

8. 國家公務員方面的法律規範：《公務員法》、《行政機關公務員處分條例》、《人民警察法》等。

（四）經濟法

　　中國大陸的經濟法主要包括稅收、宏觀調控、維護市場秩序、行業管理、農業、自然資源、能源、產品品質、企業國有資產、金融監管、對外貿易和經濟合作方面的法律等方面的法律規範，如：

1. 稅收方面的法律規範：如《企業所得稅法》、《個人所得稅法》、《稅收徵收管理法》等。

2. 宏觀調控方面的法律規範：如《人民銀行法》、《審計法》、《預算法》等。

3. 維護市場秩序方面的法律規範：如《反不正當競爭法》、《反壟斷法》等。

4. 行業管理方面的法律規範：如《城市房地產管理法》、《建築法》、《鐵路法》、《公路法》、《民用航空法》、《港口法》、《電力法》、《煤炭法》、《郵政法》等。

5. 農業方面的法律規範：如《農業法》、《農業技術推廣法》、《農產品品質安全法》、《種子法》等。

6. 自然資源方面的法律規範：如《土地管理法》、《森林法》、《草原法》、《水法》、《漁業法》、《礦產資源法》等。

7. 能源方面的法律規範：如《節約能源法》、《可再生能源法》、《循環經濟法》等。

8. 產品品質方面的法律規範：如《產品品質法》、《計量法》等。

9. 企業國有資產方面的法律規範：如《企業國有資產法》。

10. 金融監管方面的法律規範：如《銀行業監督管理法》、《反洗錢法》等。

11. 對外貿易和經濟合作方面的法律規範：如《對外貿易法》、《進出口商品檢驗法》、《進出境動植物檢疫法》等。

（五）社會法

中國大陸爲保障社會的特殊群體和弱勢群體的權益，其社會法主要包括勞動方面以及特殊群體權益保障方面的法律規範，包括：

1. 勞動方面的法律規範：如《勞動法》、《勞動合同法》、《勞動爭議調解仲裁法》、《工會法》、《社會保險法》、《失業保險條例》、《工傷保險條例》等。

2. 特殊群體權益保障方面的法律規範：如《殘疾人保障法》、《未成年人保護法》、《婦女權益保障法》、《老年人權益保障法》、《預防未成年人犯罪法》等。

（六）刑法

刑法是中國大陸規定犯罪、刑事責任和刑罰的法律規範的總稱。中國大陸現行《刑法》於1979年7月1日第五屆全國人大第二次會議通過，1997年3月14日第八屆全國人大第五次會議修訂。其後，中國大陸根據國際慣例以及人權發展、保護的需要，迄今共出臺十件《刑法修正案》，通過《刑法修正案》的方式新增和完善了相關罪名，並對個別不合時宜的罪名

予以廢除。

　　《刑法》內容包括總則、分則和附則三個部分。

　　《刑法》的總則分「刑法的任務、基本原則和適用範圍」、「犯罪」、「刑罰」、「刑罰的具體運用」、「其他規定」等五章內容對犯罪、刑事責任和刑罰的一般原理原則進行規範，這些規範是認定犯罪、確定責任和適用刑罰所必須遵守的共同規則。

　　《刑法》的分則共十章，即「危害國家安全罪」、「危害社會公共安全罪」、「破壞社會主義市場經濟秩序罪」、「侵犯公民人身權利、民主權利罪」、「侵犯財產罪」、「妨害社會管理秩序罪」、「危害國防利益罪」、「貪污賄賂罪」、「瀆職罪」、「軍人違反職責罪」，對前述十類犯罪行為共計469個罪名進行詳細規定。

　　《刑法》的附則則是關於刑法的施行日期，及《刑法》施行後以往某些單行刑法的廢止與失效。

（七）訴訟與非訴訟程序法

　　中國大陸調整其訴訟活動程序的法律，根據其訴訟性質不同，區分為刑事訴訟、民事訴訟、行政訴訟三種，分別以《刑事訴訟法》、《民事訴訟法》、《行政訴訟法》進行規範。另外：中國大陸就勞動爭議案件設置有前置仲裁程序，並適用《勞動爭議調解仲裁法》的規定進行調整。

　　中國大陸的非訴活動以仲裁與調解為主，因此調整其非訴訟活動程序的法律規範主要為《仲裁法》和《人民調解法》。

第三章

司法體系

中國大陸的司法體系具有其特色，其司法機關主要包括審判機關（法院）、檢察機關（檢察院）、公安機關（包括監獄）、國家安全機關、司法行政機關。其中公安機關、國家安全機關和司法行政機關既有行政機關的職能，也承擔著部分司法方面的職能；法院和檢察院是中國大陸專門行使審判權和檢察權的司法機關。

此外，中國大陸的司法組織還涵蓋了仲裁組織、調解組織、公證組織、律師，前述組織或群體雖不是司法機關，但卻是中國大陸的司法體系中不可缺少的部分。

根據中國大陸司法機關、司法組織的不同職能，中國大陸已形成具有其特色的司法機制，該機制中涵蓋了中國大陸的審判制度、檢察制度、偵查制度、監獄制度、仲裁制度、調解制度、公證制度、律師制度等，本章將主要介紹中國大陸的審判、檢察、警察和仲裁制度。

第一節　審判制度

一、審判機關——人民法院

人民法院是中國大陸的審判機關，《憲法》明確人民法院履行國家審判職能，審判權由人民法院單獨行使，其他國家機關不能分享。中國大陸的人民法院的組織體系由最高人民法院、地方各級人民法院、專門人民法院組成；地方各級和各專門人民法院的審判工作統一接受最高人民法院的監督。地方各級人民法院分為高級人民法院、中級人民法院、基層人民法院。

（一）最高人民法院

最高人民法院設於北京，它是中國大陸的最高審判機關，依法行使國家最高審判權，同時監督地方各級人民法院和專門人民法院的工作。最高人民法院行使下列職權：

1. 監督地方各級人民法院和各專門人民法院的工作。

對地方各級人民法院和專門人民法院已經發生法律效力的判決和裁定，如果發現確有錯誤，有權提審或者指令下級人民法院再審。

2. 負責審判下列案件：

(1) 法律規定由它管轄的和它認爲應當由自己審判的第一審案件，包括全國性的重大刑事案件、在全國有重大影響以及最高人民法院認爲應當由其審理的民事案件、全國範圍內重大、複雜的第一審行政案件。

(2) 對高級人民法院判決和裁定的上訴、抗訴案件；

(3) 按照全國人大常務委員會的規定提起的上訴、抗訴案件；

(4) 按照審判監督程序提起的再審案件；

(5) 高級人民法院報請核准的死刑案件。

3. 進行司法解釋。即對於人民法院在審判過程中如何具體應用法律的問題進行解釋。

4. 領導和管理全國各級人民法院的司法行政工作事宜。

（二）高級人民法院

中國大陸的高級人民法院包括省高級人民法院、自治區高級人民法院、直轄市高級人民法院，其職權爲：

1. 審理法律規定由它管轄的第一審的案件，包括全省（自治區、直轄市）性的重大刑事案件、高級人民法院轄區有重大影響的第一審民事案件和行政案件。

2. 審理下級人民法院報請審理的第一審案件。

3. 審理最高人民法院指定管轄的第一審案件。

4. 審理對中級人民法院判決和裁定的上訴、抗訴案件。

5. 審理按照審判監督程序提起的再審案件。

6. 審理中級人民法院報請覆核的死刑案件。

（三）中級人民法院

中國大陸的中級人民法院包括省、自治區轄市的中級人民法院；在直

轄市內設立的中級人民法院；自治州中級人民法院；在省、自治區內按地區設立的中級人民法院。其職權為：

1. 審理法律規定由它管轄的第一審案件。根據《刑事訴訟法》的規定，中級人民法院管轄的第一審刑事案件是：危害國家安全案件；可能判處無期徒刑、死刑的普通刑事案件。根據《民事訴訟法》的規定，中級人民法院管轄的民事案件包括：重大的涉外案件，在本轄區內有重大影響的案件，最高人民法院指令中級人民法院管轄的案件。根據《行政訴訟法》的規定，中級人民法院管轄的第一審行政案件是：對國務院部門或者縣級以上地方人民政府所作的行政行為提起訴訟的案件；海關處理的案件；本轄區內重大、複雜的案件；其他法律規定由中級人民法院管轄的案件。
2. 審理基層人民法院報請審理的第一審案件。
3. 審理上級人民法院指定管轄的第一審案件。
4. 審理對基層人民法院判決和裁定的上訴、抗訴案件。
5. 審理按照審判監督程序提起的再審案件。

　　另外，中級人民法院對它所受理的刑事、民事和行政案件，認為案情重大應當由上級人民法院審判的時候，可以請求移送上級人民法院審判。

（四）基層人民法院

　　基層人民法院包括縣、自治縣、不設區的市、市轄區人民法院，其職權為：

1. 審判刑事、民事和行政案件的第一審案件，但是法律另有規定的除外。對於所受理的案件，認為案情重大應當由上級人民法院審判的時候，可以請求移送上級人民法院審判。
2. 指導人民調解委員會的工作。

　　為便利人民訴訟，基層人民法院根據地區、人口和案件情況，可以設立若干人民法庭作為派出機構（注：人民法庭不是一個獨立的審級），它的判決和裁定屬於基層人民法院的判決和裁定。

（五）專門人民法院

　　除以上四個層級的法院外，中國大陸還設有專門人民法院。是在特定部門或對特定案件設立的審判機關，而不是按行政區域設立的審判機關。專門人民法院包括軍事法院、海事法院、鐵路運輸法院、森林法院、農墾法院、石油法院、知識產權法院等。專門人民法院的組織和職權由全國人大常務委員會規定。

二、審判的基本制度

（一）公開審判制度

　　中國大陸的公開審判制度是指其人民法院審理案件，除法律規定的特殊情況外，一律公開進行。除合議庭評議外，對於開庭審判的全過程，都允許公民旁聽，對社會公開，允許新聞記者採訪和報導。法律規定不公開的特殊情況包括：

1. 根據《刑事訴訟法》的規定，有關國家秘密或者個人隱私的案件，不公開審理；涉及商業秘密的案件，當事人申請不公開審理的，可以不公開審理。

2. 根據《民事訴訟法》的規定，涉及國家秘密、個人隱私的案件不公開審理；離婚案件、涉及商業秘密的案件，當事人申請不公開審理的，可以不公開審理。

3. 根據《行政訴訟法》的規定，涉及國家秘密、個人隱私的行政案件不公開審理；涉及商業秘密的案件，當事人申請不公開審理的，可以不公開審理。

（二）兩審終審制度

　　中國大陸審判實行兩審終審制。即指當事人、人民檢察院根據案件情況及法律規定向有管轄權的法院提起第一審訴訟，如果當事人對第一審案件的判決或裁定不服，可以在法定期限內向上一級人民法院提出上訴；如果人民檢察院認為一審判決或裁定確有錯誤，也可以在法定期限內向上一

級人民法院提出抗訴。如果在上訴期限內，當事人不上訴，人民檢察院不抗訴，將喪失上訴／抗訴的權利，並一審判決或裁定發生法律效力。上級人民法院對上訴、抗訴案件，按照第二審程序進行審理後所作的判決或裁定為終審判決或裁定，立即發生法律效力。但以下情形例外：

1. 刑事案件中，被判處死刑的案件，需要依法進行覆核；

2. 下列案件實行一審終審：

  (1) 最高人民法院審理的第一審案件；

  (2) 人民法院按照民事訴訟法的特別程序審理的選民資格案件，認定公民無行為能力或限制行為能力案件，宣告失蹤案件，宣告死亡案件和認定財產無主案件；

  (3) 小額訴訟案件。基層人民法院和它的派出法庭審理簡單民事案件時，對於案件標的額為各省、自治區、直轄市上年度就業人員年平均工資30%以下的簡單民事案件，實行一審終審。【注：小額訴訟案件只適用於金錢給付案件，不適用於以下案件：①人身關係、財產確權糾紛；②涉外民事糾紛；③知識產權糾紛；④需要評估、鑒定後者對訴前評估、鑒定結果有異議的糾紛；⑤其他不適宜使用一審終審的糾紛。】

（三）獨任審理制與合議庭制

　　獨任審理制僅有一名審判員獨自對案件進行審判，並對自己承辦的案件負責的審判制度。在民事訴訟中，基層人民法院及其派出的人民法庭適用簡易程序審判的簡單民事案件、適用特別程序的案件（除選民資格案件或者重大、疑難的案件外），可施行獨任審理；在刑事訴訟中，基層人民法院適用簡易程序、速裁程序處理的案件可施行獨任審理。

　　合議庭制是指由三名以上審判員或三名以上審判員和人民陪審員組成合議庭對審判案件進行的制度。合議庭組成人員須為3名以上單數，並實行少數服從多數的原則，少數人的意見可以保留，並會記入合議筆錄，人民陪審員和審判員具有同等的權利。除根據法律規定適用獨任審理制的案件外，其他案件均應適用合議庭制。

（四）迴避制度

迴避制度是指司法人員與其經辦的案件或者案件的當事人有某種特殊的關係，可能影響案件的公正處理，而不得參加處理該案的制度。

根據中國大陸《刑事訴訟法》的規定，審判人員、檢察人員、偵查人員、書記員、翻譯人員和鑒定人有下列情形之一的，應當自行迴避，當事人及其法定代理人也有權要求他們迴避；

1. 是本案的當事人或者是當事人的近親屬的；
2. 本人或者他們的近親屬和本案有利害關係的；
3. 擔任過本案的證人、鑒定人、辯護人、訴訟代理人的；
4. 與本案當事人有其他關係，可能影響公正處理案件的；
5. 中國大陸《民事訴訟法》和《行政訴訟法》亦有類似規定。

（五）審判監督制度

中國大陸的審判監督制度，亦稱再審制度，是指人民法院對已經發生法律效力的判決和裁定認爲確有錯誤進而依法重新審判的一種特別的審判工作制度。

按照審判監督程序重新審判案件的，應當另行組成合議庭進行審理。

對已經生效的第一審判決或裁定進行再審的，依照第一審程序進行審判，當事人對所做的判決、裁定不服，仍可以上訴、抗訴；對已經生效的第二審判決或裁定進行再審的，依照第二審程序進行審判，所作的判決、裁定，是終審的判決、裁定。

第二節　檢察制度

一、檢察機關──人民檢察院

人民檢察院是中國大陸的法律監督機關，《憲法》明確了人民檢察院爲代表國家行使檢察權的法律監督機關。中國大陸的人民檢察院由最高人

民檢察院、地方各級人民檢察院和軍事檢察院等組成。

地方各級人民檢察院分爲：

1. 省級人民檢察院，包括省、自治區、直轄市人民檢察院；

2. 設區的市級人民檢察院，包括省、自治區轄市人民檢察院，自治州人民檢察院，省、自治區、直轄市人民檢察院分院；

3. 基層人民檢察院，包括縣、自治縣、不設區的市、市轄區人民檢察院。

省級人民檢察院和設區的市級人民檢察院根據檢察工作需要，經最高人民檢察院和省級有關部門同意，並提請本級人民代表大會常務委員會批准，可以在轄區內特定區域設立人民檢察院，作爲派出機構。

最高人民檢察院領導地方各級人民檢察院和專門人民檢察院的工作，上級人民檢察院領導下級人民檢察院的工作。

二、人民檢察院的職權

根據中國大陸《人民檢察院組織法》的規定，其人民檢察院的職權包括兩方面，一方面是各級人民檢察院對外行使的職權，二方面是上級檢察院對下級檢察院行使的職權。

1. 各級人民檢察院對外行使如下職權：

(1) 依照法律規定對有關刑事案件行使偵查權；

(2) 對刑事案件進行審查，批准或者決定是否逮捕犯罪嫌疑人；

(3) 對刑事案件進行審查，決定是否提起公訴，對決定提起公訴的案件支持公訴；

(4) 依照法律規定提起公益訴訟；

(5) 對訴訟活動實行法律監督；

(6) 對判決、裁定等生效法律文書的執行工作實行法律監督；

(7) 對監獄、看守所的執法活動實行法律監督；

(8) 人民檢察院行使以上法律監督職權時，可以進行調查核實，並依法提出抗訴、糾正意見、檢察建議。有關單位應當予以配合，並及時將採納糾正意見、檢察建議的情況書面回復人民檢察院。

(9) 最高人民檢察院對最高人民法院的死刑覆核活動實行監督；對報請核准追訴的案件進行審查，決定是否追訴。

(10) 最高人民檢察院可以對屬於檢察工作中具體應用法律的問題進行解釋。最高人民檢察院可以發布指導性案例。

(11) 法律規定的其他職權。

2. 上級人民檢察院對下級人民檢察院行使下列職權：

(1) 認為下級人民檢察院的決定錯誤的，指令下級人民檢察院糾正，或者依法撤銷、變更；

(2) 可以對下級人民檢察院管轄的案件指定管轄；

(3) 可以辦理下級人民檢察院管轄的案件；

(4) 可以統一調用轄區的檢察人員辦理案件。

　　下級人民檢察院應當執行上級人民檢察院的決定；有不同意見的，可以在執行的同時向上級人民檢察院報告。

第三節　警察制度

一、警察機關

　　中國大陸廣義的警察機關包括公安機關警察、國家安全機關警察、監獄管理機關的警察和人民法院、人民檢察院的警察。而人們通常所指警察為公安機關警察。

1. 公安機關警察

　　中國大陸的公安機關警察具有雙重屬性：一方面，中國大陸公安機關警察其人民政府的重要組成部分，是國家的行政機關；另一方面，它又擔負著刑事案件的偵查任務，因而它又是國家的司法機關之一。除法律特別規定由其他偵查機關偵查的刑事案件外，中國大陸大部分的刑事案件均由公安機關警察進行偵查。

　　中國大陸國務院設公安部，領導、組織和管理全國的公安警察工

作。各省、自治區、直轄市設公安廳（局），省轄市和自治區轄市、地區、自治州、盟設公安廳（處），縣、市、旗設公安局，市轄區設公安分局。城市街道和縣屬區、鄉、鎮設公安派出所，作為縣（區）公安機關的派出機構。

2. 國家安全機關警察

為維護其國家政權、主權、統一和領土完整、人民福祉、經濟社會可持續發展和國家其他重大利益相對處於沒有危險和不受內外威脅的狀態，以及保障持續安全狀態的能力；中國大陸設有專門的國家安全部門，並配備警察編制工作人員。

中國大陸最高國家安全部門為國家安全部，通常縣級以上地方各級人民政府均在本行政區域內設置國家安全局，以管理本區域的國家安全工作。

3. 監獄管理機關警察

監獄管理機關警察是指依法從事監獄管理、執行刑罰、改造罪犯工作的警察。監獄管理機關警察是刑罰執行的具體落實者，還擔負著教育改造罪犯的行刑教育工作任務，同時還擔負著組織罪犯勞動的行刑勞動組織工作。

4. 人民法院、人民檢察院的警察

人民法院、人民檢察院的警察通常稱之為司法警察，主要職能在於保證審判、檢察場所安全；對司法機關（法院、檢察院）在提押嫌疑人以及強制執行等行為中行使安全保障職能。

二、警察機關的職能

根據中國大陸對警察的分類，不同類型警察機關根據其設立目的任務的不同，分別承擔不同的職能。以下主要介紹公安機關警察的職能。

根據中國大陸的《人民警察法》的規定，中國大陸公安機關警察履行下列職責：

1. 預防、制止和偵查違法犯罪活動；

2. 維護社會治安秩序，制止危害社會治安秩序的行為；

3. 維護交通安全和交通秩序，處理交通事故；

4. 組織、實施消防工作，實行消防監督；

5. 管理槍支彈藥、管制刀具和易燃易爆、劇毒、放射性等危險物品；

6. 對法律、法規規定的特種行業進行管理；

7. 警衛國家規定的特定人員，守衛重要的場所和設施；

8. 管理集會、遊行、示威活動；

9. 管理戶政、國籍、入境出境事務和外國人在中國大陸境內居留、旅行的有關事務；

10. 維護國（邊）境地區的治安秩序；

11. 對被判處拘役、剝奪政治權利的罪犯執行刑罰；

12. 監督管理電腦資訊系統的安全保護工作；

13. 指導和監督國家機關、社會團體、企業事業組織和重點建設工程的治安保衛工作，指導治安保衛委員會等群眾性組織的治安防範工作；

14. 法律、法規規定的其他職責。

注1：國家安全機關依法蒐集涉及國家安全的情報資訊，在國家安全工作中依法行使偵查、拘留、預審和執行逮捕以及法律規定的其他職權。

注2：在中國大陸的刑事案件中，在法律規定的某些特定刑事案件中，人民檢察院承擔著偵查機關的職能。目前中國大陸由人民檢察院直接立案偵查的案件包括貪污賄賂犯罪、瀆職犯罪、國家機關工作人員利用職權實施的侵犯公民人身權利和民主權利的犯罪以及經省級人民檢察院決定立案偵查的國家機關工作人員利用職權實施的其他重大犯罪案件。

第四節　民（商）事仲裁制度

　　鑒於中國大陸與世界多數國家一樣，認可仲裁裁決與法院判決一樣具有法律效力，並當事人可以就不履行仲裁裁決的行為向人民法院申請強制執行，仲裁具有準司法性，因此，仲裁制度亦是中國大陸司法制度的一個重要組成部分。

一、可在中國大陸申請仲裁的爭議類型

　　根據中國大陸《仲裁法》的規定，平等主體的公民、法人和其他組織之間發生的合同糾紛和其他財產權益糾紛，可以仲裁。但是，婚姻、收養、監護、扶養、繼承糾紛，以及依法應當由行政機關處理的行政爭議不能仲裁。

二、中國大陸仲裁基本原則

1. 自願原則：其內容包括：
   (1)當事人採用仲裁方式解決糾紛，應當雙方自願，達成仲裁協議。沒有仲裁協議，一方申請仲裁的，仲裁委員會不予受理；
   (2)當事人有權自主選擇仲裁機構，根據中國大陸現行《仲裁法》第6條規定，仲裁委員會應當由當事人協議選定，仲裁不實行級別管轄和地域管轄；
   (3)當事人還可以根據其選定的仲裁機構的仲裁規則自主選擇仲裁員。
2. 獨立原則：具體表現在：
   (1)仲裁委員會不屬於行政機關，其獨立於行政機關，與行政機關沒有隸屬關係；
   (2)仲裁委員會可以在直轄市和省、自治區人民政府所在地的市設立，也可以根據需要在其他設區的市設立，不按行政區劃層層設立，因此，各仲裁委員會之間相互獨立，沒有上下級之分，沒有隸屬關係；
   (3)法院可依法對仲裁活動行使監督權，但法院對仲裁的監督只是事後監督，不能事前干預，仲裁並不附屬於審判，仲裁機構也不附屬於法院。
3. 合法、公平原則
   即要求仲裁應當根據事實、符合法律規定，公平合理地解決糾紛。

三、中國大陸仲裁基本制度

1. **或裁或審制度**：「或裁或審」，顧名思義即爲要麼仲裁，要麼審判，只能二者選其一。當事人達成仲裁協議的，排除了法院對爭議的管轄權，只能向仲裁機構申請仲裁，而不能向法院起訴。雖有仲裁協議，但仲裁協議無效或者失效的，或者一方當事人向人民法院起訴，另一方在首次開庭前未對人民法院受理該案提出異議的，視爲放棄仲裁協議，人民法院對前述案件享有管轄權。

2. **一裁終局制度**：仲裁實行的一裁終局制度，仲裁裁決一旦作出後即發生法律效力，當事人就同一糾紛再申請仲裁或者向人民法院起訴的，仲裁委員會或者人民法院不予受理。當事人對裁決應當自動履行，否則對方當事人有權申請人民法院強制執行。但當事人認爲仲裁裁決確有錯誤，符合法律規定的撤銷情形時，可依法向法院申請審查核實，由人民法院依法裁定對該裁決予以撤銷或者不予執行。裁決被人民法院依法裁定撤銷或者不予執行的，當事人就該糾紛可以根據雙方重新達成的仲裁協議申請仲裁，也可以向人民法院起訴。

3. **不公開審理制度**：根據中國大陸《仲裁法》的規定，仲裁不公開進行，當事人協議公開的，可以公開進行，但涉及國家秘密的除外。

4. **迴避制度**：與中國大陸訴訟制度一致，仲裁中也有迴避制度。根據中國大陸《仲裁法》的規定，仲裁員有下列情形之一的，必須迴避，當事人也有權提出迴避申請：

   (1) 是本案當事人或者當事人、代理人的近親屬；

   (2) 與本案有利害關係；

   (3) 與本案當事人、代理人有其他關係，可能影響公正仲裁的；

   (4) 私自會見當事人、代理人，或者接受當事人、代理人的請客送禮的。

第四章

外商投資法律環境

第一節　外商投資之保障機制

改革開放初期，中國大陸法律體系尚不健全，對外商投資的保障更多的體現在中央及各地方政府的文件上。隨著中國大陸經濟的發展，法律制度的完善，中國大陸對外商投資的保障機制已基本可以通過法律規範來實現，這就使得中國大陸對外商投資的保障制度更為穩定、持續、透明，即將於2020年1月1日起施行《外商投資法》標誌著中國大陸外商投資國民待遇的開始；中國大陸對外商投資的保障機制正在形成多層級、全方位的保障體系。

一、法律層面的保障

中國大陸針對外商投資制定的法律主要有三部（通常被稱為「三資企業法」）：《中華人民共和國外資企業法》（下稱《外資企業法》）、《中華人民共和國中外合資經營企業法》（下稱《中外合資經營企業法》）、《中華人民共和國中外合作經營企業法》（下稱《中外合作經營企業法》）。後於1994年單獨制定通過《臺灣同胞投資保護法》。初期的外商投資法律規定內容較為原則、簡潔，在實踐應用中遇到很多具體問題無法解決，後期通過大量司法解釋、行政規章、地方政府規定等加以補充規定，導致外商投資的保障規定繁雜、混亂、穩定性差。

隨著中國大陸經濟的發展，中國大陸經濟已經深度融入世界經濟，中國大陸法治也在不斷進行改革並取得明顯進步，對外商投資的法律保障機制亦漸至成熟，以適應和保障中國大陸對外開放程度不斷提高的實際。於2016年通過《關於修改〈中華人民共和國外資企業法〉等四部法律的決定》，對《外資企業法》、《中外合資經營企業法》、《中外合作經營企業法》以及《臺灣同胞投資保護法》進行了修訂，並開始實施負面清單管理制度，即除負面清單項目外，外資企業的設立均由批准制改為備案制。而今年3月15日通過《中華人民共和國外商投資法》（注：下稱《外商投資法》，該法自2020年1月1日起施行），屆時「三資企業法」將在《外商

投資法》實施的同時被廢止，中國大陸改革開放進入新的發展階段。

　　《外商投資法》對外商在中國大陸的投資而言將會是一個重要的里程碑，在體現國民待遇的同時，以法律的形式，為外商解決以往存在的產權保護力度不足、政策隨意性大、「新官不理舊帳」等在中國大陸投資的難點、痛點，《外商投資法》確定了如下對外商保障的基本原則：

1. **國家對外國投資者的投資不實行徵收**：特殊情況下，為公共利益的需要進行徵收或者徵用的，必須依據法律規定，並及時給予公平、合理的補償。

2. **外國投資者合法財產出入境自由**：外國投資者在中國大陸境內的出資、利潤、資本收益、資產處置所得、知識產權許可使用費、依法獲得的補償或者賠償、清算所得等，可以依法以人民幣或者外匯自由匯入、匯出。

3. **知識產權、商業秘密、專有技術承諾保護**：強調對知識產權侵權行為嚴格追究法律責任，行政機關及其工作人員不得利用行政手段強制轉讓技術，行政機關及其工作人員對於履行職責過程中知悉的外商商業秘密不得洩露或非法向他人提供。

4. **各級政府及有關部門的規範性文件需與法律法規保持一致**：不得與法律法規相牴觸，且非法律、行政法規授權，不得減損外商投資企業的合法權益或增加其義務，不得設置市場准入和退出條件，不得干預外商投資企業的正常生產經營活動。

5. **政府須履行承諾及合同**：地方各級人民政府及其有關部門應當履行向外國投資者、外商投資企業依法作出的政策承諾以及依法訂立的各類合同。因國家利益、社會公共利益需要變更的，應依法進行，且予以補償。

6. **建立外商投資企業投訴工作機制**：外商投資企業或者其投資者認為行政機關及其工作人員的行政行為侵犯其合法權益的，除可依法申請行政覆議、提起行政訴訟外，還可通過外商投資企業投訴工作機制申請協調解決。

二、中央行政規範保障

《外商投資法》為外商投資的基礎性法律，是外商投資法律的基本框架性規定。國務院及其組成部門將會根據該基礎性法律制定更細化、更具操作性的規定，以及在個別特殊行業對外資的優惠待遇等。

《外商投資法》實施日趨臨近，國務院及其組成部門已啟動配套法規、規章的制定工作，《中華人民共和國外商投資法實施條例（徵求意見稿）》已對外公開徵求意見，以期在2019年底前完成細化《外商投資法》所確定的主要法律制度，形成可操作的具體的工作規則，確保相關行政法規、規章在2020年1月1日與《外商投資法》同步實施。已有法規、規章和規範性文件的清理工作亦在同時進行，凡是與《外商投資法》不一致的規定，都將被廢止或修改。

三、地方行政規範保障

根據《外商投資法》的規定，縣級以上地方人民政府亦可根據法律、行政法規、地方性法規的規定，在法定許可權限內制定外商投資促進和便利化政策措施。該規定，有利於實現外商投資保障機制與當地經濟、社會、環境等特色的有機結合，實現投資和發展的有機統一。

第二節　外商投資之市場准入

制定外商投資之市場准入制度的目的是引導外商投資的領域、產業（項目），在保護本國國家安全和社會公共利益的基礎上，促進本國經濟發展。市場准入實施法律管制為國際通行做法，在中國大陸，市場准入作為外資法律的重要組成部分，其寬嚴程度與中國大陸自身發展程度密切相關。中國大陸改革開放初期，採取限制性外資政策，表現為一方面在鼓勵投資領域給予外商投資更優惠政策，另一方面對外商投資實行嚴格的准入控制制度。而隨著中國大陸加入世界貿易組織時對國際社會的承諾，以及

中國大陸自身經濟實力、行業可控能力、風險防控能力的提高，中國大陸逐步放開對外商投資的限制，除特定領域外，最終基本實現外資進入自由及國民待遇。中國大陸即將實施的《外商投資法》及2019年版最新的負面清單管理舉措，將翻開中國大陸對外資准入大幅開放的新篇章。

一、中國大陸對外商投資之市場准入的限制方向

在國際投資領域，對外商投資之市場准入的限制主要包括四個方面，外商投資的資本構成、外商投資的範圍、外商投資的履行要求和外資准入審批制度。中國大陸也不例外。

（一）中國大陸對外商投資的資本構成要求

中國大陸對外商投資在資本要求方面的主要措施是「投注比」制度，即投資總額與註冊資本的比例。根據中國大陸現行「投注比」制度的規定：

1. 外商投資總額在300萬美元以下（含）的，其註冊資本至少應占投資總額的十分之七；

2. 外商投資總額在300萬美元以上至1,000萬美元（含）的，其註冊資本至少應占投資總額的二分之一，其中投資總額在420萬美元以下的，註冊資本不得低於210萬美元；

3. 外商投資總額在1,000萬美元以上至3,000萬美元（含）的，其註冊資本至少應占投資總額的五分之二，其中投資總額在1,250萬美元以下的，註冊資本不得低於500萬美元；

4. 外商投資總額3,000萬美元以上的，其註冊資本至少應占投資總額的三分之一，其中投資總額在3,600萬美元以下的，註冊資本不得低於1,200萬美元。

外商投資的資本形式主要包括：貨幣資本（現金），固定資產（機器設備、原材料等），無形資產（專利技術、土地使用權等）。目前，中國大陸對外商投資的資本形式基本無特別要求，統一執行《公司法》的規定，《公司法》已取消註冊資本最低限額、貨幣資本占比、繳納時間等的

限制，授權有限責任公司股東會及公司章程決定公司註冊資本。

　　當然，法律、行政法規以及國務院決定對有限責任公司註冊資本實繳、註冊資本最低限額另有規定的，從其規定。如證券法規定：經營下列業務的證券公司的註冊資本最低限額為5,000萬元，且為實收資本：(1)證券經紀；(2)證券投資諮詢；(3)與證券交易、證券投資活動有關的財務顧問。

　　另外需要指出的是：機器設備作為外商投資固定資產投入最主要的類型，《中外合作經營企業法》、《中外合資經營企業法》及《外資企業法》均要求機器設備應當是企業生產所必須的先進設備，且作價不得高於同類設備的國際市場正常價格，並要求外國投資者列出詳細的作價出資清單並報送審批機關。儘管擬實施的《外商投資法》並未對外國投資者作為出資的機器設備作出規定，但我們認為中國大陸對此的要求、宗旨不會改變。

　　先進的專利、專有技術等無形資產作為出資，是各國都比較歡迎的投資方式。中國大陸對作為出資的專利或專有技術等的要求是能改進產品品質、提高生產效率或能解約能源。中國大陸為此制定了一系列的優惠政策以吸引先進技術投資，如高新技術企業稅收優惠、財政補貼、地方優惠土地政策等。

（二）對外商投資的範圍要求

　　中國大陸發展經濟的一個方向就是促進國際投資、擴大投資領域的開放。中國大陸對外商可投資的產業範圍區分為禁止類、限制類、允許和鼓勵類。禁止類項目主要涉及國家安全、軍事設備和公共利益、破壞環境和人體健康的產業以及國家特別保護的技術等。限制類項目主要涉及技術落後、資源消耗型和環境污染型產業、國家特殊保護的採礦業和過渡開放的產業，通常通過外資投資比例、最低註冊資本或者高管特殊要求等來進行限制。鼓勵類項目主要涉及高新技術產業、綠色能源產業等，中國大陸會通過各種優惠政策來吸引和鼓勵外商投資部分項目，以引導外資促進本國經濟發展。

（三）對外資准入的審批制度

外資准入的審批是指中國大陸根據一定的標準和法定程序對擬進入中國大陸的外資進行審查並決定是否予以許可的制度。中國大陸對未列入負面清單的非限制類項目，按照內外資一致的原則進行管理，將不涉及納入特別管理措施的外商投資企業（包括台港澳投資企業）的設立及變更，一律由批准制改為備案管理。

二、現階段中國大陸對外商投資在市場准入方面的規則

（一）《鼓勵外商投資產業目錄》

該目錄由《外商投資產業指導目錄》、《中西部地區外商投資優勢產業目錄》合併修訂而成，包括兩部分：一是全國鼓勵外商投資產業目錄，該目錄是對現行《外商投資產業指導目錄》鼓勵類的修訂，適用於各省（區、市）的外商投資。需要說明的是，《外商投資准入特別管理措施（負面清單）》發布後，《外商投資產業指導目錄》中的限制類、禁止類已經廢止。二是中西部地區外商投資優勢產業目錄，適用於中西部地區、東北地區及海南省的外商投資。外商在中西部地區、東北地區及海南省投資，享受全國鼓勵外商投資產業目錄和中西部地區外商投資優勢產業目錄的相關政策。「全國鼓勵外商投資產業目錄」積極鼓勵外商投資更多投向現代農業、先進製造、高新技術、現代服務業等領域，充分發揮外資在傳統產業轉型升級、新興產業發展中的作用，促進經濟高品質發展。「中西部地區外商投資優勢產業目錄」注重發揮地方特色資源等優勢，積極支援中西部地區、東北地區承接國際、東部地區外資產業轉移，促進沿邊開發開放，加強與「一帶一路」沿線國家投資合作，發展外向型產業集群，推動開放型經濟發展。

2019年版《鼓勵外商投資產業目錄》新增以下鼓勵外商投資的領域：

1. 在電子資訊產業，新增5G核心元元件、積體電路用刻蝕機、晶片封裝設備、雲計算設備等條目。

2. 在裝備製造業，新增或修改工業機器人、新能源汽車、智慧汽車關鍵零部件等條目。

3. 在現代醫藥產業，新增細胞治療藥物關鍵原材料、大規模細胞培育產品等條目。

4. 在新材料產業，新增或修改航空航太新材料、單晶矽、大矽片等條目。

5. 在商務服務領域，新增或修改工程諮詢、會計、稅務、檢驗檢測認證服務等條目。

6. 在商貿流通領域，新增或修改冷鏈物流、電子商務、鐵路專用線等條目。

7. 在技術服務領域，新增人工智慧、清潔生產、碳捕集、迴圈經濟等條目。

8. 在雲南、內蒙古、湖南等具有特色農業資源、勞動力優勢省份新增或修改農產品加工、紡織服裝、傢俱製造等條目。

9. 在安徽、四川、陝西等電子產業集群加快發展省份新增一般積體電路、平板電腦、通訊終端等條目。

10. 在河南、湖南等交通物流網路密集省份新增物流倉儲設施、汽車加氣站等條目。

（二）《外商投資准入特別管理措施（全國版負面清單）》

中國大陸近幾年外商投資准入的負面清單均在當年6月份發布，且縮減力度不斷加大。2018版的負面清單由63條減少到了48條，2017版的負面清單比2015版的減少了30項。最新2019版的負面清單已在6月30日發布，進一步縮減負面清單條目，負面清單條目由2018年的48條減至40條，壓減比例達16.7%。

歷年來的負面清單主要列明了以下事項：

1. 股權要求、高管要求等外商投資准入方面的特別管理措施；

2. 過渡性限制領域（過渡期滿後取消或放寬准入限制）；

3. 境外投資者不得作為個體工商戶、個人獨資企業投資人、農民專業合作社成員，從事投資經營活動；

4. 禁止外商投資的領域，設置外資准入許可的投資領域。

　　2019版負面清單進一步放寬或取消外商投資限制，具體措施內容包括：

1. 交通運輸領域，取消國內船舶代理須由中方控股的限制。

2. 基礎設施領域，取消50萬人口以上城市燃氣、熱力管網須由中方控股的限制。

3. 文化領域，取消電影院、演出經紀機構須由中方控股的限制。

4. 增值電信領域，取消國內多方通訊、存儲轉發、呼叫中心3項業務對外資的限制。

5. 農業領域，取消禁止外商投資野生動植物資源開發的規定。

6. 採礦業領域，取消石油天然氣勘探開發限於合資、合作的限制，取消禁止外商投資鉬、錫、銻、螢石勘查開採的規定。

7. 製造業領域，取消禁止外商投資宣紙、墨錠生產的規定。

（三）自由貿易試驗區負面清單

　　中國大陸自由貿易試驗區是指在中國大陸國境內關外設立的，以優惠稅收和海關特殊監管政策為主要手段，以貿易自由化、便利化為主要目的的多功能經濟性特區。中國大陸的經濟開放政策先從自由貿易試驗區開始，在時機成熟的情況下逐步往全國推廣。已成立的中國大陸自由貿易試驗區包括：中國大陸（上海）、（廣東）、（天津）、（福建）、（遼寧）、（浙江）、（河南）、（湖北）、（重慶）、（四川）、（陝西）、（海南）、（山東）、（江蘇）、（廣西）、（河北）、（雲南）、（黑龍江）共18個自由貿易試驗區。其中海南全省均屬於自貿區範圍，其他省市自貿區的面積均約為120平方公里；各自貿區共用一張負面清單，即《自由貿易試驗區外商投資准入特別管理措施》。最新2019年版自貿試驗區外資准入負面清單條目由2018年的45條減至37條，壓減比例達17.8%。

（四）2019全國版負面清單（以下簡稱「全國版」）與2019自貿區版負面清單（以下簡稱「自貿區版」）各行業規定不同之處：

1. 農、林、牧、漁業

   (1) 全國版要求「小麥、玉米新品種選育和種子生產須由中方控股」；自貿區版則僅要求「中方股權比例不低於34%」。

   (2) 全國版規定「禁止投資中國大陸管轄海域及內陸水域水產品捕撈」；自貿區版刪除了該規定。

2. 採礦業

   (3) 全國版僅規定「禁止投資稀土勘查、開採及選礦」；自貿區版還強調「未經允許，禁止進入稀土礦區或取得礦山地質資料、礦石樣品及生產工藝技術」。

3. 交通運輸、倉儲和郵政業

   (4) 全國版僅要求「國內水上運輸公司須由中方控股」；自貿區版還要求「且不得經營或租用中國大陸籍船舶或者艙位等方式變相經營國內水路運輸業務及其輔助業務；水路運輸經營者不得使用外國籍船舶經營國內水路運輸業務，但經中國大陸政府批准，在國內沒有能夠滿足所申請運輸要求的中國大陸籍船舶，並且船舶停靠的港口或者水域為對外開放的港口或者水域的情況下，水路運輸經營者可以在中國大陸政府規定的期限或者航次內，臨時使用外國籍船舶經營中國大陸港口之間的海上運輸和拖航。」。

   (5) 全國版僅要求「公共航空運輸公司須由中方控股，且一家外商及其關聯企業投資比例不得超過25%，法定代表人須由中國大陸籍公民擔任」；自貿區版還規定「只有中國大陸公共航空運輸企業才能經營國內航空服務，並作為中國大陸指定承運人提供定期和不定期國際航空服務」。

   (6) 全國版僅規定「禁止投資郵政公司、信件的國內快遞業務」；自貿區版還強調「禁止投資和經營郵政服務」。

4. 資訊傳輸、軟件和資訊技術服務業

(7) 全國版僅規定「電信公司：限於中國大陸入世承諾開放的電信業務，增值電信業務的外資股比不超過50%（電子商務、國內多方通信、存儲轉發類、呼叫中心除外），基礎電信業務須由中方控股」；自貿區版還規定「（且經營者須爲依法設立的專門從事基礎電信業務的公司）上海自貿試驗區原有區域（28.2平方公里）試點政策推廣至所有自貿試驗區執行」。

5. 租賃和商務服務業

(8) 全國版規定「禁止投資中國大陸法律事務（提供有關中國大陸法律環境影響的資訊除外），不得成爲國內律師事務所合夥人」；自貿區版還明確「（外國律師事務所只能以代表機構的方式進入中國大陸，且不得聘用中國大陸執業律師，聘用的輔助人員不得爲當事人提供法律服務；如在華設立代表機構、派駐代表，需經中國大陸司法行政部門許可）」。

6. 教育

(9) 全國版規定「學前、普通高中和高等教育機構限於中外合作辦學，須由雙方主導（校長或者主要行政負責人應當具有中國大陸國籍，理事會、董事會或者聯合管理委員會的中方組成人員不得少於1/2）」；自貿區版還規定校長或者主要行政負責人應當在中國大陸境內定居，「〈外國教育機構、其他組織或者個人不得單獨設立以中國大陸公民爲主要招生對象的學校及其他教育機構（不包括非學制類職業技能培訓），但是外國教育機構可同中國大陸教育機構合作舉辦以中國大陸公民爲主要招生對象的教育機構〉」。

7. 文化、體育和娛樂業

(10) 全國版規定「禁止投資新聞機構（包括但不限於通訊社）」；自貿區版還強調「（外國新聞機構在中國大陸境內設立常駐新聞機構，向中國大陸派遣常駐記者，須經中國大陸政府批准。外國通訊社在中國大陸境內提供新聞的服務業務須由中國大陸政府審批。中外新聞機構業務合作，須中方主導且須經中國大陸政府批准）」。

(11) 全國版規定「禁止投資圖書吧、報紙、期刊、音像製品和電子出版物的編輯、出版、製作業務」；自貿區版增加規定「（但經中國大陸政府批准，在確保合作中方的經營主導權和內容終審權並遵守中國大陸政府批復的其他條件下，中外出版單位可進行新聞出版中外合作出版項目。未經中國大陸政府批准，禁止在中國大陸境內提供金融資訊服務）」。

(12) 全國版規定「禁止投資各級廣播電臺（站）、電視臺（站）、廣播電視頻道（率）、廣播電視傳輸覆蓋網（發射台、轉播台、廣播電視衛星、衛星上行站、衛星收轉站、微波站、監測台及有限廣播電視傳輸覆蓋網等），禁止從事廣播電視視頻點播業務和衛星電視廣播地面接收設施安裝服務」；自貿區版增加規定「（對境外衛星頻道落地實行審批制度）」。

(13) 全國版規定「禁止投資廣播電視節目製作經營（含引進業務）公司」；自貿區版還規定「引進境外影視劇和以衛星傳送方式引進其他境外電視節目由廣電總局指定的單位申報。對中外合作製作電視劇（含電視動畫片）實行許可制度」。

(14) 全國版規定「禁止投資電影製作公司、發行公司、院線公司及電影引進業務」；自貿區版放寬規定「（但經批准，允許中外企業合作攝製電影）」。

(15) 全國版僅規定「禁止投資文物拍賣的拍賣公司、文物商店和國有文物博物館」；自貿區版增加規定「（禁止不可移動文物及國家禁止出境的文物轉讓、抵押、出租給外國人。禁止設立與經營非物質文化遺產調查機構；境外組織或個人在中國大陸境內進行非物質文化遺產調查和考古調查、勘探、發掘，應採取與中國大陸合作的形式並經專門審批許可）」。

(16) 全國版「禁止投資文藝表演團體」；自貿區版僅要求「文藝表演團體須由中方控股」。

第三節　外商投資之用地政策

　　中國大陸的土地分爲國家所有與集體所有，企業和個人均只能取得有限的土地使用權而非無限的土地所有權。土地使用權可以流轉，但實際操作中流轉的主要集中在國有土地使用權，集體土地流轉的限制較多。在中國大陸改革開放早期，其相關土地法律規範及中央政府規定尙不完善，爲吸引外商投資，中央及各地方均以各種成文或不成文的方式對外商、外商投資企業在土地使用方面給予各種優惠及便利，但總體來說，外商投資企業的用地均實行有償使用。

　　隨著中國大陸自然資源部在《土地管理法》基礎上，逐步規範全國的土地管理工作，中國大陸的土地管理更加注重按照產業和用途劃分土地利用政策，而趨於不再按照所有制結構進行劃分。外商投資企業與其他土地使用者一樣，在中國大陸已可享受相同的土地利用政策。

一、外商投資企業用地的取得方式

　　根據中國大陸現行政策，外商投資企業可通過以下方式取得土地使用權：

（一）國有土地使用權出讓

　　土地使用權出讓，亦稱爲土地一級市場，是指國家將國有土地使用權在一定年限內轉讓給土地使用者，由土地使用者向國家支付土地使用權出讓金的方式。此種方式適用於投資額度大，回收週期長，需要永續經營的企業。此種方式特點包括：

1. 一次性收取全部出讓年限內的地價款，即土地使用權出讓金；
2. 獲得的土地使用權年限較長；
3. 在出讓年限內的使用較爲自由，只需符合該土地的使用性質，可用於自用、轉讓、出租、抵押等。

　　出讓方式主要包括招標、拍賣與掛牌。招標出讓國有土地使用權是指市、縣人民政府土地行政主管部門〈以下簡稱出讓人〉發布招標公告，邀

請特定或者不特定的公民、法人和其他組織參加國有土地使用權投標，根據投標結果確定土地使用者的行為。拍賣出讓國有土地使用權，是指出讓人發布拍賣公告，由競買人在指定時間、地點進行公開競價，根據出價結果確定土地使用者的行為。掛牌出讓國有土地使用權，是指出讓人發布掛牌公告，按公告規定的期限將擬出讓宗地的交易條件在指定的土地交易場所掛牌公布，接受競買人的報價申請並更新掛牌價格，根據掛牌期限截止時的出價結果確定土地使用者的行為。

（二）土地使用權轉讓

土地使用權轉讓，亦稱為土地二級市場，是指原土地使用權人從土地所有者處獲得土地使用權後再次將土地使用權轉移的行為，是土地使用權的再次轉移。此種方式的特點是：

1. 可獲得土地使用權年限為出讓土地年限減去已使用年限後的剩餘年限；
2. 轉讓方式多樣，包括出售、交換、贈與、繼承等；
3. 轉讓有限制條件：原土地使用者屬於房屋建設工程的，應完成開發投資總額的25%以上方可轉讓；屬於成片開發土地的，須達到「三通一平」（通水、電、熱，平整場地）形成工業或建設用地條件後方可轉讓；
4. 地上建築物須與土地一同轉讓。

（三）土地使用權租賃（包括繳納場地使用費方式）

土地使用權租賃，是指外商投資企業以持續支付租金為代價來獲取一定年限的土地使用權的方式。此種方式相比以上兩種方式的特點是：

1. 租金是分次持續支付，個別情況下，一次性付清租期內全部租金的情況亦存在；
2. 轉讓、轉租、抵押需根據合同約定或土地管理部門同意；
3. 約定最長租賃期限不得超過20年，超過部分無效。

企業在投資設廠時，為規避國有土地使用權較高的轉讓費，可能向村集體租地，與村集體簽訂租期超過20年的租約，名租實買。此種方式風險極高，超出法定最長期限的租期不被法律所保護，容易產生糾紛。

（四）合資企業的中方以土地使用權作價出資或入股

此種方式表現爲中方以土地使用權出資或折爲股份，與外商合資成立企業，土地使用權轉移給合資企業。此種方式的特點在於：

1. 合作前中方應具有土地使用權證；
2. 中方已按要求完成相應的開發建設投資；
3. 中方以劃撥方式取得的，應補辦國有土地出讓手續或繳納場地使用費。

（五）土地使用權劃撥

劃撥方式，是指經縣級以上人民政府依法批准，在土地使用者繳納補償、安置等費用後，取得的國有土地使用權，或者經縣級以上人民政府依法批准後無償取得的國有土地使用權。

原國土資源部於2001年出臺《劃撥用地目錄》，將原按照土地使用者的身份來劃分用地政策的做法，變更爲按照產業和用途來劃分用地政策。即根據《土地管理法》、《城市房地產管理法》的有關規定，外商投資企業用地符合《劃撥用地目錄》的，經土地行政主管部門批准後劃撥。此種方式的特點在於：

1. 只能應用於國家重點扶持的能源、交通、水利等基礎設施用地項目，城市基礎設施用地和公益事業用地，國家機關用地和軍事用地等項目；
2. 土地使用者僅需支付對該土地上原有住民的補償、安置等費用（城市存量土地和徵用集體土地）；
3. 劃撥土地轉讓或用於營利項目的，需補繳土地出讓金等費用或辦理出租手續。

（六）集體經濟組織以其集體建設用地使用權作價與外商、外商投資企業合作、聯營

運營該方式獲得土地使用權，需注意的是主要問題是：

1. 外商投資房地產開發項目用地只限於國有土地；
2. 農村集體經濟組織以其集體建設用地使用權對外進行合作需要經過集體經濟組織特別的表決程序，且各省就是否能夠流轉至外商投資企業名下的政策不完全一致。

二、外商投資企業使用土地涉及的費用形式

（一）土地出讓金

　　土地出讓金是指各級政府土地管理部門將土地使用權出讓給土地使用者，按規定向受讓人收取的土地出讓的全部價款（指土地出讓的交易總額），或土地使用期滿，土地使用者需要續期而向土地管理部門繳納的續期土地出讓價款，或原通過行政劃撥獲得土地使用權的土地使用者，將土地使用權有償轉讓、出租、抵押、作價入股和投資，按規定補交的土地出讓價款。

　　土地出讓金計算方式：

1. 有實際成交價的，且不低於所在級別基準地價平均標準的按成交價不低於40%的標準計算出讓金，若成交價低於基準地價平均標準的，則依照全部地價40%計算。
2. 發生轉讓的劃撥土地使用權補辦出讓時，按基準地價平均標準的40%計算。

（二）土地使用費

　　土地使用費是指外商投資企業通過不同的方式使用土地（出讓、轉讓方式取得的土地使用權者除外），國家向其收取的有償使用土地的費用，是企業為取得土地使用權而交納的費用。土地使用費的具體標準，沒有全國統一的規定，應根據場地的用途、地理環境條件、徵地拆遷安置費用和企業對基礎設施的要求等因素，由所在地的省、自治區、直轄市人民政府規定，原則上沿海地區高於內地，大中城市高於中小城市，城市中心、繁華地段高於其他地段和郊區，在原有工業區設廠高於新開闢的工業區，利用原有企業改造高於新建工廠等。

　　中國大陸已基本實施土地出讓制度，故土地使用費制度已基本被廢止。因此，外商投資企業通過繳納場地使用費方式取得國有土地使用權，通常均按相關合同等約定繳納場地使用費（含土地使用費、土地開發費）。而外商投資企業租賃房屋，不再需要繳納場地使用費。

（三）土地收益金（租賃土地使用權租金）

土地收益金（土地增值費）指土地使用者將其所使用的土地使用權轉讓（含連同地面建築物一同轉讓）給第三者時，就其轉讓土地交易額按規定比例向財政部門繳納的價款，或土地使用者將其所使用的土地使用權出租（含連同地面建築物一同出租）給其他使用者時，就其所獲得的租金收入按規定比例向財政部門繳納的價款。

有下列行為的單位或個人應按規定繳納土地收益金：

1. 將劃撥或出讓土地（包括其他建築物、構築物）出租的；
2. 將劃撥土地用於有償經營活動或出讓土地改變用途的；
3. 其他以營利為目的，將劃撥土地進入市場進行商業活動的。

土地收益金的測算主要涉及以下因素：

1. 土地用途不同：土地使用權按照用途主要分為商業用地、住宅用地、工業用地等幾大類，不同用途收費標準不一樣；
2. 房屋所處位置的土地級別不同，地價標準不同；
3. 房屋所在樓層不同，地價標準也不同。

三、土地使用權出讓的年限

根據《城鎮國有土地使用權出讓和轉讓暫行條例》第12條規定，土地使用權出讓最高年限按下列用途確定：

1. 居住用地七十年；
2. 工業用地五十年；
3. 教育、科技、文化、衛生、體育用地五十年；
4. 商業、旅遊、娛樂用地四十年；
5. 綜合或者其他用地五十年。

通過轉讓方式獲得土地使用權的，其使用年限為原土地使用權出讓合同規定的使用年限扣除已使用年限後的剩餘年限。

四、土地使用權優惠政策的獲得

土地相關優惠政策主要在地方，各地方根據自身經濟發展方向及發展需要制定不同的用地優惠政策及其他財政支持政策，各地普遍提出的一項用地優惠政策是：對於集約用地專案可優先供應土地，且最多可享受30%土地出讓金優惠。

第四節　外商投資之勞工保護

在勞工保護方面，外商投資企業與內資企業並無不同，而中國大陸已基本建成了勞動法律體系，本章主要介紹中國大陸的勞動法律體系及用工基本要求。

一、勞動法律體系

中國大陸的勞動法律體系由法律、行政法規、部門規章、地方性法規、相關司法解釋組成。

主要勞動相關法律有：《勞動法》、《勞動合同法》、《社會保險法》、《工會法》、《就業促進法》、《勞動爭議調解仲裁法》等。

主要勞動相關行政法規有：《社會保險費徵繳暫行條例》、《全國社會保障基金條例》、《國務院關於職工工作時間的規定》、《失業保險條例》、《全國年節及紀念日放假辦法》、《職工帶薪年休假條例》、《勞動合同法實施條例》、《殘疾人就業條例》、《禁止使用童工規定》、《女職工勞動保護特別規定》、《工傷保險條例》等。

主要部門規章有：《企業職工患病或非因工負傷醫療期規定》、《未成年工特殊規定》、《集體合同規定》、《最低工資規定》、《關於企業實行不定時工作制和綜合計算工時工作制的審批辦法》、《工資支付暫行規定》、《企業經濟性裁減人員規定》、《外國人在中國大陸就業管理規定》、《實施〈社會保險法〉若干規定》、《非法用工單位傷亡人員

一次性賠償辦法》、《工傷認定辦法》、《企業職工帶薪年休假實施辦法》等。

地方性法規僅適用於規定當地，各省、直轄市、較大的市等有立法權的地方均根據本地方實際情況制定相關的地方性規定。如廣東有：《廣東省勞動保障監察條例》、《廣東省勞動合同管理規定》、《廣東省工資支付條例》、《廣東省高溫天氣勞動保護辦法》、《廣東省工傷保險條例》、《廣東省養老保險條例》等。

另外，司法部門基於在司法實踐中遇到的法律適用問題，會出臺相關司法解釋，如《最高人民法院關於審理勞動爭議案件適用法律若干問題的解釋》（一）（二）（三）（四）、《最高人民法院關於工傷認定法律適用的請示的答覆》、《最高人民法院關於審理勞動爭議案件訴訟當事人問題的批復》等。各地方司法部門在司法實踐中也會形成自己的審判意見，如廣東省高級人民法院《關於審理勞動爭議案件若干問題的指導意見》、《關於進一步加強審理勞動爭議案件審判工作的若干意見》等，這些審判意見往往是勞動爭議審理的直接指導。

二、勞動法基本制度

（一）勞動合同制度

勞動合同是指勞動者與用人單位之間確立勞動關係，明確雙方權利和義務的協議。中國大陸的勞動相關法律對勞動者與用人單位之間的勞動關係，確立了以下基本制度，來中國大陸境內投資的外商，在雇傭勞動者時應注意避免觸碰法律的底線：

1. 書面勞動合同制度

雇傭勞動法意義上的勞動者（達到法定年齡、具有勞動能力的自然人）必須簽訂書面的勞動合同，書面勞動合同既是對勞動者的保障也是對用人單位的保障。

(1) 勞動合同基本條款

勞動合同應當具備以下條款：a.用人單位的名稱、住所和法定代表人

或者主要負責人；b.勞動者的姓名、住址和居民身份證或者其他有效身份證件號碼；c.勞動合同期限；d.工作內容和工作地點；e.工作時間和休息休假；f.勞動報酬；g.社會保險；h.勞動保護、勞動條件和職業危害防護；i.法律、法規規定應當納入勞動合同的其他事項。勞動合同除前款規定的必備條款外，用人單位與勞動者可以約定試用期、培訓、保守秘密、補充保險和福利待遇等其他事項。

(2) 勞動合同的種類

勞動合同分為固定期限勞動合同、無固定期限勞動合同和以完成一定工作任務為期限的勞動合同。固定期限勞動合同，是指用人單位與勞動者約定合同終止時間的勞動合同。無固定期限勞動合同，是指用人單位與勞動者約定無確定終止時間的勞動合同。以完成一定工作任務為期限的勞動合同，是指用人單位與勞動者約定以某項工作的完成為合同期限的勞動合同。

其中，無固定期限勞動合同需要特別注意。法律規定，以下幾種情況用人單位必須與勞動者簽訂無固定期限勞動合同，除非勞動者表示不續簽或要求簽訂固定期限勞動合同：①勞動者在該用人單位連續工作滿十年的；②用人單位初次實行勞動合同制度或者國有企業改制重新訂立勞動合同時，勞動者在該用人單位連續工作滿十年且距法定退休年齡不足十年的；③連續訂立二次固定期限勞動合同，且勞動者沒有法定嚴重違法違規、患病或非因工負傷無法安排工作、不能勝任工作的情形，續訂勞動合同的。

(3) 未簽訂書面勞動合同的後果

用人單位聘用勞動者，應當在用工之日起1個月內簽訂勞動合同。用人單位自用工之日起超過一個月不滿一年未與勞動者訂立書面勞動合同的，應當向勞動者每月支付二倍的工資；超過一年未簽訂書面勞動合同的，視為已簽訂無固定期限勞動合同。

用人單位違反本法規定不與勞動者訂立無固定期限勞動合同的，自應當訂立無固定期限勞動合同之日起向勞動者每月支付二倍的工資。

（二）最低工資保障制度

1.最低工資標準

　　最低工資標準，是指勞動者在法定工作時間或依法簽訂的勞動合同約定的工作時間內提供了正常勞動的前提下，用人單位依法應支付的最低勞動報酬。如用人單位支付的勞動報酬低於當地最低工資標準，則會被認為違法。各地最低工資標準根據經濟發展狀況，一般2-3年調整一次。

　　部分地區全日制用工月最低工資標準情況：

地區	施行日期	月最低工資標準（單位：元）			
		第一文件	第二文件	第三文件	第四文件
上海	2019.4.1	2480			
北京	2019.7.1	2200			
廣東	2018.7.1	2100（廣州） 2200（深圳）	1720	1550	1410
浙江	2017.12.1	2010	1800	1660	1500

2.可以低於當地最低工資標準支付勞動報酬的情形

　　可以低於當地最低工資標準支付勞動報酬的情形主要有：

　　(1) 勞動者患病或非因工負傷治療期間

　　根據相關規定，企業勞動者患病或非因工負傷治療期間，在規定的醫療期間內由企業按有關規定支付其病假工資或疾病救濟費可以低於當地最低工資標準支付，但不能低於最低工資標準的80%。

　　(2) 勞動者未依法或依約提供「正常勞動」

　　工資不低於當地最低工資標準的的前提是「勞動者在法定工作時間或依法簽訂的勞動合同約定的工作時間內提供了正常勞動」，因此如勞動者未能依法或依約提供正常勞動，導致工資低於當地最低工資標準的情況是允許的。如：勞動者請事假，扣除事假期間工資後當月工資低於當地最低工資標準；非因勞動者原因造成單位停工、停產超過一個月，且勞動者沒有提供正常勞動的。

3. 違反最低工資保障制度的後果

低於當地最低工資標準支付勞動者工資的，應當支付其差額部分；逾期不支付的，責令用人單位按應付金額百分之五十以上百分之一百以下的標準向勞動者加付賠償金。

（三）限時加班制度

1. 法定加班時長限制

中國大陸現行標準工作時間為每天不超過8小時、每週不超過40小時、每週至少休息1天（行政、事業單位通常為每週5天、每天8小時制，多數企業也參照行政、事業單位的做法），法律允許在符合一定條件的前提下，延長工作時間：

(1) 徵得勞動者同意；

(2) 應當保證勞動者每週至少休息一日；

(3) 延長工作時間，一般每日不得超過一小時；因特殊原因需要延長工作時間的，在保障勞動者身體健康的條件下延長工作時間每日不得超過三小時，但是每月不得超過三十六小時。

2. 加班時間的工資報酬

用人單位應當按照下列標準支付高於勞動者正常工作時間工資的工資報酬：

(1) 安排勞動者延長工作時間的，支付不低於工資的百分之一百五十的工資報酬；

(2) 休息日安排勞動者工作又不能安排補休的，支付不低於工資的百分之二百的工資報酬；

(3) 法定休假日安排勞動者工作的，支付不低於工資的百分之三百的工資報酬。

3. 不受法定加班時長限制的情況

發生以下情形的，延長工作時間不受加班時長限制：

(1) 發生自然災害、事故或者因其他原因，威脅勞動者生命健康和財產安全，需要緊急處理的；

(2) 生產設備、交通運輸線路、公共設施發生故障，影響生產和公眾利益，必須及時搶修的；

(3) 法律、行政法規規定的其他情形。

4. 違反法律規定要求員工加班的後果

(1) 延長工作時間應徵得勞動者的同意，否則勞動者可以拒絕加班。

(2) 用人單位違反規定，延長勞動者工作時間的，由勞動行政部門給予警告，責令改正，並可以按照受侵害的勞動者每人100元以上500元以下的標準計算，處以罰款。

（四）特殊勞動者保護制度

1. 女職工特殊保護

由於女職工的身體結構、生理機能特定及撫育子女的特殊需要，法律在勞動權益方面制定了特殊保護制度。

(1) 禁止性工作安排

禁止安排女職工從事礦山井下、國家規定的第四級體力勞動強度的勞動和其他禁忌從事的勞動。

不得安排女職工在經期從事高處、低溫、冷水作業和國家規定的第三級體力勞動強度的勞動。

不得安排女職工在懷孕期間從事國家規定的第三級體力勞動強度的勞動和孕期禁忌從事的勞動。對懷孕七個月以上的女職工，不得安排其延長工作時間和夜班勞動。

不得安排女職工在哺乳未滿一周歲的嬰兒期間從事國家規定的第三級體力勞動強度的勞動和哺乳期禁忌從事的其他勞動，不得安排其延長工作時間和夜班勞動。

女職工在孕期、產期、哺乳期（「三期」）內的，非有嚴重違反法律規定或規章制度的情形，用人單位不得單方解除或終止勞動合同；勞動合同在該期間到期的，應延長至三期結束。

(2) 特殊福利待遇安排

女職工在孕期不能適應原勞動的，用人單位應當根據醫療機構的證

明，予以減輕勞動量或者安排其他能夠適應的勞動。對懷孕7個月以上的女職工，用人單位應當在勞動時間內安排一定的休息時間。懷孕女職工在勞動時間內進行產前檢查，所需時間計入勞動時間。

女職工生育享受98天產假，其中產前可以休假15天；難產的，增加產假15天；生育多胞胎的，每多生育1個嬰兒，增加產假15天。女勞動者懷孕未滿4個月流產的，享受15天產假；懷孕滿4個月流產的，享受42天產假。各省、自治區、直轄市根據本地方實際情況，給予生育女勞動者一定期間的獎勵假，如廣東規定了80天的獎勵假。

女職工產假期間的生育津貼，按照女職工產假前工資的標準支付。

對哺乳未滿1周歲嬰兒的女職工，用人單位應當在每天的勞動時間內為哺乳期女職工安排1小時哺乳時間；女職工生育多胞胎的，每多哺乳1個嬰兒每天增加1小時哺乳時間。

2. 未成年工的特殊勞動保護

未成年工是指年滿十六周歲未滿十八周歲的勞動者。

用人單位不得安排未成年工從事礦山井下、有毒有害、國家規定的第四級體力勞動強度的勞動和其他禁忌從事的勞動。

用人單位應當對未成年工定期進行健康檢查：(1)安排工作崗位之前；(2)工作滿一年；(3)年滿十八周歲，距前一次的體檢時間已超過半年。

3. 違反特殊勞動者保護制度的後果

用人單位違反法律對女勞動者和未成年工的保護規定，侵害其合法權益的，由勞動行政部門責令改正，處以罰款；對女勞動者或者未成年工造成損害的，應當承擔賠償責任。

三、社會保險制度

中國大陸建立基本養老保險、基本醫療保險、工傷保險、失業保險、生育保險等社會保險制度，保障公民在年老、疾病、工傷、失業、生育等情況下依法從國家和社會獲得物質幫助的權利。而用人單位、國家和個人構成了社會保險相關費用的承擔主體。

（一）基本社會保險的種類及繳納

1. 基本養老保險

　　基本養老保險是用人單位和勞動者依法繳納養老保險費，在勞動者達到國家規定的退休年齡或因其他原因而退出勞動崗位後，社會保險經辦機構依法向其支付養老金等待遇的社會保障。基本養老保險基金由用人單位和個人繳費以及政府補貼等組成。用人單位應當按照國家規定的本單位勞動者工資總額的比例繳納基本養老保險費，記入基本養老保險統籌基金。

2. 基本醫療保險

　　基本醫療保險是爲補償勞動者因疾病風險造成的經濟損失而建立的一項社會保險制度，通過用人單位和個人繳費，建立醫療保險基金，參保人員患病就診發生符合保險報銷條件的醫療費用後，醫療保險經辦機構將給予一定的經濟補償。用人單位和勞動者共同繳納基本醫療保險費。

3. 工傷保險

　　工傷保險，是指勞動者在工作中或在規定的特殊情況下，遭受意外傷害或患職業病導致暫時或永久喪失勞動能力以及死亡時，勞動者或其遺屬從國家和社會獲得物質幫助的一種社會保險制度。工傷保險費由用人單位繳納，勞動者不繳納工傷保險費。

4. 失業保險

　　失業保險是指由用人單位、勞動者個人繳費及國家財政補貼等管道籌集資金建立失業保險基金，對因失業而暫時中斷生活來源的勞動者提供物質幫助以保障其基本生活，並通過專業訓練、職業介紹等手段爲其再就業創造條件的制度。用人單位和勞動者按照國家規定共同繳納失業保險費。

5. 生育保險

　　生育保險是懷孕和分娩的婦女勞動者在暫時中斷勞動時，由國家和社會提供醫療服務、生育津貼和產假的一種社會保險制度，生育保險費用人單位按照國家規定繳納生育保險費，勞動者不繳納生育保險費。

6. 社會保險繳費繳納

　　用人單位應當自成立之日起三十日內憑營業執照、登記證書或者單位

印章，向當地社會保險經辦機構申請辦理社會保險登記。用人單位應當自用工之日起三十日內為其勞動者向社會保險經辦機構申請辦理社會保險登記，為員工繳納社會保險。

　　各省、自治區、直轄市的社會保險各項的繳費比例各不相同，但根據中央的指示精神，為減輕企業負擔，社會保險企業繳費比例正在逐步下調。

（二）未依法繳納社會保險費的後果

1. 用人單位未按時足額為勞動者繳納社會保險費的，如勞動者發生可以獲得社會保險補償而不能獲得補償時，用人單位應負責補償。

2. 行政處罰

　　用人單位不辦理社會保險登記的，由社會保險行政部門責令限期改正；逾期不改正的，對用人單位處應繳社會保險費數額一倍以上三倍以下的罰款，對其直接負責的主管人員和其他直接責任人員處五百元以上三千元以下的罰款。

　　用人單位未按時足額繳納社會保險費的，由社會保險費徵收機構責令其限期繳納或者補足。並自欠繳之日起，按日加收萬分之五的滯納金；逾期仍不繳納的，由有關行政部門處欠繳數額一倍以上三倍以下的罰款。

　　用人單位逾期仍未繳納或者補足社會保險費的，社會保險費徵收機構可以向銀行和其他金融機構查詢其存款帳戶；並可以申請縣級以上有關行政部門作出劃撥社會保險費的決定，書面通知其開戶銀行或者其他金融機構劃撥社會保險費。用人單位帳戶餘額少於應當繳納的社會保險費的，社會保險費徵收機構可以要求該用人單位提供擔保，簽訂延期繳費協議。

　　用人單位未足額繳納社會保險費且未提供擔保的，社會保險費徵收機構可以申請人民法院扣押、查封、拍賣其價值相當於應當繳納社會保險費的財產，以拍賣所得抵繳社會保險費。

四、工會制度

工會是職工自願結合的工人階級的群眾組織，用人單位應依法保障職工組建工會的權利並爲本單位職工工會提供必要的工作條件。

（一）工會的組成

各級工會委員會由會員大會或者會員代表大會民主選舉產生。企業主要負責人的近親屬不得作爲本企業基層工會委員會成員的人選。

各級工會委員會向同級會員大會或者會員代表大會負責並報告工作，接受其監督。

工會會員大會或者會員代表大會有權撤換或者罷免其所選舉的代表或者工會委員會組成人員。

上級工會組織領導下級工會組織。

企業、事業單位、機關有會員二十五人以上的，應當建立基層工會委員會；不足二十五人的，可以單獨建立基層工會委員會，也可以由兩個以上單位的會員聯合建立基層工會委員會，也可以選舉組織員一人，組織會員開展活動。

縣級以上地方建立地方各級總工會。

全國建立統一的中華全國總工會。

（二）工會的職權職責

工會總的職責是監督企業合法用工，維護職工合法勞動權益，具體來說主要有：

1. 工會有權監督企業依法制定及執行管理制度；
2. 代表職工協商訂立集體勞動合同；
3. 企業單方面解除職工勞動合同時，應當事先將理由通知工會，工會認爲企業違反法律、法規和有關合同，要求重新研究處理時，企業應當研究工會的意見，並將處理結果書面通知工會；
4. 企業處分職工，工會認爲不適當的，有權提出意見。
5. 企業有下列侵犯職工勞動權益情形，工會可以代表職工與企業交涉，甚

至請求當地人民政府依法處理：

(1) 克扣職工工資的；

(2) 不提供勞動安全衛生條件的；

(3) 隨意延長勞動時間的；

(4) 侵犯女職工和未成年工特殊權益的；

(5) 其他嚴重侵犯職工勞動權益的。

（三）企業應為工會提供的條件

1. 按每月全部職工工資總額的百分之二向工會撥繳的經費；

2. 為工會辦公和開展活動，提供必要的設施和活動場所等物質條件。

五、外國人在中國大陸就業規定

（一）外國人在中國大陸就業的特殊規定——就業許可

除法定可免辦就業許可的外國人外，用人單位聘用外國人須為該外國人申請就業許可，經獲准並取得《中華人民共和國外國人就業許可證書》（以下簡稱就業許可證）後方可聘用。

外國人在發證機關規定的區域內變更用人單位但仍從事原職業的，須經原發證機關批准，並辦理就業證變更手續。

外國人離開發證機關規定的區域就業或在原規定的區域內變更用人單位且從事不同職業的，須重新辦理就業許可手續。

未辦理就業證的外國人不屬於勞動法律意義上的勞動者，不能被勞動法律所保護。

（二）勞動關係相關特殊規定

用人單位與外國人簽訂的勞動合同的期限最長不得超過五年。到期需履行審批手續後方可續訂。

另，根據2019年9月1日生效的《中華人民共和國政府和日本國政府社會保障協議》，中國大陸免除中國大陸在日本企業的派遣員工及船員、空乘人員、外交領事機構人員和公務員在華繳納基本養老保險的義務。此

外，與中方人員在日本共同生活的配偶和子女，在一定條件下也可申請免除在日期間的社保繳費。

六、勞動爭議處理機制

依據中國大陸《勞動法》和《勞動爭議調解仲裁法》的規定，中國大陸勞動爭議的處理如雙方未能達成和解，又不願進行調解或調解無法達成一致的，一般均需經過「一裁二審」三道程序，方可取得生效裁判文書。其特點在於：

（一）勞動爭議均必須先經勞動爭議仲裁機構的仲裁，才可以向法院提起訴訟。

（二）勞動爭議仲裁不同於民商事仲裁，其無須當事人事先達成仲裁協議，仲裁機構設在勞動和社會保障部門，是勞動和社會保障部門的內設職能機構；一方申請即可啓動仲裁程序，另一方則被動強制參加仲裁。

（三）在仲裁後，裁決並不是終局的，如一方對仲裁裁決不服，可向法院起訴，一經起訴，仲裁裁決即不生效，一審判決後，如仍不服的，還可以上訴。

備註：根據中國大陸《勞動爭議調解仲裁法》的規定，後列勞動爭議的仲裁裁決爲終局裁決，裁決書自作出之日起發生法律效力：(1)追索勞動報酬、工傷醫療費、經濟補償或者賠償金，不超過當地月最低工資標準十二個月金額的爭議；(2)因執行國家的勞動標準在工作時間、休息休假、社會保險等方面發生的爭議。對該類裁決，只允准勞動者一方不服時起訴至法院，而用人單位不得起訴。但如果用人單位認爲裁決存在後列情形之一的，可向所在地中級法院申請撤銷該裁決：(1)適用法律、法規確有錯誤的；(2)勞動爭議仲裁委員會無管轄權的；(3)違反法定程序的；(4)裁決所根據的證據是僞造的；(5)對方當事人隱瞞了足以影響公正裁決的證據的；(6)仲裁員在仲裁該案時有索賄受賄、徇私舞弊、枉法裁決行爲的。前述兩類爭議，只有在仲裁裁決被撤銷後，用人單位方可向法院起訴。

第五節　外商投資之環境責任

　　中國大陸將環境保護定爲基本國策，並在經濟發展過程中逐漸將這一基本國策落到實處。在環境保護基本國策之下，形成了環境保護的三大基本政策：預防爲主、防治結合、綜合治理；誰污染誰治理；強化環境管理。政策最終靠具體的可執行的法律實現對人們行爲的指引、調整。

一、中國大陸環境保護法律規範及政策體系

（一）綜合性法律法規和政策

　　包括：《環境保護法》；《環境保護稅法》；《環境影響評價法》；《循環經濟促進法》；《國務院關於印發「十三五」生態環境保護規劃的通知》；《「十三五」環境領域科技創新專項規劃》；《環境污染治理設施運營資質許可管理辦法》等。

（二）生態保護單項法

　　主要包括：《節約能源法》、《礦產資源法》、《水土保持法》、《水法》、《土地管理法》、《森林法》、《草原法》等。

（三）污染防治單項法

1. 大氣污染防治類，如：《大氣污染防治法》；《國務院關於印發「十三五」控制溫室氣體排放工作方案的通知》；《關於執行大氣污染物特別排放限值的公告》等。
2. 水污染防治類，如：《水污染防治法》；《水體污染控制與治理科技重大專項管理辦法》；《水污染防治行動計畫》等。
3. 噪聲防治與固體廢物處理類：《環境噪聲污染防治法》；《固體廢物污染環境防治法》；《國家廢物自願化科技工程十三五專項規劃》；《廢棄電器電子產品處理基金徵收使用管理辦法》；《固體廢物進口管理辦法》；《廢棄電器電子產品處理資格許可管理辦法》等。
4. 化學品污染防治類：《新化學物質環境管理辦法》；《新化學物質監督

管理檢查規範》；《危險化學品安全管理條例》；《危險化學品安全生
產「十三五」規劃》；《優先控制化學品名錄（第一批）》等。

5. 放射性污染防治類：《放射性物品運輸安全許可管理辦法》；《關於加
   強放射性物品運輸監督檢查的通知》；《國家核安全局關於加強放射
   性物品入境運輸管理的通知》；關於印發《核與輻射安全監管系統落實
   「環保五項改革」的意見》的通知等。

二、中國大陸環境保護的基本制度

（一）環境影響評價制度

環境影響評價制度是指對規劃和建設項目實施後可能造成的環境影響
進行分析、預測和評估，提出預防或者減輕不良環境影響的對策和措施，
進行跟蹤監測的方法與制度。

根據《建設項目環境影響評價分類管理名錄》規定需要編制環境影
響報告書的建設項目，建設單位應當按照下列規定組織編制環境影響報告
書、環境影響報告表或者填報環境影響登記表（以下統稱環境影響評價文
件）：

1. 可能造成重大環境影響的，應當編制環境影響報告書，對產生的環境影
   響進行全面評價；
2. 可能造成輕度環境影響的，應當編制環境影響報告表，對產生的環境影
   響進行分析或者專項評價；
3. 對環境影響很小、不需要進行環境影響評價的，應當填報環境影響登記
   表。

另需注意，建設項目的環境影響評價文件自批准之日起超過五年方決
定該項目開工建設的，其環境影響評價文件應當報原審批部門重新審核。

建設項目的環境影響評價文件未依法經審批部門審查或者審查後未予
批准的，建設單位不得開工建設。

如建設單位未依法報批建設項目環境影響報告書、報告表，或者未按
規定重新報批或者報請重新審核環境影響報告書、報告表，擅自開工建設

的，由縣級以上生態環境主管部門責令停止建設，根據違法情節和危害後果，處建設項目總投資額百分之一以上百分之五以下的罰款，並可以責令恢復原狀；對建設單位直接負責的主管人員和其他直接責任人員，依法給予行政處分。

（二）「三同時」制度

「三同時」制度是指《環境保護法》中的要求：建設項目中防治污染的設施，應當與主體工程同時設計、同時施工、同時投產使用。防治污染的設施應當符合經批准的環境影響評價文件的要求，不得擅自拆除或者閒置。具體要求是：在建設項目正式施工前，建設單位必須向環境保護行政主管部門提交初步設計中的環境保護篇章。在環境保護篇章中必須落實防治環境污染和生態破壞的措施以及環境保護設施投資概算。環境保護篇章經審查批准後，才能納入建設計畫，並投入施工。建設項目的主體工程完工後，需要進行試生產的，其配套建設的環境保護設施必須與主體工程同時投入試運行。建設項目竣工後，建設單位應當向審批該建設項目環境影響報告書（表）的環境保護行政主管部門，申請該建設項目需要配套建設的環境保護設施竣工驗收。環境保護設施竣工驗收應當與主體工程竣工驗收同時進行。需要進行試生產的建設項目，建設單位應當自建設項目投入試生產之日起3個月內，向審批該建設項目環境影響報告書（表）的環境保護行政主管部門申請驗收該建設項目配套建設的環境保護設施。分期建設、分期投入生產或者使用的建設項目，其相應的環境保護設施應當分期驗收。違反規定的，將被環境保護行政主管部門責任停止生產或使用，並處以罰款。

（三）排污收稅制度

2018年1月1日起《環境保護稅法》開始實施，中國大陸的排汙收費制度轉為排污收稅制度。在中國大陸境內直接向環境排放應稅污染物的企業事業單位和其他生產經營者應當依法繳納環境保護稅。環境保護稅的應稅污染物包括大氣污染物、水污染物、固體廢物和噪聲。本篇第六章環境保護稅詳細介紹。

（四）排污許可證制度

　　控制污染物排放許可制（簡稱排污許可制）是依法規範企事業單位排污行爲的基礎性環境管理制度，環境保護部門向企事業單位發放排污許可證並對企事業單位的排污行爲進行監管。企業按照相關法規標準和技術規定提交申請材料，申報污染物排放種類、排放濃度等，測算並申報污染物排放量。由縣級以上地方政府環境保護部門負責對符合要求的企業核發排污許可證，首次發放的排污許可證有效期三年，延續換發的排污許可證有效期五年。違法排污的，根據違法情節輕重將被採取按日連續處罰、限制生產、停產整治、停業、關閉等措施。到2020年，預計將完成覆蓋所有固定污染源的排污許可證核發工作，全國排污授權管理資訊平臺有效運轉。

三、中國大陸的環境標準體系

（一）按照標準規定內容和作用分類

　　按照規定內容和作用，中國大陸環境標準分爲：環境品質標準、污染物排放標準（污染物控制標準）、監測方法標準（環境方法標準）、環境標準樣品標準（環境標準物質標準）和環境基礎標準五類。

1. 環境品質標準：規定環境中各類有害物質在一定時間和空間內的容許含量，標誌著在一定時期內國家爲控制污染在技術上和經濟上可能達到的水準。

2. 污染物排放標準：國家對認爲的污染源排入環境的污染物濃度或數量所作的限量規定，包括污染物排放濃度標準和污染物排放總量標準。

3. 環境監測方法標準：爲實現環境品質和污染物排放情況的監測分析，對採樣、樣品處理、分析測試、資料處理等過程進行規範的統一規定。

4. 環境標準樣品標準：爲保證環境監測資料的準確、可靠，對用於量值傳遞或品質控制的材料、實物樣品，制定環境標準樣品標準，它是標定環境監測儀器和檢驗環境保護設備性能的法定依據。

5. 環境基礎標準：指在環境保護工作範圍內，對有指導意義的符號、代號、指南、程序、規範等所作的統一規定。

（二）環境標準分級

1.國家標準

國家污染物排放標準分為跨行業綜合性排放標準（如污水綜合排放標準、大氣污染物綜合排放標準等）和行業性排放標準（如火電廠大氣污染物排放標準、造紙工業水污染物排放標準等）。二者不同時適用，即有行業性排放標準的執行行業性排放標準，沒有的則執行綜合性排放標準。

2.地區標準

省級政府對國家環境品質標準中未作規定的項目，可以制定地方環境品質標準；對污染物排放標準，省級政府可對國家排放標準未作規定的項目，制定地方污染物排放標準。對國家污染物排放標準中已作規定的項目，制定嚴於國家排放標準的地方標準。向已有地方環境標準的區域排放污染物的，優先執行地方標準。

（三）環境標準效力等級

1.強制性環境標準

強制性環境標準視同技術法規，具有法律強制力，必須執行。

2.推薦性環境標準

強制性標準以外的環境標準屬於推薦性標準，推薦性的環境標準作為國家環境經濟政策的指導，鼓勵引導有條件的企業按照相關標準實施。推薦性環境標準被強制性標準引用的，也必須強制執行。

四、中國環境保護經濟政策

近年中國加大對環境保護的資金投入，並對企業有利環保的行為採取稅收優惠、財政支持等鼓勵措施，如：

1. 企業購置並實際使用《環境保護專用設備企業所得稅優惠目錄》、《節能節水專用設備企業所得稅優惠目錄》和《安全生產專用設備企業所得稅優惠目錄》規定的環境保護、節能節水、安全生產等專用設備的，該專用設備的投資額的10%可以從企業當年的應納稅額中抵免；當年不足

抵免的，可以在以後5個納稅年度結轉抵免。

　　企業依照法律、行政法規有關規定提取的用於環境保護、生態恢復等方面的專項資金，在計算企業所得稅時，准予稅前扣除。

2. 對利用廢水、廢氣、廢渣等廢棄物作為原料進行生產的企業，在5年內減徵或免徵所得稅。

3. 符合條件的納稅人銷售《資源綜合利用產品和勞務增值稅優惠目錄》規定自產的資源綜合利用產品和提供資源綜合利用勞務（以下稱銷售綜合利用產品和勞務），可享受目錄所列比例的增值稅即徵即退政策。

4. 各地設置節能減排專項資金，用於支持節能技術改造項目、淘汰落後產能項目、支持資源綜合利用、情節生產及循環經濟項目等。

五、中國大陸環境執法及其監管體制

　　2014年中國大陸國務院辦公廳發布了《關於加強環境監管執法的通知》（國辦發〔2014〕56號），明確提出要嚴格依法保護環境、推動環境執法全覆蓋，對各類環境違法行為「零容忍」，推行「陽光執法」，明確地方政府領導、部門、企業和個人的環境責任，增強基層環境監管力量等。在環境行政機關和刑事司法銜接方面，2013年公安部與原環境保護部聯合制定了《關於加強環境保護與公安部門執法銜接配合工作的意見》，2017年公安部、最高人民檢察院、原環境保護部聯合制定了《環境保護行政執法與刑事司法銜接工作辦法》，進一步增強了運用治安管理處罰措施和刑法手段實現環境執法目的的能力。

　　在環境行政監管體制方面，施行省級以下環境監測監察執法的垂直管理。中國大陸就此發布了《關於省以下環保機構監測監察執法垂直管理制度改革試點工作的指導意見的通知》，對地方各級政府在環境監測、監察與執法方面的事權劃分進行了清晰界定，明確要求要制定負有生態環境監管職責相關部門的環境保護責任清單，明確要求管發展必須管環保，管生產必須管環保，明確提出強化環保規範化建設和能力建設，明確提出加強跨區域、跨流域環境管理，建立健全環境保護議事協調機制，強化環保部

門與相關部門協作，實施環境監測執法資訊共用等。

　　同時，中國大陸成立了生態環境執法局和中央生態環境保護督察辦公室，統一負責各類污染物的生態環境監督執法，組織開展全國生態環境保護執法檢查活動。

第六節　外商投資企業之融資環境

一、中國大陸融資方式介紹

　　在中國大陸，企業的融資方式分為兩類：債務性融資與權益性融資。債務性融資包括金融機構／非金融機構貸款、發行債券、應付票據等；權益性融資主要指發行股票／增資擴股。二者的重要區別在於：1.投資方是否介入融資方經營；2.投資償還期限。債務性融資中債權人大多不介入債務人的生產經營，且債務性融資通常會約定償還期限；而權益性融資中股東依法享有對公司生產經營的監督管理權，而在公司結束經營前股東不可退出（約定股權轉讓除外）。

　　企業常用的融資方式主要有：

（一）金融貸款

　　金融貸款指企業從銀行或其他金融機構獲得的貸款。通常需要企業提供土地使用權、房產、機器設備、出口信用證等資產和權利進行擔保。部分銀行開發了信用貸款產品，即不需要企業提供擔保，僅憑企業信譽即可發放的貸款，但信用貸款的額度通常較低，且對借款企業的經濟效益、發展前景等審查較嚴格，如要求企業信用等級達到一定級別，沒有不良信用記錄，經營收入持續增長資產負債率低等。

（二）民間借貸

　　民間借貸是指發生在企業、自然人或者其他組織之間的借貸行為。相比金融貸款，民間借貸的要求比較寬鬆，通常為借貸雙方合意即可。且法

律及政策對民間借貸的限制逐步減少，特別是企業向其他非金融企業、自然人借款的限制減少，民間借貸的活躍度進一步提高。但根據《最高人民法院關於審理民間借貸案件適用法律若干問題的規定》第14條規定，民間借貸仍需規避以下無效情形：

1. 套取金融機構信貸資金又高利轉貸給借款人，且借款人事先知道或者應當知道的；
2. 以向其他企業借貸或者向本單位職工集資取得的資金又轉貸給借款人牟利，且借款人事先知道或者應當知道的；
3. 出借人事先知道或者應當知道借款人借款用於違法犯罪活動仍然提供借款的；
4. 違背社會公序良俗的；
5. 其他違反法律、行政法規效力性強制性規定的。

（三）融資租賃

融資租賃是指出租方根據承租方對供應商、租賃物的選擇，向供應商購買租賃物，提供給承租方使用，承租方在契約或者合同規定的期限內分期支付租金的融資方式。融資租賃的方式在國際上較為普遍，但在中國大陸尚有很大發展空間。

中國大陸政府也積極出臺政策以促進融資租賃行業發展，如對融資租賃公司設立子公司，不設最低註冊資本限制。允許融資租賃公司兼營與主營業務有關的商業保理業務；進口租賃物涉及配額、許可證、自動進口許可證等管理的，在承租人已具備相關配額、許可證、自動進口許可證的前提下，不再另行對融資租賃公司提出購買資質的要求；根據融資租賃特點，便利融資租賃公司申請醫療器械經營許可或辦理備案；鼓勵融資租賃公司積極服務「一帶一路」、京津冀協同發展、長江經濟帶、「中國大陸製造2025」和新型城鎮化建設等國家重大戰略等[1]。

1　國務院辦公廳關於加快融資租賃業發展的指導意見（國辦發〔2015〕68號）。

（四）票據貼現

票據貼現是收款人將未到期的商業承兌匯票或銀行承兌匯票背書後轉讓給受讓人，受讓人按票面金額扣去自貼現日至匯票到期日的利息以將剩餘金額支付給持票人。商業匯票到期，受讓人憑票向該匯票的承兌人收取款項。

（五）發行債券

發行債券是指發行人以借貸資金爲目的，依照法律規定的程序向投資人要約發行代表一定債權和兌付條件的債券的法律行爲，債券發行是證券發行的重要形式之一。債權發行主體爲股份有限公司，且發行前須經政府部門審批。

（六）發行股票／增資擴股

發行股票／增資擴股均是出售公司股權，發行股票是股份有限公司出售股權的形式，而有限責任公司則只能增資擴股的形式出售公司股權進行融資。

二、中國大陸外商投資企業融資及金融開放

中國大陸一直在放寬對外資的監管，上述融資方式多數同樣適用於外商投資企業。中國大陸已將大多不涉及到限制領域的投融資項目由審批管理變更爲備案管理，近期更是提出加大對外商投資企業融資的支持力度。早在2017年中國大陸即已提出要支持外商投資企業拓寬融資管道，外商投資企業可以依法依規在主機板、中小企業板、創業板上市，在新三板掛牌，以及發行企業債券、公司債券、可轉換債券和運用非金融企業債務融資工具進行融資。[2]擬實施的《外商投資法》就明確規定，外商投資企業可以依法通過公開發行股票、公司債券等證券和其他方式進行融資，而未就外商投資企業融資單獨設置禁區。我們認爲，外商投資企業的融資政策

2　國務院關於擴大對外開放積極利用外資若干措施的通知（國發〔2017〕5號）。

最終將趨同於內資企業的融資政策，具體情況可待《外商投資法》相關配套規定出臺。

2019年11月7日，國務院發布《關於進一步做好利用外資工作的意見》，在深化對外開放方面，要求加快金融業開放進程。具體指向有：

1. 全面取消在華外資銀行、證券公司、基金管理公司等金融機構業務範圍限制。

2. 減少外國投資者投資設立銀行業、保險業機構和開展相關業務的數量型准入條件，取消外國銀行來華設立外資法人銀行、分行的總資產要求，取消外國保險經紀公司在華經營保險經紀業務的經營年限、總資產要求。

3. 擴大投資入股外資銀行和外資保險機構的股東範圍，取消中外合資銀行中方唯一或主要股東必須是金融機構的要求，允許外國保險集團公司投資設立保險類機構。

4. 繼續支持按照內外資一致的原則辦理外資保險公司及其分支機構設立及變更等行政許可事項。

5. 2020年取消證券公司、證券投資基金管理公司、期貨公司、壽險公司外資持股比例不超過51%的限制。

後續將由人民銀行、銀保監會、證監會按職責分工負責落實上述開放措施。

第七節　外商投資之納稅責任

一、中國大陸稅收立法

中國大陸的稅收立法包括各層級機關制定的效力等級不一的法律、行政法規、行政規章等，具體如下：

1. **稅收法律**：稅收法律由全國人大及其常委會制定，是除《憲法》外，在稅法體系中最高法律效力者，如《企業所得稅法》、《個人所得稅法》、《稅收徵管法》等。

2. **授權立法**：授權立法由全國人大及其常委會授權國務院制定，屬於准法律，在條件成熟時將上升為法律，其效力高於行政法規，如《增值稅暫行條例》、《土地增值稅暫行條例》等。

3. **稅收法規**：稅收法規包括國務院制定的稅收行政法規和地方人大及常委會制定的稅收地方性法規。國務院制定的稅收行政法規效力低於憲法、法律，高於地方法規、部門規章、地方規章，如《企業所得稅法實施條例》、《稅收徵收管理法實施細則》等。目前僅有海南省、民族自治地區人大及常委會有權制定稅收地方性法規。

4. **稅收規章**：稅收規章包括國務院稅務主管部門制定的稅收部門規章和地方政府制定的稅收地方規章。國務院稅務主管部門指財政部、國家稅務總局和海關總署，其制定的規章不得與憲法、稅收法律、行政法規相牴觸，如《增值稅暫行條例實施細則》。地方政府制定稅收地方規章必須在稅收法律、法規明確授權下方可制定，且不得與稅收法律、行政法規相牴觸，如城建稅、房產稅等地方性稅種的實施細則等。

二、中國大陸現行稅法體系

　　稅法體系包括稅收實體法體系與稅收程序法體系。稅收實體法是指規定稅收法律關係主體的實體權利、義務的法律規範，其主要內容包括納稅主體、徵稅客體、計稅依據、稅目、稅率、減免稅等。稅收程序法是指調整國家稅收活動中的程序關係，規定國家徵稅權行使程序和納稅人納稅義務履行程序的法律規範，其主要內容包括稅收確定程序、稅收徵收程序、稅收檢查程序和稅務爭議解決程序等。本書僅介紹中國大陸的稅收實體法體系。

　　中國大陸現行有效的稅收實體法包括商品（貨物）和勞務稅類、資源稅類、所得稅類、特定目的稅類、財產和行為稅類。列表如下：

稅種分類	稅種名稱	作用
商品（貨物）和勞務稅類	增值稅	主要在生產、流通或服務業中發揮調節作用
	消費稅	
	關稅	
資源稅類	資源稅	主要調節因開發和利用自然資源差異而形成的級差收入
	土地增值稅	
	城鎮土地使用稅	
所得稅類	企業所得稅	主要調節生產經營者的利潤和個人的純收入
	個人所得稅	
特定目的稅類	城市維護建設稅	主要是為達到特定目的，調節特定物件和特定行為
	車輛購置稅	
	耕地佔用稅	
	煙葉稅	
	船舶噸稅	
財產和行為稅類	房產稅	主要是對某些財產和行為發揮調節作用
	車船稅	
	印花稅	
	契稅	
	環境保護稅	

三、外商投資企業在中國大陸生產經營過程中常見稅種介紹

（一）增值稅

1. 稅種介紹

增值稅是以商品（含應稅勞務）在流轉過程中產生的增值額作為計稅依據而徵收，是對銷售貨物或者提供加工、修理修配勞務以及進口貨物的單位和個人就其實現的增值額徵收的一個稅種。增值稅已經成為中國大

陸最主要的稅種之一，增值稅的收入占中國大陸全部稅收的60%以上，是最大的稅種。增值稅由國家稅務局負責徵收，稅收收入分配的基本原則是50%為中央財政收入，50%為地方收入。進口環節的增值稅由海關負責徵收，稅收收入全部為中央財政收入。

增值稅的納稅人根據其銷售額與會計核算（能否正確核算增值稅的銷項稅額、進項稅額和應納稅額）情況被劃分為一般納稅人與小規模納稅人，並適用不同的稅率／徵收率及抵扣政策。小規模納稅人是指年銷售額在規定標準以下，且會計核算不健全，不能按規定報送有關稅務資料的增值稅納稅人。增值稅對小規模納稅人採用簡易徵收辦法，對小規模納稅人適用的稅率稱為徵收率。一般納稅人是指年應徵增值稅銷售額超過財政部規定的小規模納稅人標準的企業和企業性單位。

2. 稅率／徵收率

中國大陸根據銷售（勞務）的性質、行業別等，增值稅稅率施行從0-13%不等的稅率，具體附表如下：

	簡易計稅	徵收率
小規模納稅人及允許適用簡易計稅方式計稅的一般納稅人	小規模納稅人銷售貨物或加工、修理修配勞務，銷售應稅服務、無形資產；一般納稅人發生按規定適用或者可以選擇適用簡易計稅方法計稅的特定應稅行為，但適用5%徵收率的除外	3%
	銷售不動產；符合條件的經營租賃不動產（土地使用權）；轉讓營改增前取得的土地使用權；房地產開發企業銷售、出租自行開發的房地產老項目；符合條件的不動產融資租賃；選擇差額納稅的勞務派遣、安全保護服務；一般納稅人提供人力資源外包服務	5%
	個人出租住房	5%減按1.5%
	納稅人銷售舊貨；小規模納稅人（不含其他個人）以及符合規定情形的一般納稅人銷售自己使用過的固定資產	3%減按2%

增值稅項目	稅率
銷售或者進口貨物（另有列舉的貨物除外）；銷售勞務	13%
銷售或者進口： 1. 糧食等農產品、食用植物油、食用鹽； 2. 自來水、暖氣、冷氣、熱水、煤氣、是有液化氣、天然氣、二甲醚、沼氣、居民用煤炭製品； 3. 圖書、報紙、雜誌、音像製品、電子出版物； 4. 飼料、化肥、農藥、農機、農膜； 5. 國務院規定的其他貨物	9%
購進農產品進項稅額扣除率	扣除率
對增值稅一般納稅人購進農產品，原適用10%扣除率的，扣除率調整爲9%	9%
對增值稅一般納稅人購進用於生產或委託加工13%稅率貨物的農產品，按10%扣除率計算進項稅額	10%

一般納稅人

營改增項目		稅率
交通運輸服務	陸路運輸服務、水路運輸服務、航空運輸服務（含航太運輸服務）和管道服務、無運輸工具承運業務	9%
郵政服務	郵政普遍服務、郵政特殊服務、其他郵政服務	9%
電信服務	基礎電信服務	9%
	增值電信服務	6%
建築服務	工程服務、安裝服務、修繕服務、裝飾服務和其他建築服務	9%
銷售不動產	轉讓建築物、構築物等不動產所有權	9%
金融服務	貸款服務、直接收費金融服務、保險服務和金融商品轉讓	6%
現代服務	研發和技術服務、資訊技術服務、文化創意服務、物流輔助服務、鑒證諮詢服務、廣播影視服務、商務輔助服務、其他現代服務	6%
	有形動產租賃服務	13%
	不動產租賃服務	9%

一般納稅人	生活服務	文化體育服務、教育醫療服務、旅遊娛樂服務、餐飲住宿服務、居民日常服務、其他生活服務	6%
	銷售無形資產	轉讓技術、商標、著作權、商譽、自然資源和其他權益性無形資產使用權或所有權	6%
		轉讓土地使用權	9%
所有納稅人	出口貨物、服務、無形資產		稅率
	納稅人出口貨物（國務院另有規定的除外）		零稅率
	境內單位和個人跨境銷售國務院規定範圍內的服務、無形資產		零稅率
	銷售貨物、勞務，提供的跨境應稅行為，符合免稅條件的		免稅
	境內的單位和個人銷售適用增值稅零稅率的服務或者無形資產的，可以放棄適用增值稅零稅率，選擇免稅或按規定繳納增值稅。放棄適用增值稅零稅率後，36個月內不得再申請適用增值稅零稅率		

3. 目前優惠政策

增值稅的稅收優惠由國務院規定，其他任何地區、部門均不得規定免稅、減稅項目。現行主要有以下幾種類型：

(1) 免稅優惠

《增值稅暫行條例》第15條規定，下列項目免徵增值稅：①農業生產者銷售的自產初級農產品；②避孕藥品和用具；③向社會收購的古舊圖書；④直接用於科學研究、科學試驗和教學的進口儀器、設備；⑤外國政府、國際組織無償援助的進口物資和設備；⑥由殘疾人的組織直接進口供殘疾人專用的物品；⑦銷售的自己使用過的物品。

財政部、國家稅務總局發布的部門規章規定的免稅優惠，如依照《中華人民共和國老年人權益保障法》依法辦理登記，並向民政部門備案的為老年人提供集中居住和照料服務的各類養老機構提供養老服務免稅；醫療機構按照不高於地（市）級以上價格主管部門會同同級衛生主管部門

及其他相關部門制定的醫療服務指導價格（包括政府指導價和按照規定由供需雙方協商確定的價格等）為就醫者提供《全國醫療服務價格專案規範》所列的各項服務，以及醫療機構向社會提供衛生防疫、衛生檢疫的服務免徵增值稅（財稅〔2016〕36號、財稅〔2019〕20號）。

中國大陸對小微企業增值稅最新優惠政策，具體內容為：2019年1月1日至2021年12月31日期間，對從事國家非限制和禁止行業且年度應納稅所得額不超過300萬元、從業人數不超過300人、資產總額不超過5,000萬元、月銷售額10萬元以下（含本數）的增值稅小規模納稅人，免徵增值稅。

(2) 減稅優惠

即在原稅率／徵收率基礎上再降低計稅比例，如自2018年5月1日起，對進口抗癌藥品，減按3%徵收進口環節增值稅（財稅〔2018〕47號）。個人出租住房應按照5%的徵收率減按1.5%計算應納增值稅（財稅〔2016〕36號）。

(3) 出口退（免）稅優惠

生產企業自營或委託外貿企業代理出口（以下簡稱生產企業出口）自產貨物，除另有規定外，增值稅一律實行免、抵、退稅管理辦法。實行免、抵、退稅辦法的「免」稅，是指對生產企業出口的自產貨物，免徵本企業生產銷售環節增值稅；「抵」稅，是指生產企業出口自產貨物所耗用的原材料、零部件、燃料、動力等所含應予退還的進項稅額，抵頂內銷貨物的應納稅額；「退」稅，是指生產企業出口的自產貨物在當月內應抵頂的進項稅額大於應納稅額時，對未抵頂完的部分予以退稅。（財稅〔2002〕7號）

(4) 即徵即退優惠

該優惠是指按稅法規定繳納的稅款，由稅務機關在徵稅時部分或全部退還納稅人的一種稅收優惠。如納稅人銷售自產的資源綜合利用產品和提供資源綜合利用勞務，可享受增值稅即徵即退政策（財稅〔2015〕78號）。一般納稅人銷售其自行開發的軟件產品，按13%徵收增值稅後，對其增值稅實際稅負超過3%的部分實行即徵即退（財稅〔2011〕100號、財

政部稅務總局海關總署公告2019年第39號）。對安置殘疾人符合享受稅收優惠政策條件的單位和個體工商戶實行由稅務機關按納稅人安置殘疾人的人數，限額即徵即退增值稅的辦法（財稅〔2016〕52號）。

(5) 先徵後返優惠

先徵後返又稱「先徵後退」，是指對按稅法規定繳納的稅款，由稅務機關徵收入庫後，再由稅務機關或財政部門按規定的程序給予部分或全部退稅或返還已納稅款的一種稅收優惠。如：安置的「四殘」人員占企業生產人員50%以上（含50%）的民政福利工業企業，其生產增值稅應稅貨物，除本通知第三條列舉的項目外，經稅務機關審核後，可採取先徵稅後返還的辦法，給予返還全部已納增值稅的照顧。（國稅發〔1994〕155號，已失效）

（二）海關關稅

1. 稅種介紹

海關關稅是進出口商品經過國關境時，由政府所設置的海關向進出口商所徵收的稅收，包括進口關稅與出口關稅。進口貨物的收貨人、出口貨物的發貨人、進境物品的所有人，是關稅的納稅義務人。國務院制定《進出口稅則》與《進境物品進口稅稅率表》規定關稅的稅目、稅則號列和稅率。

2018年以來，中國大陸降低了包括藥品、汽車、日用品等在內的進口關稅，關稅總水準從9.8%降至7.5%。自2019年起，中國大陸對700多項商品實施進口暫定稅率，包括新增對雜粕和部分藥品生產原料實施零關稅，適當降低棉花滑准稅和部分毛皮進口暫定稅率，取消有關錳渣等4種固體廢物的進口暫定稅率，取消氯化亞碸、新能源汽車用鋰離子電池單體的進口暫定稅率，恢復執行最惠國稅率。對化肥、磷灰石、鐵礦砂、礦渣、煤焦油、木漿等94項商品，也不再徵收出口關稅。中國大陸還對原產於23個國家或地區的部分商品實施協議稅率。其中，進一步降稅的有中國大陸與紐西蘭、秘魯、哥斯大黎加、瑞士、冰島、澳大利亞、韓國、格魯吉亞自貿協定以及亞太貿易協定。根據中國大陸與香港、澳門簽署的貨物

貿易協定，對原產於香港、澳門的進口貨物全面實施零關稅。隨著最惠國稅率的降低，中國大陸相應調整亞太貿易協定項下的孟加拉和寮國兩國的特惠稅率。此外，從2019年7月1日起，中國大陸還對298項資訊技術產品的最惠國稅率實施第四步降稅，同時對部分資訊技術產品的暫定稅率作相應調整。

2. 稅率

(1) 進口關稅稅率

進口關稅設置最惠國稅率、協議稅率、特惠稅率、普通稅率、關稅配額稅率等稅率。

①原產於共同適用最惠國待遇條款的世界貿易組織成員的進口貨物，原產於與中華人民共和國簽訂含有相互給予最惠國待遇條款的雙邊貿易協定的國家或者地區的進口貨物，以及原產於中華人民共和國境內的進口貨物，適用最惠國稅率。

②原產於與中華人民共和國簽訂含有關稅優惠條款的區域性貿易協定的國家或者地區的進口貨物，適用協議稅率。

③原產於與中華人民共和國簽訂含有特殊關稅優惠條款的貿易協定的國家或者地區的進口貨物，適用特惠稅率。

④原產於上述所列以外國家或者地區的進口貨物，以及原產地不明的進口貨物，適用普通稅率。

適用最惠國稅率的進口貨物有暫定稅率的，應當適用暫定稅率；適用協議稅率、特惠稅率的進口貨物有暫定稅率的，應當從低適用稅率；適用普通稅率的進口貨物，不適用暫定稅率。實行關稅配額管理的進口貨物，關稅配額內的，適用關稅配額稅率；關稅配額外的，適用其他稅率。

按照有關法律、行政法規的規定對進口貨物採取反傾銷、反補貼、保障措施的，按照有關規定執行。

(2) 出口關稅稅率

由於徵收出口稅會提高本國產品在國外市場的銷售價格，降低競爭能力，因此中國大陸對大部分出口商品均免徵關稅，且設置了出口退稅的優惠政策，僅對部分限制出口的資源類產品或需控制調節出口流量、防止盲

目出口的產品徵收出口關稅。中國大陸海關進出口稅則目前對涉及大約47個稅號的商品規定徵收出口關稅。出口貨物的關稅稅率爲單一稅則制，即只使用一種稅率。適用出口稅率的出口貨物有暫定稅率的，應當適用暫定稅率。

(3) 稅則歸類——查找稅目

擬進出口商品適用的關稅稅率，可以通過公佈的進出口稅則查詢，查詢步驟如下：

第一，瞭解需要歸類的具體進出口的構成、材料屬性、成分組成、特性、用途和功能。

第二，查找有關商品在稅則中擬歸的類、章及稅號。對於原材料性質的貨品，應首先考慮按其屬性歸類；對於製成品，應首先考慮按其用途歸類。

第三，將考慮採用的有關類、章及稅號進行比較，篩選出最爲合適的稅號。

第四，通過上述方法難以確定的稅則歸類商品，可運用歸類總則的有關條款來確定其稅號。如進口地海關無法解決的稅則歸類問題，需報海關總署明確。

3. 目前優惠政策

關稅的稅收優惠體現在優惠稅率與關稅減免上。優惠稅率通常是基於國際關稅協議給與，包括：最惠國稅率、協議稅率、特惠稅率。最惠國稅率一般不得高於現在或者將來來自於第三國同類產品所享受的關稅稅率。中國大陸加入世界貿易組織（WTO）即有承諾給予其他成員最惠國待遇，其中就包括最惠國稅率待遇。協議稅率是中國大陸根據與其他國簽訂的貿易條約或協定而制定的關稅稅率，它不僅適用於協議簽訂國，也適用於享有最惠國待遇的國家。特定稅率是中國海關稅稅則中的一欄稅率，對原產於與中華人民共和國簽訂含有特殊關稅優惠條款的貿易協定的國家或者地區的進口貨物，適用特惠稅率。中國大陸關稅減免分爲法定減免、特定減免和臨時減免三類。

(1) 法定減免是依照關稅基本法律的規定，對列舉的課稅對象給予的減免。下列貨物、進出境物品，屬法定減免範疇，減徵或免徵關稅：

①關稅稅額在人民幣50元以下的一票貨物；

②無商業價值的廣告品和貨樣；

③外國政府、國際組織無償贈送的物資；

④在海關放行前遭受損壞或者損失的貨物；

⑤進出境運輸工具裝載的途中必需的燃料、物料和飲食用品；

⑥法律規定減徵、免徵關稅的其他貨物、物品；

⑦中華人民共和國締結或者參加的國際條約規定減徵、免徵關稅的貨物、物品。

(2) 特定減免是指中國大陸按國際通行規則和實際情況制定的特定或政策性減免。包括：科教用品；殘疾人專用品；慈善捐贈物資；加工貿易產品；邊境貿易進口物資等的關稅減免。

(3) 關稅臨時減免是《海關進出口稅則》的補充調節手段，極少被運用。對於進口小轎車、旅行車、家用電器、煙、酒、飲料等原則上不批准臨時減免稅，可能申報臨時減免關稅的主要有以下情況：

①從發展中國家或者其他國家進口貨物，由於政治性照顧或者其他特殊原因，進價較高，經營單位虧損過多的；

②為發展邊境貿易而必需進口的貨物，成本過高的；

③老、少、邊、窮地區進口必需的生產資料或特殊生活用品，由於進價過高難以承受的；

④進口物資專門用於救災的；

⑤與境外單位科研合作項目中，由對方無償提供的專用車輛、儀器、設備、化學試劑等；

⑥其他特殊情況需要給予臨時減免稅的。

（三）土地增值稅

1. 稅種介紹

土地增值稅是指轉讓國有土地使用權、地上的建築物及其附著物並

取得收入的單位和個人，以轉讓所取得的收入包括貨幣收入、實物收入和其他收入減去法定扣除項目金額後的增值額爲計稅依據向國家繳納的一種稅賦。納稅人爲轉讓國有土地使用權及地上建築物和其他附著物產權、並取得收入的單位和個人。當前中國大陸的土地增值稅實行四級超率累進稅率，對土地增值率高的多徵，增值率低的少徵，無增值的不徵。

2. 稅率

土地增值稅是以轉讓房地產取得的收入，減除法定扣除項目金額後的增值額作爲計稅依據，並按照四級超率累進稅率進行徵收。

土地增值稅稅率表		
級數	計稅依據	適用稅率
1	增值額未超過扣除項目金額50%的部分	30%
2	增值額超過扣除項目金額50%、未超過扣除項目金額100%的部分	40%
3	增值額超過扣除項目金額100%、未超過扣除項目金額200%的部分	50%
4	增值額超過扣除項目200%的部分	60%

3. 目前優惠政策

現階段中國大陸免徵土地增值稅的情形包括以下十二種：

(1) 建造出售增值額未超過扣除項目金額20%的普通標準住宅，免徵；
    注：普通住宅的標準爲：住宅社區建築容積率在1.0以上；單套建築面積在120平方米以下；實際成交價格低於同級別土地上住房平均交易價格1.2倍以下。高級公寓、別墅、度假村等不屬於普通標準住宅。

(2) 因國家建設需要依法徵用、回收的房地產，免徵。
    即：國家爲了公共利益需要，可以依法對個人的私有財產實行徵收或徵用並給予補償。納稅人因房地產被徵收、徵用所取得的補償收入，免徵土地增值稅。

(3) 合作建房，建成後按比例分房自用的，暫免徵收。

即：對於一方出地，一方出資金，雙方合作建房，建成後按比例分房自用的，暫免徵收土地增值稅；建成後轉讓的，應徵收土地增值稅。

(4) 房屋產權、土地使用權以繼承、公益性贈與方式無償轉讓的，免徵。

注：繼承是指房產所有人、土地使用權所有人將房屋產權、土地使用權贈與直系親屬或承擔直接贍養義務人。贈與是指房產所有人、土地使用權所有人通過中國大陸境內非營利的社會團體、國家機關將房屋產權、土地使用權贈與教育、民政和其他社會福利、公益事業。

(5) 經當地稅務機關核實的個人之間互換住房，可以免徵。

(6) 個人銷售住房，無論是普通住宅還是非普通住宅，都暫免徵土地增值稅。

(7) 房地產開發企業持有產權未發生轉移的房產，不徵。

即：房地產開發企業將開發的部分房地產轉為企業自用或用於出租等商業用途時，如果產權未發生轉移，不徵收土地增值稅，在稅款清算時不列收入，不扣除相應的成本和費用。

(8) 轉讓舊房增值額未超過扣除項目金額20%的，免徵。

即：企事業單位、社會團體以及其他組織轉讓舊房作為廉租住房、經濟適用住房房源且增值額未超過扣除項目金額20%的，免徵土地增值稅。

(9) 對改建前的企業將國有土地、房屋權屬轉移、變更到改建後的企業的，暫不徵。

即：非公司制企業按照《中華人民共和國公司法》的規定整體改建為有限責任公司或者股份有限公司，有限責任公司（股份有限公司）整體改建為股份有限公司（有限責任公司）的，對改建前的企業將國有土地、房屋權屬轉移、變更到改建後的企業，可暫不徵土地增值稅。

(10) 投資主體存續的企業合併，房地產轉移，暫不徵。

　　即：按照法律規定或者合同約定，兩個或兩個以上企業合併為一個
　　　　企業，且原企業投資主體存續的，對原企業將國有土地、房屋
　　　　權屬轉移、變更到合併後的企業，暫不徵土地增值稅。

(11) 投資主體存續的企業分立，房地產轉移，暫不徵。

　　即：按照法律規定或者合同約定，企業分設為兩個或兩個以上與原
　　　　企業投資主體相同的企業，對原企業將國有土地、房屋權屬轉
　　　　移、變更到分立後的企業，暫不徵土地增值稅。

(12) 企業改制重組時，發生房地產投資轉移，暫不徵。

　　注：企業改制重組分為「整體改制」與「部分改制」。整體改制是
　　　　指以企業全部資產為基礎，通過資產重組，整體改建為符合現
　　　　代企業制度要求的、規範的企業。部分改制是指企業以部分資
　　　　產進行重組，通過吸收其他股東的投資或轉讓部分股權設立新
　　　　的企業，原企業繼續保留。

（四）城鎮土地使用稅

1. 稅種介紹

　　城鎮土地使用稅是指國家在城市、縣城、建制鎮、工礦區範圍內，
對使用土地的單位和個人，以其實際占用的土地面積為計稅依據，按照規
定的稅額計算徵收的一種稅。目的為加強對土地的管理，提高土地使用效
益，適當調節不同地區、不同地段之間的土地級差收入。其納稅人為擁有
土地使用權或實際使用土地的單位和個人。從2007年7月1日起，外商投資
企業、外國企業和在華機構的用地也要徵收城鎮土地使用稅。

2. 稅率

　　城鎮土地使用稅採用定額稅率，即採用有幅度的差別稅額。按大、
中、小城市和縣城、建制鎮、工礦區分別規定每平方米城鎮土地使用稅年
應納稅額。城鎮土地使用稅每平方米年稅額標準具體規定如下：(1)大城
市1.5～30元；(2)中等城市1.2～24元；(3)小城市0.9～18元；(4)縣城、建
制鎮、工礦區0.6～12元。

3. 目前優惠政策

現階段中國大陸對城鎮土地使用稅予以優惠的主要情形有：

(1) 對在一個納稅年度內月平均實際安置殘疾人就業人數占單位在職職工總數的比例高於25%（含25%）且實際安置殘疾人人數高於10人（含10人）的單位，可減徵或免徵該年度城鎮土地使用稅。

(2) 在城鎮土地使用稅徵收範圍內經營採摘、觀光農業的單位和個人，其直接用於採摘、觀光的種植、養殖、飼養的土地，免徵城鎮土地使用稅。

(3) 自2017年1月1日起至2019年12月31日止，對物流企業自有的（包括自用和出租）大宗商品倉儲設施用地，減按所屬土地等級適用稅額標準的50%計徵城鎮土地使用稅。自2018年5月1日起至2019年12月31日止，對物流企業承租用於大宗商品倉儲設施的土地，減按所屬土地等級適用稅額標準的50%計徵城鎮土地使用稅。

(4) 對在城鎮土地使用稅徵稅範圍內單獨建造的地下建築用地，按規定徵收城鎮土地使用稅。其中，已取得地下土地使用權證的，按土地使用權證確認的土地面積計算應徵稅款；未取得地下土地使用權證或地下土地使用權證上未標明土地面積的，按地下建築垂直投影面積計算應徵稅款。對上述地下建築用地暫按應徵稅款的50%徵收城鎮土地使用稅。

(5) 對於各類危險品倉庫，廠房所需的防火、防爆、防毒等安全防範用地，可由各省、自治區、直轄市稅務局確定，暫免徵收土地使用稅。

(6) 由省、自治區、直轄市稅務局確定對集體和個人辦的醫院用地的征免稅。

(7) 對石灰廠、水泥廠、大理石廠、沙石廠等企業的採石場、排土場用地，炸藥庫的安全區用地以及采區運岩公路，可以比照對礦山企業徵免土地使用稅予以免稅。

(8) 對礦山的採礦場、排土場、尾礦庫、炸藥庫的安全區、采區運礦及運岩公路、尾礦輸送管道及回水系統用地，免徵土地使用稅。對礦

山企業採掘地下礦造成的塌陷地以及荒山占地，在未利用之前，暫免徵收土地使用稅。

(9) 對營利性醫療機構自用的土地自其取得執業登記之日起，3年內免徵城鎮土地使用稅；3年免稅期滿後恢復徵稅。

(10) 企業辦的各類學校、托兒所、幼稚園自用的房產、土地，可以與企業生產經營區明確區分的，免徵城鎮土地使用稅。

（五）企業所得稅

1. 稅種介紹

企業所得稅是指對中國大陸境內的企業（居民企業及非居民企業）和其他取得收入的組織以其生產經營所得為課稅對象所徵收的一種所得稅，但個人獨資企業、合夥企業不適用本稅種，而適用個人所得稅。

2. 稅率

企業所得稅的稅率為25%。在中國大陸境內設立機構、場所的非居民企業，其所設機構、場所取得的來源於中國大陸境內的所得，以及發生在中國大陸境外但與其所設機構、場所有實際聯繫的所得，適用稅率為20%；在中國大陸境內未設立機構、場所的非居民企業，或者雖設立機構、場所但取得的所得與其所設機構、場所沒有實際聯繫的，其來源於中國大陸境內的所得，適用稅率為10%。

3. 目前優惠政策

(1) 免稅

企業下列收入為免稅收入：

①國債利息收入；

②符合條件的居民企業之間的股息、紅利等權益性投資收益；

③在中國大陸境內設立機構、場所的非居民企業從居民企業取得與該機構、場所有實際聯繫的股息、紅利等權益性投資收益；

④符合條件的非營利組織的收入。

(2) 減稅

①符合條件的小型微利企業，減按20%的稅率徵收企業所得稅。

②國家需要重點扶持的高新技術企業，減按15%的稅率徵收企業所得稅。

③對從事國家非限制和禁止行業，且同時符合年度應納稅所得額不超過300萬元、從業人數不超過300人、資產總額不超過5000萬元的小型微利企業年應納稅所得額不超過100萬元的部分，減按25%計入應納稅所得額，按20%的稅率繳納企業所得稅；對年應納稅所得額超過100萬元但不超過300萬元的部分，減按50%計入應納稅所得額，按20%的稅率繳納企業所得稅。

④科技型中小企業開展研發活動中實際發生的研發費用，未形成無形資產計入當期損益的，在按規定據實扣除的基礎上，在2017年1月1日至2019年12月31日期間，再按照實際發生額的75%在稅前加計扣除；形成無形資產的，在上述期間按照無形資產成本的175%在稅前攤銷。

⑤中國大陸境內新辦的積體電路設計企業，經認定後，在2017年12月31日前自獲利年度起計算優惠期，第一年至第二年免徵企業所得稅，第三年至第五年按照25%的法定稅率減半徵收企業所得稅，並享受至期滿為止。積體電路設計企業，如當年未享受免稅優惠的，可減按10%的稅率徵收企業所得稅。

⑥企業外購的軟件，凡符合固定資產或無形資產確認條件的，可以按照固定資產或無形資產進行核算，其折舊或攤銷年限可以適當縮短，最短可為2年（含）。

⑦一個納稅年度內，居民企業符合條件的技術轉讓所得不超過500萬元，免徵企業所得稅；超過500萬元的部分，減半徵收企業所得稅。

（六）個人所得稅

1. 稅種介紹

個人所得稅是以自然人取得的各類應稅所得為徵稅物件而徵收的一種所得稅，個人所得稅的納稅人不僅包括個人還包括具有自然人性質的企

業,如個人獨資企業、合夥企業。

2. 稅率

在適用稅率之前,應先計算出應納稅所得額,根據中國大陸2019年1月1日修訂實施的新《個人所得稅法》,中國大陸就個人所得稅應納稅所得額的確定以及適用稅率分別列表如下:

表4-1 應納稅所得額確定一覽表

項　　目		居民個人	非居民個人
(1) 綜合所得（居民個人） (2) 按月／按次計算所得（非居民個人）	工資、薪金所得	工資、薪金所得＋80%勞務報酬＋70%稿酬＋80%特許權使用費－60,000元－專項扣除－專項附件扣除－法定其他扣除	工資、薪金所得－5,000元＋勞務報酬＋稿酬＋特許權使用費
	勞務報酬所得		
	稿酬所得		
	特許權使用費所得		
經營所得		年度收入總額－成本－費用－損失	
利息、股息、紅利所得		每次收入額	
財產租賃所得		每次≤4,000元的,減800;每次＞4,000元的,減20%	
財產轉讓所得		轉讓收入－財產原值－合理費用	
偶然所得		每次收入額	

表4-2 個人所得稅稅率表適用一覽表之一

級數	全年應納稅所得額（¥）	換算全月應納稅所得額（¥）	稅率（%）
1	¥ ≤ 36,000元	¥ ≤ 3,000元	3%
2	144,000元 ≥ ¥ ＞ 36,000元	12,000元 ≥ ¥ ＞ 3,000元	10%
3	300,000元 ≥ ¥ ＞ 144,000元	25,000元 ≥ ¥ ＞ 12,000元	20%
4	420,000元 ≥ ¥ ＞ 300,000元	35,000元 ≥ ¥ ＞ 25,000元	25%
5	660,000元 ≥ ¥ ＞ 420,000元	55,000元 ≥ ¥ ＞ 35,000元	30%
6	960,000元 ≥ ¥ ＞ 660,000元	80,000元 ≥ ¥ ＞ 55,000元	35%
7	¥ ＞ 960,000元	¥ ＞ 80,000元	45%

表4-3　個人所得稅稅率一覽表之二（個人獨資企業、個人合夥企業經營
所得適用）

級數	全年應納稅所得額（￥）	稅率（%）
1	￥≤30,000元	5
2	90,000元≥￥>30,000元	10
3	300,000元≥￥>90,000元	20
4	500,000元≥￥>300,000元	30
5	￥>500,000元	35

3. 目前優惠政策

(1) 免稅

①外國來華工作人員，在中國大陸服務而取得的工資、薪金，在中
國大陸境內連續居住不超過90天的，可只就境內支付的部分計算
納稅，對境外支付的部分免予徵稅。

②外國來華工作人員，由外國派出單位發給包乾款項，其中包括個
人工資、公用經費（郵電費，辦公費，廣告費，業務上往來必要
的交際費），生活津貼費（住房費、差旅費），凡對上述所得能
夠劃分清楚的，可只就工資薪金所得部分按照規定徵收個人所得
稅。

③對個人購買社會福利有獎募捐獎券一次中獎收入不超過10,000元
的暫免徵收個人所得稅，對一次中獎收入超過10,000元的，應按
稅法規定全額徵稅。

④股份制企業用資本公積金轉增股本不屬於股息、紅利性質的分
配，對個人取得的轉增股本數額，不作為個人所得，不徵收個人
所得稅。

⑤對個人投資者買賣基金單位獲得的差價收入，在對個人買賣股票
的差價收入未恢復徵收個人所得稅以前，暫不徵收個人所得稅。

⑥個人轉讓上市公司股票取得的所得繼續暫免徵收個人所得稅。

⑦城鎮房屋拆遷，對被拆遷人按照國家有關城鎮房屋拆遷管理辦法規定的標準取得的拆遷補償款，免徵個人所得稅。

⑧房屋產權所有人將房屋產權無償贈與配偶、父母、子女、祖父母、外祖父母、孫子女、外孫子女、兄弟姐妹、對其承擔直接撫養或者贍養義務的撫養人或者贍養人的，當事雙方不徵收個人所得稅；房屋產權所有人死亡，依法取得房屋產權的法定繼承人、遺囑繼承人或者受遺贈人，當事雙方不徵收個人所得稅。

⑨個人獨資企業和合夥企業從事種植業、養殖業、飼養業和捕撈業（以下簡稱「四業」），其投資者取得的「四業」所得暫不徵收個人所得稅。

(2) 減稅

①個人出租房屋取得的所得暫減按10%的稅率徵收個人所得稅。

②個人取得單張有獎發票獎金所得不超過800元（含800元）的，暫免徵收個人所得稅；個人取得單張有獎發票獎金所得超過800元的，應金額按照個人所得稅法規定的「偶然所得」目徵收個人所得稅。

③個人從公開發行和轉讓市場取得的上市公司股票，持股期限在1個月以內（含1個月）的，其股息紅利所得全額計入應納稅所得額；持股期限在1個月以上至1年（含1年）的，暫減按50%計入應納稅所得額；上述所得統一適用20%的稅率計征個人所得稅。

④自2018年11月1日（含）起，對個人轉讓新三板掛牌公司非原始股取得的所得，暫免徵收個人所得稅。

（七）城市維護建設稅

1. 稅種介紹

城市維護建設稅是以納稅人實際繳納的增值稅、消費稅的稅額為計稅依據，依法計徵的一種稅，是一種附加稅。稅款專門用於城市的公用事業和公共設施的維護建設。

2. 稅率

稅率按納稅人所在地分別規定爲：市區7%，縣城和鎮5%，鄉村1%。大中型工礦企業所在地不在城市市區、縣城、建制鎮的，稅率爲1%。這裡稱的「市」是指國務院批准市建制的城市，「市區」是指省人民政府批准的市轄區（含市郊）的區域範圍。這裡所稱的「縣城、鎮」是指省人民政府批准的縣城、縣屬鎮（區級鎮），縣城、縣屬鎮的範圍按縣人民政府批准的城鎮區域範圍。

3. 目前優惠政策

城市維護建設稅是以增值稅、消費稅爲計稅依據，因此當增值稅、消費稅有稅收優惠時，城市維護建設稅的稅額也隨之減少。

（八）房產稅

1. 稅種介紹

房產稅是以房屋爲徵稅物件，按房屋的計稅餘值或租金收入爲計稅依據，向產權所有人徵收的一種財產稅。房產稅在城市、縣城、建制鎮和工礦區徵收。房產稅依照房產原值一次減除10%至30%後的餘值計算繳納。具體減除幅度，由省、自治區、直轄市人民政府規定。沒有房產原值作爲依據的，由房產所在地稅務機關參考同類房產核定。房產出租的，以房產租金收入爲房產稅的計稅依據。

2. 稅率

房產稅的稅率，依照房產餘值計算繳納的，稅率爲1.2%；依照房產租金收入計算繳納的，稅率爲12%。

3. 目前優惠政策

(1) 房屋大修停用在半年以上的，經納稅人申請，在大修期間可免徵房產稅。

(2) 自2006年1月1日，凡在房產稅徵收範圍內的具備房屋功能的地下建築，包括與地上房屋相連的地下建築以及完全建在地面以下的建築、地下人防設施等，均應當依照有關規定徵收房產稅。自用的地下建築，工業用途房產，以房屋原價的50～60%作爲應稅房產原

值，商業和其他用途房產，以房屋原價的70～80%作爲應稅房產原值。

(3) 自2008年3月1日起，對個人出租住房，不區分用途，減按4%的稅率徵收房產稅。

(4) 自2008年3月1日起，對企事業單位、社會團體以及其他組織按市場價格向個人出租用於居住的住房，減按4%的稅率徵收房產稅。

(5) 企業辦的醫院自用的房產，可以比照由國家財政部門撥付事業經費的單位自用的房產，免徵房產稅。

(6) 爲了支持營利性醫療機構的發展，對營利性醫療機構取得的收入，直接用於改善醫療衛生條件的，自其取得執業登記之日起，3年內給予下列優惠：對營利性醫療機構自用的房產免徵房產稅，3年免稅期滿後恢復徵稅。

（九）印花稅

1. 稅種介紹

印花稅是對經濟活動和經濟交往中訂立、領受具有法律效力的憑證的行爲所徵收的一種稅。因採用在應稅憑證上粘貼印花稅票作爲完稅的標誌而得名。印花稅的納稅人包括在中國大陸境內書立、使用、領受印花稅法所列舉的憑證，並應依法履行納稅義務的單位和個人。凡由兩方或兩方以上當事人共同書立的應稅憑證，其當事人各方均爲印花稅的納稅人。

2. 稅率

印花稅稅率分爲比例稅率和定額稅率兩類。除權利、許可證照及營業帳簿中的其他帳簿使用定額稅率（按件貼花5元）外，其他徵稅項目適用比例稅率，最高比例稅率爲千分之一，最低比例稅率爲萬分之零點五（借款合同）。

3. 目前優惠政策

(1) 財產所有人將財產贈給政府、社會福利單位、學校所立的書據免納印花稅；

(2) 自2008年11月1日起，對個人銷售或購買住房暫免徵收印花稅；

(3) 自2008年3月1日起，對個人出租、承租住房簽訂的租賃合同，免徵印花稅；

(4) 自2018年1月1日至2020年12月31日，對金融機構與小型企業、微型企業簽訂的借款合同免徵印花稅；

(5) 無息、貼息貸款合同免徵印花稅。經財政貼息的項目貸款合同，免徵印花稅；

(6) 已繳納印花稅的憑證的副本或者抄本免納印花稅（以副本、抄本視同正本使用的除外）；

(7) 股權分置改革過程中因非流通股股東向流通股股東支付對價而發生的股權轉讓，暫免徵收印花稅。

（十）契稅

1. 稅種介紹

契稅是指不動產（土地、房屋）產權發生轉移變動時，就當事人所訂契約按不動產價格的一定比例向新業主（產權承受人）徵收的一次性稅收。契稅的納稅義務人是在中國大陸境內轉移土地、房屋權屬，承受產權的單位和個人。具體徵稅範圍包括：國有土地使用權的出讓、土地使用權轉讓及房屋的買賣、贈與、交換。

契稅的計稅依據爲不動產的價格。國有土地使用權出讓、土地使用權出售、房屋買賣，以成交價格爲計稅依據。土地使用權贈與、房屋贈與，由徵收機關參照土地使用權出售、房屋買賣的市場價格核定。土地使用權交換、房屋交換，爲所交換的土地使用權、房屋的價格差額。以劃撥方式取得土地使用權，經批准轉讓房地產時，由房地產轉讓者補交契稅。

2. 稅率

契稅爲3%～5%的幅度稅率，各省、自治區、直轄市人民政府按本地區的實際情況在幅度內確定。

3. 目前優惠政策

(1) 對於《中華人民共和國繼承法》規定的法定繼承人繼承土地、房屋權屬，不徵契稅；

(2) 企事單位承受劃撥土地不徵契稅；

(3) 公司股權（股份）轉讓不徵契稅；

(4) 企業、個人於1997年10月1日前簽訂承受土地合同不徵契稅；

(5) 個人購買家庭唯一住房（家庭成員範圍包括購房人、配偶及未成年子女，下同），面積為90平方米以下的，減按1%稅率徵收契稅；

(6) 個人購買家庭唯一住房，面積為90平方米以上的，減按1.5%稅率徵收契稅；

(7) 個人購買家庭第二套改善性住房，面積為90平方米及以下的（不含北京、上海、廣州、深圳的住房），減按1%稅率徵收契稅；

(8) 個人購買家庭第二套改善性住房，面積為90平方米以上的（不含北京、上海、廣州、深圳的住房），減按2%稅率徵收契稅。

（十一）環境保護稅

1. 稅種介紹

在中國大陸領域和中國大陸管轄的其他海域，直接向環境排放應稅污染物的企事業單位和其他生產經營者為環境保護稅的納稅人，應當依法繳納環境保護稅，應稅污染物為大氣污染物、水污染物、固體廢物和噪聲。

2. 稅率

(1) 大氣污染物：1.2元至12元／污染當量。其中遼寧、吉林、安徽、福建、江西、陝西、甘肅、青海、寧夏、新疆最低，為1.2元，北京最高，為12元。

(2) 水污染物：1.4至14元／污染當量。其中遼寧、吉林、安徽、福建、江西、陝西、甘肅、青海、寧夏、新疆最低，為1.4元，北京最高，為14元。

(3) 噪聲污染：超標1-3分貝，350元／月；超標4-6分貝，700元／月；超標7-9分貝，1,400元／月；超標10-12分貝，2,800元／月；超標13-15分貝，5,600元／月；超標16分貝，11,200元／月。

(4) 固體廢物：煤礦石，5元／噸；尾礦，15元／噸；危險廢物，1,000元／噸；冶煉渣、粉煤灰、爐渣、其他固體廢物（含半固態、液態

廢物），25元／噸。注：河北省目前按前述標準的4倍執行。

3. 目前優惠政策

下列情形，暫予免徵環境保護稅：

(1) 農業生產（不包括規模化養殖）排放應稅污染物的；

(2) 機動車、鐵路機車、非道路移動機械、船舶和航空器等流動污染源排放應稅污染物的；

(3) 依法設立的城鄉污水集中處理、生活垃圾集中處理場所排放相應應稅污染物，不超過國家和地方規定的排放標準的；

(4) 納稅人綜合利用的固體廢物，符合國家和地方環境保護標準的；

(5) 國務院批准免稅的其他情形。

另：《環境保護稅法》第13條設置了兩檔減稅優惠，即納稅人排污濃度值低於規定標準30%的，減按75%徵稅；納稅人排污濃度值低於規定排放標準50%的，減按50%徵稅。

第八節　外匯管制與外商投資企業

一、中國大陸外匯管制概述

中國目前仍為發展中國家，保留一定的外匯管制措施對中國大陸實現國際收支平衡、匯率穩定和穩定國內物價等政府目標仍具有其必要性。同時，中國大陸實施外匯管制措施，主要的目的還在於清理和整頓不法的外匯流動，避免國家外匯流失。

（一）中國大陸的外匯管理機構

中國大陸的外匯管理職責主要由其外匯管理局及其分支機構履行，並受中國人民銀行管理。

（二）中國大陸外匯管理的內容

1. 對經常項目[3]帳戶的外匯管理

中國大陸對經常性國際收支和轉移不予限制。已取消了經常項目外匯收入強制結匯的要求，採取意願結匯制，即外匯收入可以賣給外匯指定銀行，也可以開立外匯帳戶保留，結匯與否由外匯收入所有者自行決定。

2. 對資本項目[4]帳戶的外匯管理

中國大陸對資本項目外匯收支管理的基本原則是在放鬆經常項目匯兌限制的同時，完善資本項目管理。現階段中國大陸國際收支中的資本項目主要為外商來華的直接投資、對境外直接投資和借用外債三種形式。

3. 對外匯資本流動的管制

主要包括外匯買賣、外匯在境內外流動的管理。如果企業在中國大陸境內的不同銀行開立主帳戶，存在兩個跨境資金池，在境內劃轉資金能夠有效監控的前提下，境內主帳戶中的資金可以辦理跨行的同名帳戶之間的劃轉。

4. 金融機構外匯業務管理

目前，在中國大陸境外的機構、個人在境內直接投資、辦理結匯、購匯、外匯交易等活動，主要通過指定的銀行進行辦理，並由其負責對業務辦理者所提交資料的真實性、合規性進行審查。而銀行等金融機構已成為業務辦理者與中國大陸外匯管理機構的溝通橋樑，統一由中國人民銀行及其分支機構負責管理。

5. 對貴重金屬、現鈔、外匯的管理

貴重金屬及其製品屬於中國大陸限制出境的物品，中國大陸一般不允許機構、個人私自輸出貴重金屬，海關僅可在國家規定內限額內對個人予以核驗放行出境，違反規定將涉嫌構成走私貴重金屬罪。對現鈔的管理，

---

3 經常項目：國際收支中涉及貨物、服務、收益及經常轉移的項目等，如：進出口買賣等。

4 資本項目：國際收支中因資本輸出和輸入而產生的資產與負債的增減項目資本，包括直接投資、各類貸款、證券投資等項目。

主要是對出入境的外匯現鈔的限額及用途進行監管；同時，在中國大陸境內禁止外幣流通，不得以外幣計價結算，不得私下買賣外匯。

6.人民幣匯率和外匯市場的管理。

自2005年7月21日起，中國大陸開始實行以市場為基礎、參考一籃子貨幣進行調節、有管理的浮動匯率。近年來，中國大陸更是不斷放寬對外匯管理的限制，已基本可實現人民幣資本項目的自由匯兌。

二、外商所投資外匯的進入

中國大陸對外商投資實行准入前國民待遇加負面清單管理制度。在非負面清單內，外商、外商投資企業享有與中國大陸境內居民、境內其他企業同等的待遇。在中國大陸設立外商投資企業已經變得非常便利。在外商所投資外匯進入中國大陸這一問題上，亦同樣不會存在障礙，主要操作步驟如下：

1. 向銀行提交相關登記資料、辦理基本資訊登記。包括：
   (1) 辦理新設外商投資企業基本資訊登記。或
   (2) 直接投資外匯（含現匯與人民幣）登記。
2. 在銀行開立外匯資本金帳戶。
3. 外方股東直接將其認繳的資本金匯入外匯資本金帳戶。
4. 開戶行代向中國大陸的外匯管理機構報備，外商投資企業即可使用該資本金。

三、外商投資企業資金的匯出

（一）資本、收益的匯出

根據《中華人民共和國外商投資法》第21條的規定，外商在中國大陸境內投資所獲得的合法收益，在完稅並經銀行辦理相關手續後，可以自由地以人民幣、台幣、美元或其他外幣匯入、匯出。同理，若外商投資企業欲依法終止，在按規定進行清算、納稅後，屬於外方投資者的所有人民幣，亦可通過銀行購匯匯出。

（二）攜帶外幣現鈔出境

中國大陸雖然放寬了對外匯資金的管制，但基於外匯市場的平衡，以及打擊洗錢、貨幣走私和逃匯等違法犯罪行為的考量，仍保留對個人攜帶外幣現鈔出入境的金額限制，具體如下：

1. 不超過5,000美元（含本數）的，可直接攜帶出境；

2. 5,000美元（不含）–10000美元（含），需向銀行申領《攜帶證》方可攜帶出境；

3. 超過10,000美元的，原則上不允許。如若存在以下情形之一的，仍可銀行申領《攜帶證》：

   (1) 人數較多的出境團組；

   (2) 出境時間較長或旅途較長的科學考察團組；

   (3) 政府領導人出訪；

   (4) 出境人員赴戰亂、外匯管制嚴格、金融條件差或金融動亂的國家；

   (5) 其他特殊情況。

4. 當天多次往返（一天內多次出入境）。沒有或超出最近一次入境申報外幣現鈔數額記錄的，當天內首次出境時可攜帶 ≤ 等值5,000美元外幣現鈔出境；當天內第二次及以上出境時，可攜帶 ≤ 等值500美元的外幣現鈔出境。（無需申領《攜帶證》）。

5. 短期內多次往返（15天內多次出入境）。沒有或超出最近一次入境申報外幣現鈔數額記錄的，15天內首次出境時可攜帶 ≤ 等值5,000美元的外幣現鈔出境；15天內第二次及以上出境時，可攜帶 ≤ 等值1,000美元的外幣現鈔出境。（無需申領《攜帶證》）

四、違反外匯管理的法律後果

違反外匯管理規定的行為，主要包括套匯、逃匯、騙匯、非法買賣外匯、未依法辦理相關手續等。上述行為不僅涉及行政處罰，嚴重的可能觸犯刑法。

（一）逃匯

1. 定義：是指公司、企業或者其他單位，違反國家規定，擅自將外匯存放境外，或者將境內的外匯非法轉移到境外，情節嚴重的行為。

2. 法律責任：

   (1) 《中華人民共和國外匯管理條例》（國務院令第532號）第39條：「有違反規定將境內外匯轉移境外，或者以欺騙手段將境內資本轉移境外等逃匯行為的，由外匯管理機關責令限期調回外匯，處逃匯金額30%以下的罰款；情節嚴重的，處逃匯金額30%以上等值以下的罰款；構成犯罪的，依法追究刑事責任。」

   (2) 《中華人民共和國刑法》第190條：「國有公司、企業或者其他國有單位，違反國家規定，擅自將外匯存放境外，或者將境內的外匯非法轉移到境外，情節嚴重的，對單位判處罰金，並對其直接負責的主管人員和其他直接責任人員，處五年以下有期徒刑或者拘役。」

（二）騙購外匯

1. 定義：是指違反國家外匯管理法規，使用偽造、變造的海關簽發的報關單、進口證明、外匯管理部門核准件等憑證和單據，或者重複使用海關簽發的報關單、進口證明、外匯管理部門核准件等憑證和單據，或者以其他方式騙購外匯，數額較大的行為。

2. 法律責任：根據《關於懲治騙購外匯、逃匯和非法買賣外匯犯罪的決定》第1條的規定，若具有以下三種情形之一的，根據騙購外匯的數額及情節嚴重性，處以拘役、有期徒刑、無期徒刑且並處騙購外匯數額5%以上30%以下罰金：

   (1) 使用偽造、變造的海關簽發的報關單、進口證明、外匯管理部門核准件等憑證和單據的；

   (2) 重複使用海關簽發的報關單、進口證明、外匯管理部門核准件等憑證和單據的；

   (3) 以其他方式騙購外匯的。

偽造、變造的海關簽發的報關單、進口證明、外匯管理部門核准件等憑證和單據，並用於騙購外匯的，依照前款的規定從重處罰。明知用於騙購外匯而提供人民幣資金的，以共犯論處。單位犯罪的，對單位依照第一款的規定判處罰金，並對其直接負責的主管人員和其他直接負責人員進行處罰。

（三）非法買賣外匯

1. 定義：在國家規定的交易場所（指定銀行、中國大陸外匯交易中心以及分中心）以外進行外匯買賣，擾亂市場秩序的行為。包括：私自買賣外匯、變相買賣外匯或者倒買倒賣外匯的行為。

2. 法律責任：

   (1) 《中華人民共和國外匯管理條例》第45條：「私自買賣外匯、變相買賣外匯、倒買倒賣外匯或者非法介紹買賣外匯數額較大的，由外匯管理機關給予警告，沒收違法所得，處違法金額30%以下的罰款；情節嚴重的，處違法金額30%以上等值以下的罰款；構成犯罪的，依法追究刑事責任。」

   (2) 由於外匯屬於限制進出口物品，故若進行非法買賣外匯，構成犯罪的，將以「非法經營罪」定罪論處。根據《中華人民共和國刑法》第225條的規定，情節特別嚴重的，將處五年以上有期徒刑，並處違法所得1倍以上5倍以下罰金或者沒收財產。

第五章

外資商事主體

對於商事主體的界定理論界並未形成統一的標準，根據不同的標準可以將商事主體分為不同種類，而每一種標準包含的經濟參與者範圍都有所不同。從中國大陸的法律規範來看，中國大陸的商事主體主要包含以下幾種類型：公司、合夥企業、個人獨資企業、個體工商戶等。來中國大陸投資，應事先瞭解與前述主體相關的法律、法規或尋求律師等專業人士的幫助。

第一節　公司

在中國大陸，公司是指依照中國大陸《公司法》在中國大陸境內設立的，以營利為目的企業法人。中國大陸境內的公司分為有限責任公司與股份有限公司。

公司相比其他非公司企業最主要優勢就在於，公司是獨立的法人主體，在股東足額繳納註冊資本、依法經營的情況下，公司的風險不會蔓延到公司股東的身上。公司是應用最廣泛的外商投資企業組織形式，投資者可根據需要，在滿足《公司法》規定的條件下設立有限責任公司或股份有限公司。相比中國大陸境內主體設立公司，境外投資者設立公司，除應向市場監督管理部門申請辦理登記外，還需向商務主管部門備案。

一、有限責任公司

中國大陸的有限責任公司是指根據《中華人民共和國公司登記管理條例》規定登記註冊，由五十個以下的股東出資設立，每個股東以其所認繳的出資額為限對公司承擔有限責任，公司法人以其全部資產對公司債務承擔全部責任的企業法人。

設立有限責任公司，應當具備下列條件：

1. 股東符合法定人數（50個以下）；
2. 有符合公司章程規定的全體股東認繳的出資額；
3. 股東共同制定公司章程；

4. 有公司名稱，建立符合有限責任公司要求的組織機構；

5. 有公司住所。

中國大陸《公司法》特別規定了一人有限責任公司制度，一人有限責任公司即只有一個自然人股東或者一個法人股東的有限責任公司。基於一個股東投資設立公司容易缺乏監督，進而導致公司資產流失損害公司債權人利益的原因，中國大陸法律對一人有限責任公司規定了更爲嚴格的條件，如：1.一人有限責任公司的股東不能證明公司財產獨立於股東自己的財產的，應當對公司債務承擔連帶責任；2.一人有限責任公司應當在每一會計年度終了時編制財務會計報告，並經會計師事務所審計；3.一個自然人只能投資設立一個一人有限責任公司，該一人有限責任公司不能投資設立新的一人有限責任公司等。

二、股份有限公司

股份有限公司，指公司資本爲等額股份所組成的公司。股東以其認購的股份爲限對公司承擔責任的企業法人。公司股份作爲股票在證券交易所上市交易的股份有限公司是上市公司。

設立股份有限公司，應當具備下列條件：

1. 發起人符合法定人數（有2人以上200以下的發起人，且半數以上的發起人在中國大陸境內有住所）；

2. 有符合公司章程規定的全體發起人認購的股本總額或者募集的實收股本總額；

3. 股份發行、籌辦事項符合法律規定；

4. 發起人制訂公司章程，採用募集方式設立的經創立大會通過；

5. 有公司名稱，建立符合股份有限公司要求的組織機構；

6. 有公司住所。

注：中國大陸《公司法》對有限責任公司與股份有限公司均沒有最低註冊資本的限制，但如其他法律、行政法規以及國務院決定對某一行業的股份有限公司註冊資本實繳、註冊資本最低限額另有規定的，從其規定。

三、公司相關法律規定

《公司法》是中國大陸規範公司組織和行為、保護公司合法權益的最主要法律。《公司法》自1994年7月1日起施行，至今經過4次修正，現行版本於2018年10月26日公布。最高人民法院根據審判實踐，對《公司法》的法律適用問題有針對性的頒布了四個司法解釋。《公司法》及其司法解釋不僅為公司的組織和行為起到了重要的規範及指導作用，也為公司、股東及債權人的合法權益提供了有效保障，還有力地維護了社會經濟秩序，促進了市場經濟的發展。

為了配合《公司法》的施行，確認公司的企業法人資格，指導投資人及市場監督管理部門對公司進行規範化登記，國務院頒布了《公司登記管理條例》、工商總局頒布了《公司註冊資本登記管理規定》、《企業名稱登記管理實施辦法》、《企業經營範圍登記管理規定》。此外，針對公司上市及上市公司的治理，國務院及證監會等部門亦根據《公司法》的規定頒布了一系列管理辦法、工作指引。

第二節　合夥企業

合夥企業，是指自然人、法人和其他組織（統稱「合夥人」）訂立合夥協議，共同出資，共同經營，共用有收益，共擔風險，並對企業債務承擔無限連帶責任的營利性組織。合夥企業一般沒有法人資格。設立合夥企業，應當具備下列條件：(1)有二個以上合夥人。合夥人為自然人的，應當具有完全民事行為能力；(2)有書面合夥協議；(3)有合夥人認繳或者實際繳付的出資；(4)有合夥企業的名稱和生產經營場所；(5)法律、行政法規規定的其他條件。《合夥企業法》將境內的合夥企業分為普通合夥企業和有限合夥企業。

一、普通合夥企業

　　普通合夥企業由普通合夥人組成，普通合夥企業的所有合夥人都對合夥企業的債務承擔無限連帶責任。

　　在普通合夥企業的形式下，法律還允許一種特殊的普通合夥企業的存在，即以專業知識和專門技能爲客戶提供有償服務的專業人士在設立專業服務機構時設立的普通合夥企業，如律師事務所、會計師事務所等。在這種特殊的普通合夥企業中，一般情況下全體合夥人對合夥企業的債務同樣承擔無限連帶責任；但如有部分合夥人在執業活動中因故意或者重大過失造成合夥企業債務的，僅由該部分有過錯的合夥人對該債務承擔無限連帶責任，其他合夥人僅以其在合夥企業中的財產份額爲限承擔責任。

二、有限合夥企業

　　有限合夥企業由普通合夥人和有限合夥人組成，普通合夥人執行合夥事務，對合夥企業債務承擔無限連帶責任，有限合夥人不執行合夥事務，以其認繳的出資額爲限對合夥企業債務承擔責任。除法律另有規定外，有限合夥企業一般由二個以上五十個以下合夥人設立，且至少應當有一個普通合夥人。有限合夥可以結合企業管理方和資金方的優勢，實現企業管理權和出資權的分離，私募基金主要採取這種組織形式。

三、外商投資企業可以為合夥企業

　　外國企業或者個人可以自行在中國大陸境內設立合夥企業，也可以和中國大陸的自然人、法人、其他組織在中國大陸境內設立合夥企業。對投資有股權要求的領域（見《外商投資准入特別管理措施（負面清單）》），不得設立外商投資合夥企業。合夥企業的設立與經營，應符合《合夥企業法》的規定，並遵守《外國企業或者個人在中國大陸境內設立合夥企業管理辦法》。設立合夥企業，應依據《合夥企業登記管理辦法》及《外商投資合夥企業登記管理規定》向市場監督管理部門申請辦理登記及向商務主管部門備案。

第三節　個人獨資企業

個人獨資企業，是指依照《個人獨資企業法》在中國大陸境內設立，由一個自然人投資，財產為投資人個人所有，投資人以其個人財產對企業債務承擔無限責任的經營實體。

一、一般規定

設立個人獨資企業，應向市場監督管理機關進行登記。並設立個人獨資企業應當具備下列條件：

1. 投資人為一個自然人；
2. 有合法的企業名稱；
3. 有投資人申報的出資；
4. 有固定的生產經營場所和必要的生產經營條件；
5. 有必要的從業人員。

二、關於境外投資者的特別規定

《個人獨資企業法》明確規定，外商獨資企業不適用該法。《外商投資企業法》並未禁止境外自然人主體在中國大陸境內投資設立境外自然人獨資企業，但中國大陸現階段實施的《外商投資准入特別管理措施（負面清單）》明確規定，境外投資者不得作為個人獨資企業投資人，從事投資經營活動，即現階段境外自然人不得在中國大陸境內設立個人獨資企業。

第四節　個體工商戶

個體工商戶是指在法律允許的範圍內，依法經核准登記，從事工商業經營的家庭或個人。個體工商戶可以起字型大小。

一、一般規定

個體工商戶可以由個人經營，也可以由家庭經營。個體工商戶的債務，個人經營的，以個人財產承擔；家庭經營的，以家庭財產承擔；無法區分的，以家庭財產承擔。

申請登記為個體工商戶，應當向經營場所所在地登記機關申請註冊登記。申請人應當提交登記申請書、身份證明和經營場所證明。個體工商戶登記事項包括經營者姓名和住所、組成形式、經營範圍、經營場所。

二、關於境外投資者的特別規定

《外商投資准入特別管理措施（負面清單）》中規定，境外投資者不得作為個體工商戶從事投資經營活動，即外國個人不得登記為個體工商戶。

但是，隨著中國大陸不斷擴大開放，來到中國大陸居住、生活的外國人越來越多，尤其是在邊境地區，邊貿人員來往活躍，為了方便邊境地區的外國人在中國大陸開展小規模經商創業活動，保障他們的合法權益，市場監督管理部門已經在邊境地區展開試點工作，並就此出臺外國籍自然人經營戶登記試行辦法，為外國人經營戶進行登記並頒發營業執照，使外國人經營戶有權依照中國有關法律、法規和政策規定開展經營活動，享受到與個體工商戶同等的待遇及相關法律保障，市場監督管理部門亦參照個體工商戶對外國人經營戶提供服務、進行管理。

如廣西防城港市下轄的東興市，該地與越南山水相連，邊貿活躍，素有「小香港」之稱，東興市在2017年年底頒布了《東興市外國籍自然人經營戶登記管理辦法（試行）》，並依照該辦法為多個越南經營戶頒發了營業執照，為外國人在中國大陸經商提供了法律保障，拓展了對外開放的廣度和深度，極大促進了邊境地區的貿易往來。相信不久的將來，東興市的經驗和模式會在全國推廣。

另注：港、澳、台居民符合《內地與香港關於建立更緊密經貿關係的安排》及其後續協議、《內地與澳門關於建立更緊密經貿關係的安排》及

其後續協議、《海峽兩岸經濟合作框架協議》及其後續協議約定的准入條件的，可登記爲個體工商戶。

第六章

外資有限責任公司

第一節 外資有限責任公司的設立

鑒於中國大陸對境外投資者在中國大陸設立公司以外形式的商事主體存在諸多限制，且除公司這一組織形式外，其他形式的商事主體都存在需要投資者對商事主體的債務承擔無限連帶責任的情況，長期以來的實務亦表明，境外投資者在中國大陸境內投資以設立公司（最主要為有限責任公司）為主，故本書主要介紹境外投資者在中國大陸境內設立有限責任公司的相關規定。

一、投資者的確定

（一）概述

現在及以前，境外投資者（港、澳、臺投資者參照適用）進入中國大陸投資的法律依據主要為「外資三法」：即：《中外合資經營企業法》、《外資企業法》、《中外合作經營企業法》及各自的配套實施細則。

根據現行外資三法及配套實施細則，外商投資設立企業分為三種：

1. 全部由境外投資者投資，依照中國大陸法律在中國大陸境內經登記註冊設立的企業，是外商獨資企業（不包括外國的企業和其他經濟組織在中國大陸境內的分支機構），其主要組織形式是有限責任公司，經批准亦可採取其他組織形式；

2. 境外投資者與中國大陸投資者共同舉辦的企業是中外合資經營企業，其主要組織形式是有限責任公司，經管理部門批准，亦可採取股份有限公司的形式；

3. 外國投資者與中國大陸投資者合作舉辦的企業是中外合作經營企業，其主要組織形式是有限責任公司，亦允許設立不具有法人資格的合作企業。

2020年1月1日起，「外資三法」將廢止，《外商投資法》作為新的外商投資基礎性法律開始施行，外國投資者來中國大陸投資，應遵守《外商投資法》。

注：因港澳臺投資不完全等同於外資，《外商投資法》並未將港澳臺投資問題作出安排。長期以來，中國大陸參照外國投資對港澳臺投資進行管理，並按照相關協議安排給予更優惠、更便捷的投資政策及辦事流程，《外商投資法》生效後，相信對於有利於吸引港澳臺投資的原有制度安排及實際做法還會繼續沿用。

（二）不同類型外商投資企業之投資主體要求

現行外商投資法律對設立外商投資企業的外國投資者的主體形式沒有限制，但對中外合資／合作經營企業的境內投資人一方的主體形式存在一定限制：

投資類型	組織形式	法律依據	投資主體要求	
			外國投資者	中國投資者
中外合資	有限責任公司	《中外合資經營企業法》及實施條例	公司、企業、其他經濟組織、自然人	公司、企業、其他經濟組織（不含自然人）
	股份有限公司	1. 《公司法》、《關於設立外商投資股份有限公司若干問題的暫行規定》 2. 《證券法》、《外國投資者對上市公司戰略投資管理規定》（上市）	1. 公司、企業、其他經濟組織、自然人 2. 外國投資者對上市公司戰略投資：法人或其他組織	公司、企業、其他經濟組織（不含自然人）
中外合作	有限責任公司	《中外合作經營企業法》及實施細則	企業、其他經濟組織、自然人	企業、其他經濟組織（不含自然人）
中外合夥	合夥企業	《合夥企業法》、《外國企業或者個人在中國大陸境內設立合夥企業管理辦法》、《外商投資合夥企業登記管理規定》	企業、自然人	自然人、法人、其他組織

（三）境內自然人直接與境外主體合作的特別規定

一般情況下，中國大陸禁止境內自然人直接與境外商事主體合作設立公司。北京、上海、深圳等外資活躍地區行政管理機關為適應經濟環境的發展變化，出臺相關外商投資促進措施時，允許中國大陸自然人在特定區域（如浦東新區）、特定行業（如高新技術產業）同時又符合審批條件的前提下，參與投資中外合資、中外合作企業，但在全國範圍內放開中國大陸自然人參與直接投資外商投資企業尚待新政出臺。

除直接參與投資外，中國大陸自然人還可能以間接方式參與外商投資企業，如通過受讓股權或增資方式成為外商投資企業的股東、有中國大陸自然人股東的內資企業引入外資而變更為外商投資企業、外資股份有限公司向中國大陸自然人增發股份等，根據現有的司法判例或現實操作經驗，前述中國大陸自然人間接成為外商投資公司股東的情況已被允許。

《外商投資法》即將實施，其允許外國投資者直接或間接、單獨或者與其他投資者共同在中國大陸境內設立外商投資企業，但是對「其他投資者」的主體形式未做進一步說明，故而從法律層面，中國大陸自然人能否直接參與設立外商投資企業雖暫時沒有標準答案，但即將出臺配套措施有望全面取消該限制。

二、經營範圍的確定

經營範圍是公司從事經營活動的業務範圍。中國大陸准許外商投資初期，市場經濟剛起步，各方面經驗都不足，過大的開放力度將導致中國大陸經濟、市場被外資把控，甚至淪為外資經濟上的殖民地。

隨著中國大陸自身經濟的發展，中國大陸的經濟體系已逐步形成，各行各業抵抗風險的能力也逐步建立；為順應經濟全球化趨勢，中國大陸政府必須不斷深化改革、擴大開放，盡可能加入世界經濟體系，加大對外商投資領域的放開，這既是中國大陸自身經濟發展的需要，也能促進中國大陸在全球經濟中的地位進一步提升。

現階段，中國大陸對外商在中國大陸投資經營範圍的確定主要以三

個文件爲主：《鼓勵外商投資產業目錄》、《外商投資准入特別管理措施
（負面清單）》與《自由貿易試驗區外商投資准入特別管理措施（負面清
單）》。以上文件通常在每年6月會根據情況進行修訂。2019年版《鼓勵
外商投資產業目錄》、《外商投資准入特別管理措施（負面清單）》與
《自由貿易試驗區外商投資准入特別管理措施（負面清單）》詳查本書第
四章第二節的介紹。

此外，中國大陸與有關國家和地區簽訂了自由貿易區協議或投資協
議、中國大陸參加的國際條約等對符合條件的外國投資者有更優惠開放措
施的，可按照相關協議或協定的規定執行。《內地與香港關於建立更緊密
經貿關係的安排》及其後續協議、《內地與澳門關於建立更緊密經貿關係
的安排》及其後續協議、《海峽兩岸經濟合作框架協定》及其後續協議定
對符合條件的港澳臺投資者有更優惠開放措施的，可按照協議進行。

三、經營位址的選擇

根據聯合國貿易和發展會議發布的《2019年世界投資報告》，2018
年中國大陸繼續成爲全球第二大外資流入地區。中國大陸全境均可設立外
商投資企業，但各地的優勢及鼓勵發展產業不同，所執行的優惠政策也有
所不同，因此，境外投資者可根據自身情況選擇不同地區投資。

（一）江浙滬粵

江蘇、浙江、上海、廣東等東南沿海地區開放早，市場經濟得到了充
分的發展，外商投資更是與國家經濟發展同步，經濟上的開放也促進了政
府行政效率的提高，目前此類沿海發達地區行政部門管理、服務意識強，
法制環境好，基礎設施完善，上下游產業鏈完整，技術型人才及普通勞動
力充足且訓練有素，融資管道多，無論是外資還是內資都能夠得到公平的
競爭環境，是外商投資的理想場所。但也因爲這些地區市場經濟發展充
分，投資經營的用地、用工成本相對較高，環保要求高，針對一般產業的
稅收優惠政策少，政策更傾向於支持科技含量高、污染小的高新技術類企
業，主要表現在政府部門對符合要求的高新技術類企業給予獎勵資金及補

貼。

特別值得提出的是，爲充分發揮香港、澳門及珠三角地區的綜合優勢，深化粵港澳合作，爲港澳發展注入新動能，2019年2月18日，中國大陸發布《粵港澳大灣區發展規劃綱要》，將香港特別行政區、澳門特別行政區和珠三角九市（即廣東省廣州市、深圳市、珠海市、佛山市、惠州市、東莞市、中山市、江門市、肇慶市）劃爲粵港澳大灣區，針對該區域專門制定發展計畫。爲此，廣東省特別建立以省委書記爲組長的統籌協調工作小組，出臺省財政科研資金跨境使用辦法、港澳高等院校和科研機構參與廣東省財政科技計畫的若干規定，出臺實施便利港澳居民在中國大陸發展的政策措施，如珠三角九市給予到大陸工作的境外及港澳臺高端人才和緊缺人才個人所得稅優惠，即對在大灣區工作的境外高端人才和緊缺人才，其在珠三角九市繳納的個人所得稅已繳稅額超過其按應納稅所得額的15%計算的稅額部分，由珠三角九市人民政府給予財政補貼，該補貼免征個人所得稅。外商，尤其是港澳臺商到珠三角九市投資或工作，都是很不錯的選擇。

（二）中西部地區

湖北、湖南、四川、重慶等中、西部地區得益於國家政策扶持及基礎設施建設帶來的更爲便利的交通網絡，近年來發展迅速，各地政府部門積極開展招商引資活動，爲符合當地政策的企業提供用地、稅收優惠、爲科技創新提供資金支持或經濟補貼。但這些地區的行政效率及管理、服務經驗，法制環境，融資管道及融資成本等與沿海發達地區尚有差距，外國投資者可根據自身行業及投資需求，結合新的《中西部地區外商投資優勢產業目錄》，考慮中、西部地區能夠得到當地政府大力支持的工業園區、產業聚集地進行投資。

（三）自由貿易試驗區

在全國範圍內，國家批准多地建設自由貿易試驗區。自由貿易試驗區是指在貿易和投資等方面比世貿組織有關規定更加優惠的貿易安排區，是在主權國家或地區的關境以外，劃出特定的區域，准許外國商品豁免關稅

自由進出，其實質上是採取自由港政策的關稅隔離區。2013年9月～2019年11月，國務院先後批復成立中國（上海）自由貿易試驗區、中國（廣東）自由貿易試驗區、中國（天津）自由貿易試驗區等十八個自貿試驗區。在外商投資市場准入方面，自貿試驗區執行《自由貿易試驗區外商投資准入特別管理措施（負面清單）》，對比全國適用的《外商投資准入特別管理措施（負面清單）》，自貿區負面清單更爲開放。

自貿區在功能性方面，其服務內地，面向世界，是全國新一輪改革開放的先行地，其目標是在自貿區範圍內構建開放型經濟新體制，營造國際化、市場化、法治化、便利化的營商環境，形成國際經濟合作競爭新優勢，也爲全國範圍進一步深化改革探索先進經驗。每個地區的自貿區也會根據自身的地理位置及輻射地區的經濟特點進行戰略定位，如中國（廣東）自由貿易試驗區，其依託港澳，目標是實現粵港澳深度合作，力爭成爲21世紀海上絲綢之路重要樞紐全國新一輪改革開放先行地；中國（福建）自由貿易試驗區，其立足海峽兩岸，充分發揮對台優勢，率先推進與臺灣地區投資貿易自由化進程，力爭把自貿試驗區建設成爲深化兩岸經濟合作的示範區。

在自貿區的投資環境方面，許多領域放寬了投資限制，審批許可權亦下放到自貿區的行政機關，許多最終能在全國推行的經濟政策都是優先在自貿區進行試點。

在人才引進方面，尤其是廣東、福建兩地自貿區，積極研究出臺便利港澳臺同胞在自貿試驗區學習、創業、就業、生活的政策措施；支持在自貿試驗區就業、生活的港澳臺同胞在醫療、融資、購房、住宿等方面享受與大陸居民同等的待遇；同時也積極推動對港澳臺地區職業技能資格直接採認，允許部分專業資格人才通過培訓測試等獲得內地從業資格，擴大港澳臺地區專業人才在自貿試驗區內行政企事業單位、科研院所等機構任職範圍，吸引港澳臺地區專業人才在社會管理服務、仲介服務等領域就業。

在金融政策方面，自貿區更爲開放，如廣東自貿區正積極吸引各類國內外總部機構和大型企業集團設立結算中心，支持深圳證券交易所加強同其他金磚國家交易所的合作，大力發展海外投資保險、出口信用保險、貨

物運輸保險、工程建設保險等業務，探索建立與港澳地區資金互通、市場互聯的機制。福建自貿區則根據其對台優勢，允許自貿試驗區內符合條件的銀行機構為境外企業和個人開立新臺幣帳戶，試點新臺幣區域性銀行間市場交易，支持自貿試驗區內符合條件的台資金融機構在銀行間債券市場開展承銷業務，支持將海峽股權交易中心建成服務台資企業的專業化區域性股權市場，同時亦探索建立與臺灣地區徵信產品互認機制等。

在進出口貿易關稅方面，自貿區多有保稅港區，國外貨物入港區保稅，貨物出港區進入國內銷售按貨物進口的有關規定辦理報關手續，並按貨物實際狀態徵稅；國內貨物入港區視同出口，實行退稅；港區內企業之間的貨物交易不徵增值稅和消費稅。如廣東自貿區內有廣州南沙保稅港區、深圳前海灣保稅港區。所以，自貿區有更靈活的政策，更簡便的手續，更高效的市場，外商特別是港澳臺投資者可優先選擇在自貿區投資。

四、註冊資本

如前所述，2020年1月1日起施行的《外商投資法》規定外商投資企業的組織形式、組織機構及其活動準則，適用《中華人民共和國公司法》、《中華人民共和國合夥企業法》等法律的規定，下文以外商投資最廣泛的組織形式──有限責任公司為例，介紹與出資有關的法律規定。

（一）對出資額的要求

有限責任公司的註冊資本為在公司登記機關登記的全體股東認繳的出資額，2013年，《公司法》取消了對公司註冊資本的最低額規定及股東繳足出資的時間限制（除非法律、行政法規及國務院決定另有規定），公司實收資本金額也已不作為工商登記事項，公司設立登記時，無需向登記機關提供驗資報告。需要注意的是，在外商投資方面，關於投資總額與註冊資本的比例要求的規定至今仍無明文予以廢除。

（二）股東的出資方式

1. 可用以出資的財產

相關法律確定的境外投資者可用以出資的財產包括：

(1) 貨幣，無論是人民幣還是外幣均可以用於出資。

(2) 實物、知識產權、土地使用權等可以用貨幣估價並可以依法轉讓的非貨幣財產可以作價出資。

(3) 股東可以其持有的在中國大陸境內設立的公司股權出資，用以出資的股權應當權屬清楚、權能完整、依法可以轉讓。有以下情形之一的股權不能用作出資：已被設立質權；股權所在公司章程約定不得轉讓；法律、行政法規或者國務院決定規定，股權所在公司股東轉讓該股權應當報經批准而未經批准；法律、行政法規或者國務院決定規定的其他情形。

(4) 其依法享有的對在中國大陸設立的公司的債權轉爲公司股權的，公司應當增加註冊資本。

不能作價出資的財產：勞務、信用、自然人姓名、商譽、特許經營權或者設定擔保的財產。

2. 出資注意事項

作爲出資的非貨幣財產應當核實財產，評估作價，評估價格應當公允，不得高估或低估。雖然法律並沒有禁止股東間對擬用於出資的非貨幣財產協議價值，但爲避免紛爭，建議在公司設立前聘請有資質的專業價格評估機構對擬出資的非貨幣財產進行價值評估，評估價值作爲出資額記載於公司章程，並在市場監督管理部門進行登記。

3. 出資義務的履行

股東應對出資的金額、期限進行約定並需記載於公司章程，股東應當根據章程規定，按期、足額繳納出資。股東以貨幣出資的，應當將出資足額存入公司帳戶；以非貨幣財產出資的，應當依法辦理財產轉移手續，如房屋、國有土地使用權需要到不動產登記中心辦理權屬變更手續。另外，對於股東以房屋及國有土地使用權出資並且股東和新設公司均不是房地產

開發企業的，土地使用權人的變更暫不徵土地增值稅。

　　股東之間約定一方以需要辦理權屬變更登記的標的物出資或者提供合作條件，且標的物已交付外商投資企業實際使用，但未進行權屬變更登記的，如果負有辦理權屬變更登記義務的一方能夠在人民法院指定的合理期限內完成變更登記，則視為該股東已經履行了出資或者提供合作條件的義務，享有相應的股東權利；但是如有證據證明因遲延辦理權屬變更登記給外商投資企業造成損失的，應予賠償。股東以符合法定條件的非貨幣財產出資後，因市場變化或者其他客觀因素導致出資財產貶值的，除非當事人之間有補足等約定，公司、其他股東或公司債權人均無權要求該股東程補足出資的責任。公司成立後，股東不得抽逃出資。

4. 出資違約及責任

　　出資違約行為一般有兩類，一類是未履行或未全面履行出資義務，另一類是抽逃出資。如股東未按章程約定或法律規定繳納出資的，除了需要向公司補足出資外，還應當向按時足額繳納出資的股東承擔違約責任。在有限責任公司設立後，如發現用以出資的非貨幣財產的價值明顯低於公司章程所定價額的，交付該出資的股東需要補足差額，公司設立時的其他股東承擔連帶責任。如股東抽逃出資的，公司或其他股東有權要求該股東返還出資本息，有協助抽逃出資行為的其他股東、董事、高級管理人員或者實際控制人對此承擔連帶責任；公司的債權人有權要求抽逃出資的股東在抽逃出資本息範圍內對公司債務不能清償的部分承擔補充賠償責任、協助抽逃出資的其他股東、董事、高級管理人員或者實際控制人對此承擔連帶責任。

　　股東出資違約，一方面，公司有權根據公司章程或者股東會決議對該股東的利潤分配請求權、新股優先認購權、剩餘財產分配請求權等股東權利作出相應的合理限制；另一方面，經公司催告繳納或者返還，其在合理期間內仍未繳納或者返還出資的，公司有權以股東會決議的形式解除該股東的股東資格，同時如果沒有股東或者第三人繳納該部分出資的，公司應當及時辦理法定減資程序。

五、設立方式

（一）新設設立外資有限責任公司

外資有限責任公司包括兩種形式，一種是全部註冊資本均由境外投資者投資的，爲外商獨資公司；一種是境外投資者與中國大陸境內投資者共同投資，爲中外合資（合作）公司。

現行法律對外國投資者的主體資格沒有限制，可以是個人，也可以是企業或其他經濟組織，投資者可以單獨投資，也可以與其他投資人共同投資。從稅收、管理角度考量，外國投資者多選擇在離岸金融中心（如中國香港、英屬維京群島、開曼群島）設立離岸公司，進而以離岸公司的名義向中國大陸投資。但與境外投資者合作的中國大陸投資者目前只能爲公司、企業或其他經濟組織，而不能爲個人。

（二）收購設立外資有限責任公司

除直接投資新設有限責任公司外，外國投資者還可通過收購已成立公司股權的方式設立外商投資企業。外國投資者既可以收購已設立的外商投資企業的全部或部分股權，也可以收購中資企業的全部或部分股權，被收購企業由中資企業變更登記爲外商投資企業或中外合資企業。

（三）注意事項

1.出讓股權的所得稅

被收購企業出讓股權的股東需要就出讓股權所得繳納所得稅，出讓人是企業的，繳納企業所得稅；出讓人是自然人的，繳納個人所得稅。中國大陸法律針對不同的轉讓主體設置了不同的稅率：

	企業	個人
境內	25%	20%
境外	10%（香港在營運企業可減按5%計徵）	20%

2. 設立有限責任公司的限制

境外投資者無論以上述何種方式在中國大陸投資，均需遵守《外商投資准入特別管理措施（負面清單）》中對準入產業、股權比例、高管要求等規定。

3. 設立流程性事項

無論是直接設立外商獨資或中外合資公司還是通過股權收購等方式間接設立外商投資公司，投資人都需根據具體情況向市場監督管理部門申請外商投資企業的設立登記或變更備案。設立登記或變更備案所需文件，在當地市場監督管理部門網站公示並可以下載，其中比較重要並需要事先準備的是外國投資者的主體資格證明（如商業主體登記證）或自然人身份證明（如護照），該證明應經其本國主管機關公證後送中國駐該國使（領）館進行認證。如其本國與中國大陸沒有建立外交關係，則應當經與中國大陸有外交關係的第三國駐該國使（領）館認證，再由中國大陸駐該第三國使（領）館認證。某些國家的海外屬地出具的文書，應先在該屬地辦妥公證，再經該國外交機構認證，最後由中國駐該國使（領）館認證。如投資人為外國自然人且其護照已經中國大陸出入境管理部門確認並辦妥簽證和入境手續的，可提供護照為身份證明並免於公證、認證。

港澳臺地區的投資人在中國大陸（內地）境內設立的企業亦比照外商投資企業進行登記、管理，港澳臺地區非自然人投資者的主體資格證明亦應提供當地公證機構的公證文件。港澳臺地區投資者為自然人的，香港特別行政區、澳門特別行政區居民可提交護照或港澳居民來往內地通行證，以及有效入境證明作為身份證明，免於提交公證、認證文件；臺灣地區居民可憑居住證、臺灣居民來往大陸通行證，以及有效入境證明作為身份證明，免於提交公證、認證文件。

外商投資企業在市場監督管理部門完成設立登記或變更備案後，需要在商務部業務系統統一平臺上對登記或變更事項進行備案。

六、設立不成功的法律後果

（一）公司設立失敗的原因

公司設立失敗是指發起人（籌辦公司設立事宜的股東）在籌辦公司設立的過程中，因為主觀或者客觀方面的原因，公司最終沒有成立，獲得法律人格的情形。

公司設立失敗的主要原因有：

1. 不符合法律規定的設立條件，如：未盡職調查致對特殊行業有限制性條件不知情而申請設立失敗等；
2. 發起人在公司成立前撤回申請，如發起人因主觀或客觀原因最終決定不繼續設立公司；
3. 股份有限公司的創立大會作出不設立的決議。

（二）公司設立不成功的法律後果

公司設立不成功，所需處理的事項主要有兩個方面：第一，籌備階段對外債務的清理；第二，股東之間責任分擔及投資款返還。

1. 籌備階段對外債務的清理

公司籌備期間可能產生債務，如籌備階段雇傭人員及解雇的費用、經營場地租賃及解約的違約責任、籌備期間的費用、籌備人員因履行職責造成他人損害等等。該部分債務，債權人有權要求全體或者部分發起人對設立公司行為所產生的費用和債務承擔連帶清償責任。

2. 籌備階段對外債務股東之間的責任分擔

籌備階段對外債務在股東之間的分配，需視股東之間的約定及股東的過錯責任而定：(1)各發起股東有約定公司設立不成功的責任承擔比例的，股東按照約定的責任承擔比例分擔籌備階段對外債務；(2)各發起股東沒有約定責任承擔比例的，可以按照約定的出資比例分擔，如果連出資比例都未約定的，則平均分擔；(3)如果公司未設立是因為部分發起人的過錯導致的，其他發起人有權要求有過錯的發起人承擔設立公司行為所產生的費用和債務；(4)如實際執行籌備工作人員因履行公司設立職責造成

他人損害的，受害人有權要求請求全體發起人承擔連帶賠償責任，但無過錯的發起人承擔責任後可向有過錯的發起人進行追償。

3. 投資款的返還

對於有限責任公司股東和股份有限公司發起人來說，公司籌備階段債務清理完畢，各股東／發起人按比例分擔責任後其投資款有剩餘的，按比例退回。

注：股份有限公司發起人對其他認股人尚有一項返還義務：在採取募集設立公司的情況下，發起人對認股人已繳納的股款，還負有返還股款並加算銀行同期存款利息的連帶責任。

七、借中國大陸境內人士名義進行公司登記

（一）借名登記的由來

在對外商投資採用審批制的年代，設立外商投資企業手續較為複雜，為了規避對外商投資的限制性規定，或因為資金來源問題，有些境外投資者借用中國大陸境內人士的名義出資，將原本應登記為外商投資企業的公司登記為內資公司，這些被借名的中國大陸境內人士（下稱或稱「名義股東」）對外作為股東被登記在公司章程、股東名冊和工商登記中。雖然法律並未嚴格禁止這種行為，但是借名投資存在諸多法律風險，可能造成難以挽回的損失。

（二）借名登記的風險

境外投資者借用中國大陸境內人士名義設立公司，在股東權利行使、財產權利保障等方面都存在較大風險：

1. 股東權利行使障礙

如名義股東不配合，實際投資人不能根據其與名義股東之間的約定，直接要求公司分配利潤或行使其他股東權利，在實際出資人已實際履行了出資義務的前提下，其僅能要求名義股東交付已從公司獲得的收益。

2. 股權喪失風險

如名義股東將登記於其名下的股權轉讓給第三人、進行質押或者因其自身債務被債權人申請查封等，實際出資人的股權可能因此而喪失。以股權被轉讓爲例，如受讓人是善意的並支付了合理對價且股權已完成變更登記的，實際投資人無法以其對於股權享有實際權利而要求受讓人返還股權，僅可以要求名義股東賠償損失。

3. 公司失控風險

實際投資人通過名義股東設立公司，在名義股東持有大部分股權的情況下，名義股東可依照公司章程及法律行使股東權利，一旦實際投資人與名義股東產生矛盾，名義股東可能行使其登記股東的權利，造成公司經營失控。如果名義股東被登記爲公司法定代表人甚至掌握公司相關證照，則可以實質上取得公司的控制權，而實際投資人將徹底失去對公司的控制權。

4. 股東身份確認風險

如實際控制人欲恢復股東身份，確認實際投資人的股東身份並記載於公司章程、進行工商變更登記需要同時滿足以下條件：(1)可證明代持關係且無法定無效情形，如：實際出資人與名義出資人訂立合法有效的合同，約定由實際出資人出資並享受投資權益，以名義出資人爲名義股東；(2)實際投資者已經實際投資；(3)經公司其他股東半數以上同意；(4)公司的經營領域、股權結構符合外商投資企業准入條件；(5)需要進行行政審批的，完成審批手續。如不能同時滿足上述條件的，實際投資人的股東身份將無法得到確認，也無法完成工商變更登記等手續。

此外，如果實際投資人與名義股東之間的合同經司法程序確認無效，實際投資人要求名義股東返還投資款的，在名義股東願意繼續持有股權的前提下，需要比較名義股東持有的股權價值與實際投資額高低，如果名義股東持有的股權價值高於實際投資額，實際投資人可以要求名義股東返還全部投資款並根據其實際投資情況以及名義股東參與公司經營管理的情況對股權收益在雙方之間進行合理分配；如果名義股東持有的股權價值低於實際投資額，實際投資人只能要求名義股東向其返還現有股權的等值

價款。如果名義股東明確表示放棄股權或者拒絕繼續持有股權的，法院可以判令拍賣、變賣股權，所得收益向實際投資者返還投資款，如款項有餘，則可根據實際投資者的實際投資情況、名義股東參與公司經營管理的情況在雙方之間進行合理分配；如款項不足，實際投資者要求名義股東賠償損失的，法院有權根據名義股東對合同無效是否存在過錯及過錯大小認定其是否承擔賠償責任及具體賠償數額。

（三）借名登記注意事項

如確因各種原因需要借用他人名義設立公司，應從以下方面注意：

1. 簽訂書面的代持股協議，明確代持股事實。實踐中，實際投資人主張股東權利或財產權利遇到的最大困難，往往是對實際投資人投資事實的確認，很多時候實際投資人都未與名義股東簽訂書面協定，而實際投資人與名義股東簽署的書面代持股協定是最有力的代持事實的證明。

2. 掌握公司公章、營業執照及法定代表人。通過股東身份控制公司往往需要公權力的介入，在時效性上較差，公司公章、營業執照、法定代表人是控制公司的最直接的工具，如果喪失對公司公章、營業執照、法定代表人的控制，必將導致公司失控。

3. 一旦代持的股權被設定他項權利，如被質押、查封等，應及時主張對代持股權的所有權，否則如股權被善意第三人有償獲得，實際投資人將喪失索回股權的權利。

第二節　外資有限責任公司的變更

一、投資者變更

在市場環境下，通過股權轉讓的方式直接獲得已設立有限責任公司的財產及經營權，是最為便利、高效的投資方式。在不違背《公司法》及《外商投資准入特別管理措施（負面清單）》等法律、法規的前提下，有限責任公司股東之間、股東與股東以外的投資人之間可全部或部分轉讓股

權，包括外國投資者與中國大陸投資人的股權轉讓。相應的目標公司可因
為股權轉讓由內資公司變更為外資公司、外資公司變更為內資公司或變更
為中外合資公司。外國投資者將其在外資公司的股權轉讓給其他外國投資
者或港澳臺投資者，則公司性質不變。

（一）有限責任公司股權轉讓（投資者變更）的規定

如前所述，2020年1月1日起施行的《外商投資法》規定外資公司的
組織形式、組織機構及活動準則，適用《公司法》、等法律的規定，故外
資公司投資者的變更，應遵守《公司法》及其司法解釋的相關規定：

股東之間可以互相轉讓其全部或部分股權。股東向股東以外的人轉讓
股權，以公司章程的規定為准；公司章程沒有規定的，按法律規定執行，
轉讓程序為：

1. 必須將其股權轉讓的相關事項以書面或者其他能夠確認收悉的合理方式
通知到其他股東徵求同意。
2. 其他股東過半數同意的，方可以轉讓；其他股東視為同意的情形：
   (1) 在接收到通知之日起滿三十日未答覆；
   (2) 其他股東過半數不同意的，但不同意股東不購買該擬轉讓股權。
3. 經股東同意轉讓的股權，在同等條件（考慮轉讓股權的數量、價格、支
付方式及期限等因素）下，轉讓股東以外的其他股東有權主張優先購
買，並且應當在公司章程規定的時間內行使優先購買權，即提出購買請
求，如果章程沒有規定的，可以自行確定行使期間並通知其他股東，但
最少應為三十天。

（二）有限責任公司股權轉讓（投資者變更）的登記程序

外資公司投資者變更，需要至市場監督管理部門股東變更登記並依據
《外商投資企業設立及變更備案管理暫行辦法》之規定，至商務部外商投
資綜合管理應用平臺對變更事項進行備案。

涉及特別事項的，需區分不同事項提交不同材料：

1. 涉及外商投資准入特別管理措施的企業，提交批復和批准證書副本。

2. 涉及境內公司、企業或自然人以其在境外合法設立或控制的公司並購與其有關聯關係的境內公司的，提交批准文件或備案文件。

3. 港澳服務提供者按CEPA服務貿易協議投資並享受CEPA優惠的公司，提交備案文件。

4. 在中國（廣東）自由貿易試驗區內登記的外商投資企業變更股東，屬於投資自由貿易試驗區負面清單內項目的，提交商務主管部門的批准文件。

5. 涉及外商投資准入特別管理措施的外資公司因分立、合併、減資向市場監督管理部門申請變更登記的，所需要提供文件與外資公司投資者變更所需文件基本相同。

（三）有限責任公司股權轉讓（投資者變更）的交易流程

通過股權轉讓的方式變更目標公司的投資者，意味著目標公司資產及經營權的部分或全部出售，應慎重管理交易流程：

1. 從程序上，交易雙方在簽訂股權轉讓協議前，出讓方應著重對受讓方主體資格及履約能力進行盡職調查，受讓方應著重對目標公司設立至今的資產尤其是不動產情況、財務狀況、稅務情況、進出口業務情況、勞資關係情況等進行盡職調查，並對交易可能產生稅金金額進行初步評估，以便確定交易後進行稅收籌畫。交易雙方應誠實、充分向對方提供盡職調查資料，否則將承擔相應的法律責任。目標公司存在多個股東的，出讓方應徵得其他股東同意並確認其他股東在同等條件下放棄優先購買權。

2. 雙方在簽訂股權轉讓協議的過程中，應詳細約定價款支付的條件、時間、地點、幣種或匯率，價款出入境的，需要提前通過銀行向當地外匯管理局申請；此外，還需約定申報納稅的時間及繳稅期限（出讓方所得價款，需完稅後方能出境）、至市場監督管理部門辦理目標公司股東變更登記的條件、時間及辦理目標公司交付的條件、時間等。

二、增資、減資

外資公司增加或減少註冊資本，應依照《公司法》及其司法解釋所規定的程序進行並需符合《外商投資准入特別管理措施（負面清單）》之要求。

（一）關於增資與減資的特別規定

1. 公司增資或減資屬於公司經營管理的重大事項，根據《公司法》之規定，需要召開股東會並經代表三分之二以上表決權的股東通過（一人公司由股東作出決定）方可實施。

2. 公司減少註冊資本時，必須編制資產負債表及財產清單，並且必須在作出減少註冊資本決議之日起十日內通知債權人、三十日內在報紙上公告。債權人自接到通知書之日起三十日內，未接到通知書的自公告之日起四十五日內，有權要求公司清償債務或者提供相應的擔保。

3. 公司增資或減資，依法屬於變更登記事項，需要在變更決議作出之日起三十日內向工商行政機關申請辦理變更登記並至商務部外商投資綜合管理應用平臺對變更事項進行備案。

4. 涉及外商投資准入特別管理措施的企業在辦理名稱、住所、註冊資本、經營期限、經營範圍、股東以及企業類型變更登記時，還應提交審批機關的批准文件（批復和批准證書副本1）或備案文件。

（二）增資需準備的主要資料（非需審批行業）

1. 《依法作出的決議或決定》；
2. 《公司登記（備案）申請書》；
3. 《組織機構代碼證、稅務登記證》（「三證合一」者無需提交）；
4. 《營業執照正、副本》；
5. 《修改後的公司章程或者公司章程修正案（公司法定代表人簽署）》。

（三）減資需準備的主要資料（非需審批行業）

1. 《公司登記（備案）申請書》

2. 《依法作出的決議或決定》（中外合資、中外合作企業出具董事會決議）

3. 《修改後的公司章程或者公司章程修正案（公司法定代表人簽署》

4. 《減少註冊資本證明文件》（即刊登減資公告的報紙報樣及債務清償報告或債務擔保證明）

5. 《組織機構代碼證、稅務登記證》（三證合一者無需提交）

6. 《營業執照正、副本》

三、分立、合併

（一）公司分立

　　公司分立是指一個公司依照公司法有關規定，通過公司最高權力機構決議分成兩個以上的公司。公司分立有兩種方式：1.存續分立，即一個公司分立成兩個以上公司，本公司繼續存在並設立一個以上新的公司；2.解散分立，一個公司分解為兩個以上公司，本公司解散並設立兩個以上新的公司。

　　公司分立，其財產作相應的分割。存續分立方式，本公司繼續存在但註冊資本減少。原股東在本公司、新公司的股權比例可以不變。公司分立，其權利和義務由分立後的公司享有連帶債權、承擔連帶債務。但是，公司在分立前與債權人就債務清償達成的書面協定另有約定的除外。公司分立，應當編制資產負債表及財產清單。公司應當自作出分立決議之日起十日內通知債權人，並於三十日內在報紙上公告。

（二）公司合併

　　公司合併是指兩個或兩個以上的公司依照《公司法》規定的條件和程序，通過訂立合併協議，共同組成一個公司的法律行為。公司合併有兩種方式：1.吸收合併，公司接納其他公司加入本公司，接納方繼續存在，加入方解散；2.新設合併，兩個以上公司合併設立一個新的公司，合併各方解散。

　　合併各方的債權、債務，應當由合併後存續的公司或者新設的公司繼承。公司合併，應當由合併各方簽訂合併協議，並編制資產負債表及財產清單。公司應當自作出合併決議之日起十日內通知債權人，並於三十日內在報紙上公告。債權人自接到通知書之日起三十日內，未接到通知書的自公告之日起四十五日內，可以要求公司清償債務或者提供相應的擔保。

　　外資公司與內資公司合併的，經營項目及領域應符合《外商投資准入特別管理措施（負面清單）》之要求，合併不得導致外國投資者在不允許外商獨資、控股或占主導地位的產業的公司中獨資、控股或占主導地位。

（三）注意事項

　　公司合併或者分立，屬於公司經營管理的重大事項，根據《公司法》之規定，需要召開股東會並經代表三分之二以上表決權的股東通過（一人公司由股東作出決定）方可實施。

　　外資公司合併或者分立，登記事項發生變更，應當自公告之日起四十五日內向公司登記機關辦理變更登記並至商務部外商投資綜合管理應用平台對變更事項進行備案。

　　外資公司合併或分立，應當符合海關、稅務和外匯管理等有關部門頒布的規定。合併或分立後存續或新設的公司，經審批機關、海關和稅務等機關核定，繼續享受原公司所享受的各項外商投資企業待遇。

四、經營範圍變更

　　一般情況下，法律對外資公司變更經營範圍並無過多限制；但若涉及《外商投資准入特別管理措施（負面清單）》等規定的，在向市一級市場監督管理部門申請變更登記、商務部門進行變更備案前，需獲得行業主管部門或發改部門的前置許可核准文件；若經營範圍對投資者有資格條件要求的，需按規定向市場監督管理部門、商務部門提供投資者准入資格證明文件。

五、遷址

外資公司在本市內變更住所（經營場所）的，需要向市一級市場監督管理部門提交變更後住所的使用證明，以辦理變更登記，登記並換領新的營業執照後向商務部門進行變更備案。

外資公司跨登記機關管轄範圍辦理住所（經營場所）變更的，須先在市一級市場監督管理部門辦理公司遷移登記，即向擬遷入地工商管理機關申請遷入並取得同意後，再於遷出地辦理遷出手續，最後在遷入地進行經營場所的備案登記。涉及外商投資准入特別管理措施的外商投資企業跨登記機關、審批機關管轄範圍辦理地址變更的，還須在辦理遷移登記、地址變更登記時提供審批機關的批復。

第三節　外資有限責任公司的轉投資業務及其稅務處理

一、轉投資仍應符合「負面清單」的規定

境外投資者可以在中國大陸轉投資，即允許在中國大陸依法設立，採取有限責任公司形式的中外合資經營企業、中外合作經營企業和外資企業以及外商投資股份有限公司，以本企業的名義，在中國大陸投資設立企業或購買其他企業投資者股權。

外商投資企業在中國大陸單獨轉投資或與外國投資者共同投資的，按照有關外商投資的法律、法規辦理，投資項目和領域應符合《外商投資准入特別管理措施（負面清單）》之規定，不得在禁止外商投資的領域投資。

二、轉投資目前可享受稅收優惠

因轉投資業務所涉及的主要是被投資企業的變更登記業務以及被投資企業的運作，因此，本書不作過多贅述，而僅介紹外商投資企業轉投資的

稅收政策，具體如下：

　　自2018年1月1日起，境外投資者從中國大陸居民企業所分配的利潤，用於中國大陸直接投資且滿足一定條件時，可暫不徵收預提所得稅[1]，該政策適用於全部非禁止外商投資的項目和領域。境外投資者暫不徵收預提所得稅須同時滿足以下條件：

1. 以直接投資方式在中國大陸投資，但不包括新增、轉增、收購上市公司股份（符合條件的戰略投資除外）：
   (1) 境外投資者以分得的利潤用於補繳其在中國大陸居民企業已經認繳的註冊資本，新增或轉增中國大陸居民企業實收資本或者資本公積；
   (2) 在中國大陸投資新建居民企業；
   (3) 從非關聯方收購中國大陸居民企業股權；
   (4) 財政部、稅務總局規定的其他方式。
2. 境外投資者分得的利潤屬於中國大陸居民企業向投資者實際分配已經實現的留存收益而形成的股息、紅利等權益性投資收益。
3. 境外投資者用於直接投資的利潤以現金形式支付的，相關款項從利潤分配企業的帳戶直接轉入被投資企業或股權轉讓方帳戶，在直接投資前不得在境內外其他帳戶周轉；境外投資者用於直接投資的利潤以實物、有價證券等非現金形式支付的，相關資產所有權直接從利潤分配企業轉入被投資企業或股權轉讓方，在直接投資前不得由其他企業、個人代為持有或臨時持有。

---

[1] 預提所得稅，是指預先扣繳的所得稅，它不是一個稅種，而是對源泉扣繳的所得稅的習慣叫法。源泉扣繳，簡單講是指對非居民企業對來源於中國境內所得依法應繳納企業所得稅的，以支付人為扣繳義務人，即境外投資者在中國境內投資設立公司（外資公司）而取得的利潤所應繳納的企業所得稅，由該外資公司作為扣繳義務人在每次支付或者到期應支付時，從支付或者到期應支付的款項中扣繳。

第四節　外資有限責任公司的解散和清算

一、解散的事由

（一）根據《公司法》的規定，公司解散的事由包括：

1. 公司章程規定的營業期限屆滿或者公司章程規定的其他解散事由出現；
2. 股東會或者股東大會決議解散；
3. 因公司合併或者分立需要解散；
4. 依法被吊銷營業執照、責令關閉或者被撤銷；
5. 公司經營管理發生嚴重困難，繼續存續會使股東利益受到重大損失，通過其他途徑不能解決，持有公司全部股東表決權百分之十以上的股東解散向法院請求解散公司的，法院經審理後判決可以解散。

（二）根據「外資三法」的規定，外商投資企業解散的事由包括：

1. 經營（合作、合營）期限屆滿；
2. 嚴重虧損或遭受不可抗力導致無法繼續經營；
3. 章程或合作、合營合同規定的解散事由出現；
4. 企業違反法律、行政法規，被依法責令關閉等。

二、清算

　　根據《公司法》的規定，公司清算是指公司出現法定解散事由或者公司章程所規定的解散事由以後，依法清理公司的債權債務的行為。有限責任公司發生解散事由的，必須經過依法清算程序方可解散。而清算包括自行清算、強制清算和破產清算三種法律形式。

（一）自行清算

　　除公司因依法被吊銷營業執照、責令關閉或者被撤銷的原因解散外，其他原因解散均應當在解散事由出現之日起十五日內成立清算組，開始清算。

1. 清算組的組成

清算組應由股東組成，因許多外資公司僅有法人股東且股東及股東的實際控制人不在中國大陸，不設股東會，股東行使職權時，採用書面形式，並由股東簽名後置備於公司，故外資公司章程多規定解散及清算方案由董事會制定，外資公司的清算委員會可由董事會成員組成，並根據實際情況聘請中國大陸的註冊會計師、律師等參加。

2. 清算組的職權

清算組在清算期間行使下列職權：(1)清理公司財產，分別編制資產負債表和財產清單；(2)通知、公告債權人；(3)處理與清算有關的公司未了結的業務；(4)清繳所欠稅款以及清算過程中產生的稅款；(5)清理債權、債務；(6)處理公司清償債務後的剩餘財產；(7)代表公司參與民事訴訟活動。

清算組成員應當忠於職守，依法履行清算義務。清算組成員不得利用職權收受賄賂或者其他非法收入，不得侵佔公司財產。清算組成員因故意或者重大過失給公司或者債權人造成損失的，應當承擔賠償責任。

3. 清算流程

清算組應當自成立之日起十日內通知債權人，並於六十日內在報紙上公告。債權人應當自接到通知書之日起三十日內，未接到通知書的自公告之日起四十五日內，向清算組申報其債權。在申報債權期間，清算組不得對債權人進行清償。

清算組在清理公司財產、編制資產負債表和財產清單後，應當制定清算方案，並報外資公司董事會確認。公司財產在分別支付清算費用、職工的工資、社會保險費用和法定補償金，繳納所欠稅款，清償公司債務後的剩餘財產，超過註冊資本的部分視同利潤，在依照中國大陸稅法繳納所得稅後股東可按照的出資比例分配。清算結束前，外國投資者不得將公司資金匯出或者攜出中國境外，不得自行處理公司財產。

清算組在清理公司財產、編制資產負債表和財產清單後，發現公司財產不足清償債務的，應當依法向人民法院申請宣告破產。公司經人民法院裁定宣告破產後，清算組應當將清算事務移交給人民法院，進入破產清算

程序。

（二）強制清算

1. 強制清算的情形

在公司解散事由已經出現，但發生以下情形之一時，債權人或公司股東可向法院申請強制清算：

(1) 逾期不成立清算組進行清算；

(2) 成立清算組後，故意拖延清算；

(3) 違法清算可能嚴重損害債權人或者股東利益的。

人民法院裁定進行清算的，其指定的清算組應當自組成之日起六個月內完成清算，因特殊情況無法完成的，應申請人民法院延長期限。

2. 強制清算組的組成

人民法院指定的清算組成員可以從下列人員或者機構中產生：(1)公司股東、董事、監事、高級管理人員；(2)依法設立的律師事務所、會計師事務所、破產清算事務所等社會仲介機構：(3)依法設立的律師事務所、會計師事務所、破產清算事務所等社會仲介機構中具備相關專業知識並取得執業資格的人員。

3. 強制清算的後果

(1) 被強制清算的公司的資產可全額清償債務的，由人民法院裁定確認清算方案及清算報告，清算組據此清償債務後，人民法院裁定終結清算程序。

(2) 如清算組在清理公司財產、編制資產負債表和財產清單時，發現公司財產不足以清償債務的，可以與債權人協商製作債務清償方案，債務清償方案經全體債權人確認且不損害其他利害關係人利益的，人民法院可依清算組的申請裁定予以認可。清算組依據該清償方案清償債務後，應當向人民法院申請裁定終結清算程序。

(3) 如清算組在清理公司財產、編制資產負債表和財產清單時，發現公司財產不足以清償債務，而債權人對債務清償方案無法達成一致或者人民法院不予認可的，清算組應當依法向人民法院申請宣告破

產，公司進入破產清算。

（三）破產清算

1.破產清算的前提條件

公司不能清償到期債務，並且資產不足以清償全部債務或者明顯缺乏清償能力為公司申請破產的前提條件。

2.破產申請的提出者

(1) 公司自身；

(2) 公司的債權人；

(3) 公司已解散但是未清算或者未清算完畢，債權人或依法負有清算責任者亦可作為破產申請者。

3.破產申請的受理

法院收到破產申請的，在七日內決定是否立案；立案後，法院經審查發現債務人有隱匿、轉移財產等行為，為了逃避債務才申請破產的或者債權人借破產申請損毀債務人商業信譽、意圖損害公平競爭的，應裁定不予受理破產申請，申請人對此不服的，可以在收到裁定之日起十日內向上一級法院提出上訴。

如是債權人提出破產申請的，法院應當在立案之日起五日內通知債務人，債務人對破產申請有異議的，應當自收到通知之日起七日內向法院提出，法院應當自異議期滿之日起十日內裁定是否受理；如是債務人提出破產申請的，法院應當自收到申請之日起十五日內裁定是否受理。如遇見特殊情況，經上一級人民法院批准，法院可將裁定受理期限延長十五日。在法院裁定受理破產申請前，申請人可撤回申請。

法院受理破產申請後，發現不符合法律規定的受理條件、發現存在上述不應受理的情形、債務人申請破產但其巨額財產下落不明卻不能合理解釋財產去向的，應當裁定駁回破產申請，申請人不服的，可以在收到裁定之日起十日內向上一級法院提出上訴。

4.法院受理破產後的工作流程

(1) 指定破產管理人。

(2) 清理破產財產：債務人的有關人員[2]應當妥善保管其佔有和保管的公司財產、印章、帳簿、文書等有關資料，根據人民法院及管理人的要求配合清算工作，如實回答與清算有關的詢問，並且在破產清算期間，未經人民法院允許，不得離開住所地，不得新任其他企業的董事、監事、高級管理人員。

(3) 通知已知債權人，並予以公告。

(4) 債權人申報債權，破產管理人進行造冊、審查，編制債權表。

(5) 召開債權人會議，如債務人有重整計畫或和解方案的提交債權人會議進行討論。

(6) 如債權人會議無法通過重整計畫，債務人與債權人亦未達成和解協議的，破產財產依法進行變賣、出售，由破產管理人擬定破產財產分配方案，經債權人會議通過後，按下列清償順序進行分配：

①對破產人的特定財產享有擔保權的權利人，對該特定財產享有優先受償的權利，使優先受償權利未能完全受償的，其未受償的債權作為普通債權；放棄優先受償權利的，其債權作為普通債權。

②破產財產優先清償破產費用[3]、共益債務[4]。

③破產人所欠職工的工資和醫療、傷殘補助、撫恤費用，所欠的應當劃入職工個人帳戶的基本養老保險、基本醫療保險費用，以及法律、行政法規規定應當支付給職工的補償金；如破產財產不足以支付該部分費用的，則以第①項的特定財產優先於對該特定財

2　主要指法定代表人，經人民法院決定亦可包括財務管理人員或其他經營人員。

3　人民法院受理破產申請後發生的下列費用，為破產費用：1.破產案件的訴訟費用；2.管理、變價和分配債務人財產的費用；3.管理人執行職務的費用、報酬和聘用工作人員的費用。

4　人民法院受理破產申請後發生的下列債務，為共益債務：1.因管理人或者債務人請求對方當事人履行雙方均未履行完畢的合同所產生的債務；2.債務人財產受無因管理所產生的債務；3.因債務人不當得利所產生的債務；4.為債務人繼續營業而應支付的勞動報酬和社會保險費用以及由此產生的其他債務；5.管理人或者相關人員執行職務致人損害所產生的債務；6.債務人財產致人損害所產生的債務。

產享有擔保權的權利人受償。

④破產人欠繳的除第③項規定以外的社會保險費用和破產人所欠稅款。

⑤普通破產債權。

(7) 終結破產程序。破產人無財產可供分配或在最後分配完結後，由管理人請求法院裁定終結破產程序。終結破產程序的裁定，應當予以公告。破產管理人持法院終結破產程序的裁定，至工商登記機關辦理破產人的註銷登記。

三、未經清算而關停的法律後果

公司解散的，應當在依法清算後關停，並申請辦理註銷登記。公司未依法清算而關停，股東或實際控制人可能因此需承擔的法律後果包括：

1. 公司未經清算即辦理註銷登記，導致公司無法清算的，公司股東及實際控制人對公司債務承擔清償責任[5]。

2. 公司股東或實際控制人未在法定期限內成立清算組清算，導致公司財產貶值、流失、損毀、滅失的，應在其造成的損失範圍內對公司債務承擔賠償責任[6]。

3. 公司股東或實際控制人因怠於履行義務，導致公司主要財產、帳冊、重要文件等滅失，無法進行清算的，股東實際控制人對公司債務承擔連帶清償責任[7]。

4. 公司股東及實際控制人在公司解散後惡意處置公司財產，給公司債權人造成損失的，或未經依法清算，以虛假的清算報告騙取公司登記機關辦理註銷登記，導致公司無法清算的，公司股東及實際控制人對公司債務承擔相應賠償責任[8]。

5　《公司法司法解釋二》第20條。

6　《公司法司法解釋二》第18條第1款。

7　《公司法司法解釋二》第18條第2款。

8　《公司法司法解釋二》第19條。

PART 2

中國大陸外資商事主體運營典型案例彙編

第一章

商事合同糾紛

案例1

由法定代表人簽名的合同，中國大陸法院可認可其效力

2012年12月5日，黃某作為福建XX五金製品廠（個體戶）的經營者、周某作為FR汽貿公司的法定代表人簽訂《土地轉讓合同書》約定：XX五金製品廠將其所有的位於南安市2,954.00平方米國有土地使用權轉讓給FR汽貿公司，轉讓總價為人民幣（下同）1,329,300.00元；FR汽貿公司應在合同簽訂後預付定金10萬元，XX五金製品廠協助辦理過戶手續後，FR汽貿公司再支付900,000.00元，領取不動產權證後支付其餘土地款329,300.00元。合同落款處，黃某作為XX五金製品廠代表簽名，周某作為FR汽貿公司代表簽名，未加蓋公司公章。2012年12月6日，黃某收到定金100,000.00元。後續合同履行中，FR汽貿公司因其他債務問題被列入失信被執行人，未能履行合同義務。黃某起訴，要求解除與FR汽貿公司簽訂的《土地轉讓合同書》；無需返還定金100,000.00元。

FR汽貿公司辯稱：根據《土地轉讓合同書》中受讓方為FR汽貿公司，但在落款處僅有法定代表人的簽名、捺印，同時還有法定代表人身份證號碼的書寫，卻未加蓋FR汽貿公司公章，因此合同實際受讓人為周某，並非FR汽貿公司。黃某起訴FR汽貿公司屬主體不適格，應駁回其起訴。

法院認為

案涉《土地轉讓合同書》明確載明受讓方為FR汽貿公司，合同上雖未加蓋公司公章，但周某作為該公司的法定代表人簽字，行使代表法人的職權，以法人名義對外作出的行為應由法人承擔責任，而是否加蓋公司公章並非合同生效的必要條件，故黃某與FR汽貿公司簽訂的《土地轉讓合同書》為有效合同，對雙方均具有法律約束力。

實務要點

《中華人民共和國民法總則》第61條規定：依照法律或者法人章程的規定，代表法人從事民事活動的負責人，為法人的法定代表人。法定代表人以法人名義從事的民事活動，其法律後果由法人承受。法人章程或者法人權力機構對法定代表人代表權的限制，不得對抗善意相對人。

《中華人民共和國合同法》第8條規定：依法成立的合同，對當事人具有法律約束力。當事人應當按照約定履行自己的義務，不得擅自變更或者解除合同。依法成立的合同，受法律保護。

◎ 案例索引

中國裁判文書網：福建省南安市人民法院（2017）閩0583民初8743號《民事判決書》

案例2

電子郵件等數據電文，在中國大陸屬書面合同的一種形式，受法律保護

陳某在上海市黃陂南路有一房產欲出售，遂委託FC公司的物業管家「多多」代為出售。邱某有意買下該套房產，在與居間方ZY公司協商並向其支付意向金5萬元後，ZY公司將房屋買賣合同掃描件等發郵件給「多多」，「多多」將該郵件轉發給陳某，後陳某將已簽名的《房屋買賣合同》、《房地產買賣居間協議》發郵件給「多多」，「多多」將其轉發給ZY公司後，邱某依照合同約定向陳某的銀行帳戶中轉入定金100萬元；同日，陳某又向「多多」發送其新修改的合同內容並要求按照修改後的合同版本簽字。

次日，陳某收到銀行入帳的資訊後，認為房屋買賣合同的條款尚未滿足其提出的條件，且雙方未共同簽署紙質書面合同，主張合同尚未成立，並將該100萬元退回邱某，而後將該銀行帳號銷戶。

> 邱某則認為該合同已經成立，陳某的行為已構成違約，遂向法院提起訴訟要求陳某雙倍返還定金。

法院認為

法院認為，依法成立的合同受法律保護。雖然本案所涉的《房屋買賣合同》、《房地產買賣居間協議》是通過電子郵件方式簽訂，但根據中國大陸的法律規定，訂立合同的書面形式是指合同書、信件和資料電文包括電報、電傳、傳真、電子資料交換和電子郵件等可以有形地表現所載內容的形式，且上述合同的內容已經具備合同成立的基本條款，故雙方的房屋買賣合同法律關係依法成立。鑒於邱某已在合同約定的期限內將定金100萬元支付給陳某，而陳某在收到100萬元定金後，擅自將定金退還邱某帳戶，之後又將該銀行帳號銷戶，陳某已以其行為明確表示不願繼續履行合同，所以陳某的行為構成違約。邱某的訴請於法有據，法院予以支持。

實務要點

《中華人民共和國合同法》第10條第1款規定：當事人訂立合同，有書面形式、口頭形式和其他形式。

《中華人民共和國合同法》第11條規定：書面形式是指合同書、信件和資料電文（包括電報、電傳、傳真、電子資料交換和電子郵件）等可以有形地表現所載內容的形式。

備註：傳真、電子郵件、QQ、微信等作為合同訂立的方式在中國大陸普遍存在，前述規定是中國大陸法院認可合同其他書面形式的法律依據。

◎ 案例索引

中國裁判文書網：上海市第二中級人民法院（2018）滬02民終10302號

案例3

要約人確定了承諾期限或以其他形式明示要約不可撤銷，
要約在中國大陸不得撤銷

2010年11月3日洮南市SH房地產開發有限公司（以下稱「SH公司」）與楊某、張某簽訂一份協議，雙方約定SH公司將洮南市一工業廠房以先租後買的方式先租給楊某、張某，租期為一年，租金人民幣4萬元，合同約定：如果楊某、張某購買此樓房，並在2011年10月30日前交付全部樓款人民幣1,200,000.00元，可在租金中沖抵20,000.00元，如果在2011年10月30日前不能交齊樓款，楊某、張某可自2011年11月15日起分三期（每期400,000.00元）在三年內付款，並承擔應付款欠款利息，分期付款協議雙方在2011年11月15日前另行簽訂。

楊某於2011年6月至9月間數次找SH公司交購樓款，但SH公司拒收樓款，認為該協議僅為意向協議書，並不是真正意義上的買賣合同，雙方買賣合同尚未成立，要求楊某、張某從廠房搬走，雙方協商未果，起訴至法院。

法院認為

SH公司與楊某、張某簽訂的協議第三條約定「如果乙方（楊某、張某）購買承租的房屋於2011年11月15日前交付購樓款……」應視為SH公司向楊某、張某發出附期限的要約行為。楊某於2011年6月至9月間數次找SH公司交購樓款是對SH公司要約承諾行為，故雙方樓房買賣協議在楊某作出承諾時即成立並生效，對雙方具有約束力。雙方當事人均應按協議履行，SH公司需承擔違約責任。

實務要點

《中華人民共和國合同法》第16條規定：要約到達受要約人時生效。第19條

規定：有下列情形之一的，要約不得撤銷：（一）要約人確定了承諾期限或者以其他形式明示要約不可撤銷；（二）受要約人有理由認為要約是不可撤銷的，並已經為履行合同作了準備工作。

◎ 案例索引

中國裁判文書網：白城市中級人民法院（2016）吉08民終1182號《民事判決書》

案例4

受要約人超出承諾期限發出的承諾，在中國大陸為新要約

2015年2月2日15時13分，NS公司向HF公司發出《購銷合同》文本傳真：現有聚乙烯48噸，單價每噸8,650.00元，計價款415,200.00元；2015年2月10日左右配送，須於2015年2月2日以銀行電匯（加急）方式支付30%定金，餘款於提貨之日支付，並傳真銀行底單，逾期此合同報價無效。本合同必須在當日簽字蓋章並傳真回供方，否則，合同內貨物單價和數量的內容需另行約定等內容。

2015年2月5日，HF公司以貨款名義支付給NS公司款項100,000.00元。2015年2月13日，NS公司退還給HF公司106,525.00元。2015年6月25日，HF公司起訴至要求NS公司雙倍返還給HF公司定金200,000.00元。NS公司抗辯理由：HF公司未按合同約定日期作出承諾，故合同並未成立，不需要對HF公司的各項損失做出賠償。

法院認為

NS公司向HF公司發出要約，HF公司應當在收到合同文本當日作出承諾，否則要約失效。即：HF公司超過要約指定期限作出承諾的，除非要約人NS公司及時通知受要約人HF公司接受，否則，HF公司的承諾實質為一新要約。

NS公司發出的合同文本已就逾期承諾的後果已予以明示，即：有關標的物的單價和數量條款需另行約定。事後，雙方未能就標的物單價和數量達成一致。故，NS公司與HF公司之間尚未建立合同關係。HF公司主張雙倍返還定金，沒有依據。

實務要點

《中華人民共和國合同法》第28條規定：受要約人超過承諾期限發出承諾的，除要約人及時通知受要約人該承諾有效的以外，爲新要約。

《中華人民共和國合同法》第31條規定：承諾對要約的內容作出非實質性變更的，除要約人及時表示反對或者要約表明承諾不得對要約的內容作出任何變更的以外，該承諾有效，合同的內容以承諾的內容爲准。

◎ 案例索引

中國裁判文書網：浙江省杭州市中級人民法院（2015）浙杭商終字第3282號《民事判決書》

案例5

在中國大陸與政府簽訂的土地出讓合同屬民事合同，
政府違約同樣需承擔違約的責任

2010年6月27日，海口市國土局（以下簡稱「國土局」）對外發布《國有建設用地使用權出讓公告》），公告內容包括《出讓手冊》、《競買須知》等文件。根據《出讓公告》記載：競買成交後即簽訂《出讓合同》，當日爲交地時間，按現狀交地。另載明：競得人違約，國土局可取消其競得資格，保證金不予退還，競得人另按成交總價款的20%向出讓人支付違約金。競買人GD公司交納20,000萬元保證金，以170,000萬元競得該地塊。

後GD公司因發現涉案地塊上仍遺留寺廟未完成拆遷，逐向海口市

國土局報送《要求明確土地拆遷規劃等問題的報告》，要求國土局對項目地塊上寺廟是否保留，何時完成拆遷安置工作等作出明確答覆。在報告未得到回復後，GD公司向國土局遞交《關於地塊解除成交及退還保證金的請示》，以國土局拒絕簽訂《出讓合同》及因為項目地塊還不具備「淨地」條件為由，要求國土局退還競買保證金20,000萬元。而國土局向GD公司發出《通知》，要求GD公司十日內簽訂《出讓合同》。並國土局在通知限定的期限屆滿後作出《解除成交決定》，取消了GD公司競得資格，競買保證金20,000萬元亦不予退還，同時擬按成交價款的20%向GD公司追繳違約金345,337,365.20元。GD公司於是向法院起訴，請求確認《成交確認書》已解除：返還競買保證金20,000萬元及利息損失。國土局以其發出的《通知》、《解除成交決定》進行抗辯，不同意退還保證金。

法院認為

國土局為當地負責土地開發建設與管理的政府職能部門，但其與GD公司之間就土地出讓的爭議為平等民事主體間爭議，本案應適用《民法通則》、《中華人民共和國合同法》等相關規定進行處理。國土局在對外掛牌拍賣土地使用權時，理應瞭解並嚴格地遵守相關政策和法律要求。土地出讓前必須完成安置補償、做到淨地出讓是其對外掛牌拍賣的基本前提。現其對外掛牌出讓的地塊上仍遺留寺廟未完成拆遷，且在中標人中標後多次要求解決，國土局仍未予以解決，無法成交的責任和過錯在國土局一方。國土局的抗辯不能成立。

實務要點

《民法通則》第3條至第6條規定：當事人在民事活動中的地位平等。民事活動應當遵循自願、公平、等價有償、誠實信用的原則。公民、法人的合法的民事權益受法律保護，任何組織和個人不得侵犯。民事活動必須遵守法律，

法律沒有規定的，應當遵守國家政策。

《中華人民共和國合同法》第150條規定：出賣人就交付的標的物，負有保證第三人不得向買受人主張任何權利的義務。

◎ 案例索引

中國裁判文書網：中華人民共和國最高人民法院（2014）民一終字第00045號《民事判決書》

案例6

在中國大陸，格式條款具有兩種以上解釋的，中國大陸法院將作出不利於提供格式條款一方的解釋

　　LJ公司與劉某於2012年8月13日簽訂《租賃合同》一份，約定：LJ公司將LJ百貨二樓櫃檯（面積96m²）的場地提供給劉某經營男裝，劉某自行對場地進行內部裝修；同時還約定：「甲方因經營需要，需對乙方場地進行調整時，乙方應積極配合並服從」。合同期限：2012年9月1日至2013年8月31日。

　　2013年7月，LJ公司向劉某發出合同續簽／終止函通知，擬將劉某的經營位置進行調整，劉某不予同意，逐訴至法院。

法院認為

租賃合同的核心主要是租金及租賃物的位置，對於承租人來說，櫃檯位置一旦發生調整，則需要重新投入時間和金錢進行裝修和維護，期間的利益也必然受損，LJ公司提出的調整櫃檯位置不是對原合同的續簽，而是對原合同作出重大變更後發出的新的要約，雖然《租賃合同》第7.1條約定：「甲方因經營需要，需對乙方場地進行調整時，乙方應積極配合並服從」，但該條對於在合同期內調整還是在合同期滿後調整，以及調整時乙方已經投入的裝修費

用該如何處理均未約定。前述條款系LJ公司提供的格式條款，在有爭議時，應當作出不利於LJ公司一方的解釋。LJ公司單方面要求調整劉某所租賃的場地位置不應得到支持。

實務要點

《中華人民共和國合同法》第41條規定：對格式條款的理解發生爭議的，應當按照通常理解予以解釋。對格式條款有兩種以上解釋的，應當作出不利於提供格式條款一方的解釋。

◎ 案例索引

中國裁判文書網：中華人民共和國最高人民法院（2017）最高法民申2548號《民事判決書》

案例7

中國大陸法院認可表見代理制度

2014年1月22日，在菏澤YH公司的辦公地點，丁某、武某作為出借人，劉某作為借款人，菏澤YH公司的股東劉振某代表菏澤YH公司作為劉某的擔保人簽訂《借款合同》，約定劉某向丁某、武某借款1,000萬元，期限三個月，借款月利率2%。並約定菏澤YH公司為借款提供連帶保證責任擔保，劉某在借款人處簽名、捺印，擔保人處上加蓋有被告菏澤YH公司公章、法定代表人葉某私章。借款到期後，劉某未按期償還，經丁某、武某多次催收，仍拒不履行還款義務，丁某、武某遂訴至法院，要求劉某償還借款本金1,500萬元及利息，要求菏澤YH公司對借款及利息承擔連帶保證責任。

菏澤YH公司辯稱：借款合同上的印章與菏澤YH公司使用的公章不同，借款合同上的印章系偽造；也從未委託劉振某對外代表公司實施擔保行為，不應承擔民事責任。

　　法院查實：菏澤YH公司成立之初即存在兩枚公章，同時使用，公章未在相關部門備案。

法院認為

劉振某2012年3月14日之前爲菏澤YH公司的股東，退出後其仍負責菏澤YH公司開發項目對外協調工作，對外自稱是菏澤YH公司的名譽董事長，並在涉案合同簽訂前，劉振某曾帶原告到菏澤YH公司開發的項目實地考察；且涉案合同在菏澤YH公司的辦公地點簽訂，該地址也是合同簽訂時菏澤YH公司工商登記顯示的住所地資訊；另外：司法鑑定意見書顯示被告菏澤YH公司在不同時期的檔案材料上使用過至少兩枚不同的「菏澤YH公司」公章（含案涉借款合同的公章），所使用的公章均未在相關部門備案。原告丁某、武某有理由相信被告劉振某在擔保人處加蓋「菏澤YH限公司」公章及法定代表人「葉某」私章的行爲系代表菏澤YH公司，被告劉振某的行爲構成表見代理。被告菏澤YH公司應依據合同約定承擔連帶保證責任。

實務要點

代理是指代理人在代理許可權範圍內，以被代理人名義與第三人爲民事法律行爲，從而對被代理人產生法律約束力的行爲。

《中華人民共和國合同法》第49條規定：行爲人沒有代理權、超越代理權或者代理權終止後以被代理人名義訂立合同，相對人有正當理由相信行爲人有代理權的，該代理行爲有效。

《中華人民共和國民法總則》第172條規定：行爲人沒有代理權、超越代理權或者代理權終止後，仍然實施代理行爲，相對人有理由相信行爲人有代理權的，代理行爲有效。

◎ 案例索引

中國裁判文書網：山東省高級人民法院（2016）魯民終867號《民事判決書》

案例8

合約簽訂後，如超過1年，中國大陸法院不保護撤銷合同的請求

2014年4月4日，趙某與朱某簽訂房屋轉讓協議，約定：朱某以800,000.00元將自有的位於芒市大街北段63-15號建築面積234.9m²、占地面積318.80m²的房屋出售給趙某。趙某於當日向朱某支付購房款合計人民幣265,500.00元。後因朱某反悔無法辦理過戶手續。趙某於2015年6月3日提起訴訟，請求判決確認與朱某簽訂的《房屋轉讓協議》合法、有效，並繼續履行。朱某認為該協議存在重大誤解、趙某乘人之危以及顯示公平的情形，並因此提起反訴，請求判決撤銷雙方簽訂的《房屋轉讓協議》：要求趙某被返還位於文蚌路91號、芒市大街北段63-15號的房地產。

法院認為

雙方當事人應基於平等自願協商簽訂合同，且合同不應不違反法律、行政法規的強制性規定。合同存在重大誤解、趁人之危、顯失公平等情形的，一方當事人可申請裁判機構撤銷或變更，但應在知道或應當知道可撤銷事宜之日起一年內提出。被告（反訴原告）朱某在合同簽訂時即應當知道其反訴主張的撤銷事由的存在，但是反訴原告朱某直到2015年6月25日才向人民法院起訴行使撤銷權，反訴原告朱某的撤銷權已經消滅。反訴原告朱某的請求應予駁回。

實務要點

《中華人民共和國合同法》第54條規定：下列合同，當事人一方有權請求人民法院或者仲裁機構變更或者撤銷：（一）因重大誤解訂立的；（二）在訂立合同時顯失公平的。一方以欺詐、脅迫的手段或者乘人之危，使對方在違背真實意思的情況下訂立的合同，受損害方有權請求人民法院或者仲裁機

變更或者撤銷。當事人請求變更的，人民法院或者仲裁機構不得撤銷。第55條規定：有下列情形之一的，撤銷權消滅：（一）具有撤銷權的當事人自知道或者應當知道撤銷事由之日起一年內沒有行使撤銷權；（二）具有撤銷權的當事人知道撤銷事由後明確表示或者以自己的行為放棄撤銷權。

◎ 案例索引

中國裁判文書網：雲南省德宏傣族景頗族自治州中級人民法院（2015）德民二終字第137號《民事判決書》

案例9

在中國大陸，對合同無效有過錯的一方，應對對方損害承擔賠償責任

2012年9月13日，丁某和張某（JF公司之股東）簽訂《借款合同》，約定：丁某借給張某1,000萬元，借款期限6個月。借款利息為：銀行同期貸款利率的四倍。同日，張某、丁某和JF公司簽訂《保證合同》，約定：JF公司為張某和丁某之間的1,000萬元借款提供連帶保證擔保責任。張某和丁某在合同落款處簽字，JF公司簽章。前述合同簽訂後，丁某通過其銀行帳戶向張某帳戶轉帳支付1,000萬元。

借款期限屆滿，張某無力償還對丁某的借款，丁某為此將張某、JF公司訴至法院，要求JF公司承擔連帶責任。

JF公司辯稱：《保證合同》未經JF公司股東會決議通過，應為無效。其無需承擔擔保責任。

法院認為

公司為其股東提供擔保，須經股東會或股東大會決議，法律規定具有公示作用，任何第三人均應知悉，案涉《保證合同》事先未經JF公司股東會決議，現JF公司也明確不予追認，該合同屬無效合同。同時，丁某作為債權人僅憑

保證合同中「已按有關規定和程序取得本合同擔保所需要的授權」的單方陳述，就簽訂保證合同，未盡相應審查義務，存在過失，對擔保合同無效具有過錯，應承擔相應責任。JF公司在公司管理和印章使用方面也明顯存在漏洞，對保證合同的無效同樣具有相應過錯，應承擔相應責任。

實務要點

《中華人民共和國公司法》第16條第2款規定：公司為公司股東或者實際控制人提供擔保的，必須經股東會或者股東大會決議。

《中華人民共和國合同法》第52條規定：有下列情形之一的，合同無效：（一）一方以欺詐、脅迫的手段訂立合同，損害國家利益；（二）惡意串通，損害國家、集體或者第三人利益；（三）以合法形式掩蓋非法目的；（四）損害社會公共利益；（五）違反法律、行政法規的強制性規定。

《中華人民共和國合同法》第58條規定：合同無效或者被撤銷後，因該合同取得的財產，應當予以返還；不能返還或者沒有必要返還的，應當折價補償。有過錯的一方應當賠償對方因此所受到的損失，雙方都有過錯的，應當各自承擔相應的責任。

最高人民法院關於適用《中華人民共和國擔保法》若干問題的解釋第7條規定：主合同有效而擔保合同無效，債權人無過錯的，擔保人與債務人對主合同債權人的經濟損失，承擔連帶賠償責任；債權人、擔保人有過錯的，擔保人承擔民事責任的部分，不應超過債務人不能清償部分的二分之一。

◎ 案例索引

中國裁判文書網：重慶市高級人民法院（2014）渝高法民終字第00385號《民事判決書》、中華人民共和國最高人民法院（2015）民申字第3236號《民事裁定書》

案例10

合同履行期間，如發現對方財務狀況惡化，
在中國大陸可中止該合同的履行

2012年4月8日，浙江KT公司與上海PH公司簽訂了一份《油漆房合同書》，合同約定由PH公司承擔KT公司新廠房油漆車間全套生產設備的製造、外購、安裝、調試等事宜，合同總金額660,000.00元，工期5個月，約定簽訂合同即付首期款200,000.00元，同時就後期付款條件也進行了詳細約定。在履約過程中，PH公司發現KT公司在2012年1月至7月期間，已有多筆銀行借款到期未還並涉訴。為此，PH公司以KT公司經營狀況惡化，合理懷疑存在支付不能的可能，並因此向KT公司要求，或變更原合同約定的付款條件，或提供足夠的擔保：KT公司未予同意PH公司的要求。由於雙方未能達成一致，PH公司因此中止履約，KT公司遂以PH公司違約為由，訴至法院，要求PH公司履行合同約定，並承擔違約責任。

法院認為

原告KT公司在2013年9月發函要求被告PH公司進行安裝工作，此時原告KT公司已有多筆銀行借款到期未能償還。在此情形下，被告PH公司提出中止履行原合同，要求變更原合同約定的付款方式或提供足額擔保，屬於正當行使不安抗辯權，其行為不構成違約。原告的請求應予駁回。

實務要點

《中華人民共和國合同法》第67條規定：當事人互負債務，有先後履行順序，先履行一方未履行的，後履行一方有權拒絕其履行要求。先履行一方履行債務不符合約定的，後履行一方有權拒絕其相應的履行要求。第68條之規定：應當先履行債務的當事人，有確切證據證明對方有下列情形之一的，可

以中止履行：（一）經營狀況嚴重惡化；（二）轉移財產、抽逃資金，以逃避債務；（三）喪失商業信譽；（四）有喪失或者可能喪失履行債務能力的其他情形。當事人沒有確切證據中止履行的，應當承擔違約責任。

備註：《中華人民共和國合同法》第66條規定：當事人互負債務，沒有先後履行順序的，應當同時履行。一方在對方履行之前有權拒絕其履行要求。一方在對方履行債務不符合約定時，有權拒絕其相應的履行要求。

◎ 案例索引

中國裁判文書網：浙江省松陽縣人民法院（2014）麗松商初字第947號《民事判決書》

案例11

在中國大陸，債權人可代位行使債務人的已到期債權

　　2012年12月24日，潘某向尼格某購買和田玉石共750萬元；同日，潘某支付尼格某37萬元，並出具713萬元欠條一張。後，潘某將價值為220萬元的18塊玉石賣給李某，由李某出具欠條，內容為：本人購潘某和田玉石18塊，合計220萬元整，已付60萬元，尚欠160萬元；此款經當事人（潘某、尼格某）同意，可由本人直接付給玉石的原主人尼格某；付款期限約定為：2013年9月10日付30萬元；10月10日付40萬元；11月10日付40萬元；12月10日付50萬元；如不能按時還款，承擔違約金每天2萬元。

　　2014年2月，李某沒有在約定期限還款，尼格某遂訴至法院，要求李某支付貨款160萬元及違約金。

法院認為

尼格某與潘某在750萬元的玉石買賣關係中尼格某是債權人，潘某是債務人，潘某與李某在220萬元的玉石買賣關係中潘某是李某的債權人。兩個買

賣關係中的付款期限已過期，潘某怠於行使到期債權的事實可予認定；尼格某作為潘某債權人有權行使代位權，直接要求李某向尼格某支付李某所欠潘某已到期的債務。尼格某向李某提出前述權利主張，無需經過潘某的同意。尼格某的請求應予支持。

實務要點

《中華人民共和國合同法》第73條規定：因債務人怠于行使其到期債權，對債權人造成損害的，債權人可以向人民法院請求以自己的名義代位行使債務人的債權，但該債權專屬於債務人自身的除外。代位權的行使範圍以債權人的債權為限。債權人行使代位權的必要費用，由債務人負擔。

備註：《中華人民共和國合同法》第84條規定：債務人將合同的義務全部或者部分轉移給第三人的，應當經債權人同意。

◎ 案例索引

中國裁判文書網：新疆維吾爾自治區高級人民法院（2014）新民一終字第141號《民事判決書》

案例12

在中國大陸，僅合同權利的轉讓，原則上無需經得相對方的同意

2013年12月25日，JCK公司與GD銀行簽署《綜合授信協議》，GD銀行為JCK公司提供的信用證代墊款金額30筆，墊款總額137,593,802.32元。

截止2016年3月24日，因JCK公司不能償還GD銀行的上述信用證欠款；GD銀行將其對JCK公司享有的債權依法轉讓給HY公司，並與HY公司簽署《債權轉讓協議》，HY公司依約向GD銀行支付了債權轉讓價款，GD銀行即通知了JCK公司。由於JCK公司未向HY公司履行還款義務，HY公司逐訴至法院。

JCK公司辯稱：案涉債權轉讓並未通知被告，債權轉讓不成立。

法院認為

GD銀行與HY公司簽訂的《債權轉讓協議》所涉債權不存在不得轉讓的情形，其約定不違反法律規定，合法有效。2016年5月25日，GD銀行以國內特快專遞的方式，向JCK公司住所地郵寄送達《債權轉讓通知書》及《債權轉讓通知書回執》，並對郵寄過程進行了公證。GD公司已履行通知義務，該債權轉讓對JCK公司具有約束力。JCK公司關於債權轉讓未經依法通知不成立的抗辯理由不能成立。

實務要點

《中華人民共和國合同法》第79條規定：債權人可以將合同的權利全部或者部分轉讓給第三人，但有下列情形之一的除外：（一）根據合同性質不得轉讓；（二）按照當事人約定不得轉讓；（三）依照法律規定不得轉讓。第80條規定：債權人轉讓權利的，應當通知債務人。未經通知，該轉讓對債務人不發生效力。債權人轉讓權利的通知不得撤銷，但經受讓人同意的除外。

備註：《中華人民共和國合同法》第84條規定：債務人將合同的義務全部或者部分轉移給第三人的，應當經債權人同意。第88條規定：當事人一方經對方同意，可以將自己在合同中的權利和義務一併轉讓給第三人。

◎ 案例索引

中國裁判文書網：雲南省高級人民法院（2017）雲民初136號《民事判決書》

案例13

在中國大陸，民商事合同雙方可自由約定合同解除條件

　　2011年3月15日，DT公司與HS公司簽訂《地鐵電視廣告代理合同》，該合同約定：合同期限為5年，自2011年5月1日起至2016年4月30日止；合同期限内，DT公司享有在廣州市地鐵沿線月臺、站廳和列車車廂内已安裝及後續增加安裝的電視媒體的廣告發佈權、使用權；HS公司應在每月的10日前支付當月的廣告代理費，如逾期支付廣告代理費，則按照逾期部分廣告代理費的每日萬分之三支付滯納金，逾期支付累計超過15日時，DT公司有權單方終止或解除本合同，並可要求HS公司支付已發生的廣告代理費及滯納金，合同附件中對廣告代理費用詳細列明。

　　2014年9月10日是HS公司最後一次付款給DT公司的時間。2014年10月15日，DT公司向HS公司出具《關於解除廣告代理合同的通知》，主要内容為：在貴公司拖欠我公司廣告代理費且拖欠累計超過十五日的情形下，我公司決定並正式通知貴公司，自2014年11月1日起，解除與貴公司的廣告代理合同及其他相關補充協議。

　　HS公司認為自己不構成根本違約，進而起訴要求DT公司繼續履行合同。

法院認為

涉案廣告代理合同、補充協議均為雙方當事人的真實意思表示，内容未違反法律、行政法規的禁止性規定，合法有效。《地鐵電視廣告代理合同》第13條第3款明確約定：「HS公司應在每月的10日前支付當月的廣告代理費，如HS公司逾期支付累計超過十五日時，DT公司有權單方終止或解除本合同並可要求HS公司支付已發生的廣告代理費及滯納金。」HS公司最後一次付款時間為2014年9月10日，至2014年10月15日DT公司向華視傳媒公司出具《解

除合同的通知》時，已超過十五日，DT公司解除合同，符合合同前述約定。

實務要點

《中華人民共和國合同法》第93條第2款規定：當事人可以約定一方解除合同的條件。解除合同的條件成就時，解除權人可以解除合同。

《中華人民共和國合同法》第96條規定：當事人一方依照本法第九十三條第二款、第九十四條的規定主張解除合同的，應當通知對方。合同自通知到達對方時解除。對方有異議的，可以請求人民法院或者仲裁機構確認解除合同的效力。法律、行政法規規定解除合同應當辦理批准、登記等手續的，依照其規定。

◎ 案例索引

中國裁判文書網：廣東省高級人民法院（2017）粵民終518號《民事判決書》

案例14

合同中約定「定金罰則」，在中國大陸受保護

2017年5月16日，張某與聶某簽訂《定金協議》，約定房屋交易總價為650,000元，預先交付定金20,000元，並在協議簽訂後五十個工作日內，乙方支付首付款，並簽署《房屋買賣合同》。協議簽訂當天，聶某即向張某交付定金20,000元，張某即向聶某出具定金收據，第三人某房產仲介向張某出具定金保管收據一份。聶某交付定金後，張某末在約定期限50日個工作日內與聶某簽訂《房屋買賣合同》，聶某末向張某交付首付款。雙方就返還定金事宜產生糾紛，訴至法院。

聶某認為，張某違約，應當解除協議並雙倍返還定金，張某提出反訴，認為聶某為違約方，其交付的定金無權要求返還。

法院認為

原告在簽訂定金協議書當日交付定金，表示其有促成交易成立的積極願望，也反映出原告以行為表明願遵守誠實信用原則。被告張某接受定金後，應當承擔促成房屋買賣合同訂立的義務。現被告未在定金協議約定期限內與原告簽訂房屋買賣合同，導致雙方的房屋買賣合同未簽訂，應當承擔雙倍返還定金的責任。

實務要點

《中華人民共和國擔保法》第89條規定：當事人可以約定一方向對方給付定金作為債權的擔保。債務人履行債務後，定金應當抵作價款或者收回。給付定金的一方不履行約定的債務的，無權要求返還定金；收受定金的一方不履行約定的債務的，應當雙倍返還定金。

《中華人民共和國合同法》第115條規定：當事人可以依照《中華人民共和國擔保法》約定一方向對方給付定金作為債權的擔保。債務人履行債務後，定金應當抵作價款或者收回。給付定金的一方不履行約定的債務的，無權要求返還定金；收受定金的一方不履行約定的債務的，應當雙倍返還定金。

備註：《中華人民共和國擔保法》第90條規定：定金應當以書面形式約定。當事人在定金合同中應當約定交付定金的期限。定金合同從實際交付定金之日起生效。第91條規定：定金的數額由當事人約定，但不得超過主合同標的額的百分之二十。

◎ 案例索引

中國裁判文書網：河南省許昌市中級人民法院（2018）豫10民終185號《民事判決書》

案例15

在中國大陸，如合同約定的違約金過高，違約方可要求裁判機構調低

2013年8月1日，JS混凝土公司（下稱JS公司）與TT建設公司（下稱TT公司）簽訂《建設工程預拌混凝土購銷合同》，約定由JS公司向TT公司供應預拌混凝土。2014年3月27日，JS公司與TT公司簽訂一份《還款協議書》，內容為：截止2014年3月7日，TT公司確認尚欠JS公司貨款2,915,316.50元；TT公司承諾於2014年4月4日、20日分別支付500,000.00元；2014年5月30日支付1,300,000.00萬元；2014年6月30日前付清餘款；若未能按本協議還款，願意承擔剩餘欠款30%的違約金。後TT公司在支付第一筆500,000.00元後，餘款未再償還。JS公司遂訴至法院，請求法院判令TT公司立即支付剩餘欠款2,415,316.50元貨款；並承擔剩餘欠款的30%即724,594.95元的違約金。

TT公司辯稱：《還款協議書》所約定的30%的違約金明顯過高，請求法院減少違約金金額。

法院認為

JS公司按約向TT公司履行供貨義務後，TT公司應及時向JS公司支付貨款，TT公司未能按照還款協議書的約定履行付款義務的行為已構成違約，應承擔違約責任。現TT公司以約定的違約金過高為由要求予以調整，本院依法進行審查。因JS公司沒有就其損失進行舉證。本院認為，JS公司的損失主要是資金占用的利息損失，據此，還款協議書約定的違約金確實存在明顯過高的情形，故本院酌情以剩餘欠款作為本金，按中國人民銀行同期人民幣貸款基準利率的四倍計算的利息作為JS公司主張的違約金數額。

實務要點

《中華人民共和國合同法》第113條第1款規定：當事人一方不履行合同義務

或者履行合同義務不符合約定，給對方造成損失的，損失賠償額應當相當於因違約所造成的損失，包括合同履行後可以獲得的利益，但不得超過違反合同一方訂立合同時預見到或者應當預見到的因違反合同可能造成的損失。

《中華人民共和國合同法》第114條規定：當事人可以約定一方違約時應當根據違約情況向對方支付一定數額的違約金，也可以約定因違約產生的損失賠償額的計算方法。約定的違約金低於造成的損失的，當事人可以請求人民法院或者仲裁機構予以增加；約定的違約金過分高於造成的損失的，當事人可以請求人民法院或者仲裁機構予以適當減少。當事人就遲延履行約定違約金的，違約方支付違約金後，還應當履行債務。

最高人民法院《關於適用〈中華人民共和國合同法〉若干問題的解釋（二）》第29條規定：當事人主張約定的違約金過高請求予以適當減少的，人民法院應當以實際損失為基礎，兼顧合同的履行情況、當事人的過錯程度以及預期利益等綜合因素，根據公平原則和誠實信用原則予以衡量，並作出裁決。當事人約定的違約金超過造成損失的百分之三十的，一般可以認定為合同法第114條第2款規定的「過分高於造成的損失」。

◎ 案例索引

中國裁判文書網：江蘇省鹽城市中級人民法院（2014）鹽商初字第0179號《民事判決書》

案例16

在中國大陸，如買方已付款達75%，賣方還請求適用所有權保留條款的，法院不支持

2013年9月15日，RT公司（甲方）、左某（乙方）簽訂《買賣合同》一份，約定：乙方向甲方購買挖掘機一台，價格為300,000.00元，乙方在合同簽訂後支付首期款30,000.00元，餘款270,000.00元分10期付清。在乙方付清所有應付款項前，挖掘機的所有權仍屬於甲方。在上

述買賣合同簽訂後，左某累計向RT公司支付250,000.00元。

2016年6月20日，RT公司將涉案挖掘機從施工現場拖走。9月26日，RT公司向左某發出《解除合同通知書》載明：截止2016年9月20日，左某尚欠50,000.00元，經RT公司多次催收，仍未履行還款義務。根據合同的約定，即日起解除雙方簽訂的買賣合同。左某因此訴至法院，請求判令RT公司返還其挖掘機，賠償其損失。

RT公司辯稱：雙方已明確約定，在左某付清全部款項前，案涉挖掘機的所有權並未轉移，收回標的物是合理合法的救濟行為，左某無權主張返還；合同解除通知書送達即生效，雙方合同已解除，且左某為違約方，其無權請求損失賠償。

法院認為

左某、RT公司之間簽訂的挖掘機銷售合同係雙方真實意思表示，符合法律規定，雙方均應按照合同的約定全面履行。本案左某、RT公司雖然在買賣合同中約定了所有權保留條款，並RT公司已將挖掘機拉走，但左某的付款比例已經超過總價款的百分之七十五（挖掘機總價款300,000.00元，左某已支付250,000.00元），故RT公司不得以存在所有權保留條款為由取回挖掘機，挖掘機的所有權依法應由左某享有。

實務要點

最高人民法院《關於審理買賣合同糾紛案件適用法律問題的解釋》第36條第1款規定：買受人已經支付標的物總價款的百分之七十五以上，出賣人主張取回標的物的，人民法院不予支持。

備註：雖左某在本案的請求可得到支持，但左某不予支付剩餘貨款的行為，仍屬違約行為，RT公司仍可追究其違約責任；同時，RT公司為保障未來的執行，可以就該挖掘機申請法院採取財產保全措施。即左某的違約行為，在法律上仍可予以否定評價。

◎ 案例索引

中國裁判文書網：江蘇省蘇州市中級人民法院（2018）蘇05民終688號《民事判決書》

案例17

在中國大陸，如採用分期付款售賣貨物，買方逾期金額達到總金額的20%時，賣方可請求買方一次性付清剩餘全部價款

2013年4月20日，DSY銷售公司與楊某簽訂《分期付款購車合同》，約定：楊某向DSY銷售公司購買東風貨車一輛，總價款為449,000元，首付80,000元，餘款369,000元分36期支付。並約定，楊某必須依約按期及時支付購車款，如有一期未能支付則構成違約。合同簽訂楊某支付首付80,000元後，DSY銷售公司即將該車交付楊某，但截至2016年4月25日楊某仍拖欠到期車款131,234元未付。DSY銷售公司遂訴至法院，要求楊某一次性支付下餘欠款131,234元，並支付違約金。

法院認為

DSY銷售公司與楊某簽訂的《分期付款購車合同》系雙方的真實意思表示，合法有效，雙方應當按照合同約定履行各自的義務。楊某已逾期支付到期車款131,234元，已超過總價款449,000的五分之一，DSY銷售公司有權要求楊某支付全部價款（含未到期的價款），並楊某應按照合同約定向DSY銷售公司承擔逾期支付違約金。

實務要點

《中華人民共和國合同法》第167條規定：分期付款的買受人未支付到期價款的金額達到全部價款的五分之一的，出賣人可以要求買受人支付全部價款或者解除合同。出賣人解除合同的，可以向買受人要求支付該標的物的使用費。

備註：最高人民法院《關於審理買賣合同糾紛案件適用法律問題的解釋》第
　　　38條規定：合同法第一百六十七條第一款規定的「分期付款」，係指
　　　買受人將應付的總價款在一定期間內至少分三次向出賣人支付。分期
　　　付款買賣合同的約定違反合同法第一百六十七條第一款的規定，損害
　　　買受人利益，買受人主張該約定無效的，人民法院應予支持。

◎ 案例索引
中國裁判文書網：寧夏回族自治區賀蘭縣人民法院（2016）甯0122民初1934
號《民事判決書》

案例18

在中國大陸，對帳單等債權確認憑證可證明合同關係的存在

2012年9月至11月期間，劉某在張某處取走價值291,475元的各式服裝，尚欠119,800元未付。張某多次催討，均遭到劉某拒絕，張某無奈訴至法院。為證明雙方存在交易，張某提交送貨單，主張劉某拖欠其貨款：但送貨單載明送貨名稱及規格、數量、單價等交易資訊，「收貨單位元」一欄分別書寫「王軍」和「劉生」外，沒有記載合計金額，簽收人處均為劉某簽名：張某後來補交一份對帳單，內容為：「截止2012年12月份，劉某在本公司拿走G1155＃191條價格38元每條，未結算。」

劉某辯稱：案涉貨款的交易對象是東莞市某服飾有限公司，其作為法定代表人在送貨單上簽字，不是本案適格主體。雙方沒有約定加工費標準，目前服裝加工市價為每件12元～14元，對帳單上的單價是張某單方添加的，不應採納。

法院認為

在送貨單不能反映交易對象而雙方又不能舉證證明交易對象的情況下，宜認定送貨單顯示的貨物簽收人為交易主體，故案涉交易的主體是張某和劉某，劉某就對帳單沒有提供足以推翻的相反證據，對帳單可單獨證明雙方交易的真實存在，對帳單已對交易明細進行確認，亦明確了單價，經核算，交易總金額為273,295.00元，扣除已支付款項後為未支付數額，劉某應予支付。

實務要點

《中華人民共和國民事訴訟法》第64條第1款規定：當事人對自己提出的主張，有責任提供證據。

最高人民法院《關於民事訴訟證據的若干規定》第2條之規定：當事人對自己提出的訴訟請求所依據的事實或者反駁對方訴訟請求所依據的事實有責任提供證據加以證明。沒有證據或者證據不足以證明當事人的事實主張的，由負有舉證責任的當事人承擔不利後果。

最高人民法院《關於審理買賣合同糾紛案件適用法律問題的解釋》（法釋〔2012〕8號）第1條第2款規定：對帳確認函、債權確認書等函件、憑證沒有記載債權人名稱，買賣合同當事人一方以此證明存在買賣合同關係的，人民法院應予支持，但有相反證據足以推翻的除外。

◎ 案例索引

中國裁判文書網：廣東省東莞市中級人民法院（2013）東中法民二終字第1082號《民事判決書》

案例19

在中國大陸申請仲裁或訴訟，均需在法定訴訟時效內提出

2010年8月31日，周某向甯海ZS資源公司借款200,000元，並簽署領款憑證一份，約定2010年11月31日還款。次日甯海ZS資源公司將200,000元轉入周某的銀行帳戶。借款到期後周某未按約還款。2011年8月19日，周某去世，其繼承人為妻子陳某，女兒周X璐。2018年4月，甯海ZS資源公司委託律師向陳某、周X璐發送律師函催討該借款無果後訴至法院，甯海ZS資源公司認為被告陳某既係周某的法定繼承人又系生前配偶，理應承擔共同還款責任，被告周X璐係周某之女兒，為法定繼承人，應在繼承遺產範圍內承擔還款責任。

被告陳某、周X璐答辯稱：對該借款不清楚，周某在去世前從未向被告提起過該筆借款。並雙方約定的還款時間是2010年11月31日，民法總則規定的訴訟時效為三年，在這三年裡，甯海ZS資源公司從未向被告催討，亦無有他訴訟時效中斷、中止的的情形，本案已過訴訟時效。請求駁回甯海ZS資源公司的起訴。

法院認為

本案借款人周某與甯海ZS資源公司約定的借款到期日為2010年11月31日，故訴訟時效期間應從2010年11月31日開始計算，但被告遲至2018年4月才向被告催討借款，原告未舉證證明期間存在訴訟時效中止或中斷的情形，故其訴訟請求已超出訴訟時效期間，被告陳某、周X璐的抗辯成立。

實務要點

《中華人民共和國民法總則》第188條規定：向人民法院請求保護民事權利的訴訟時效期間為三年。法律另有規定的，依照其規定。訴訟時效期間自權利人知道或者應當知道權利受到損害以及義務人之日起計算。法律另有規定

的，依照其規定。但是自權利受到損害之日起超過二十年的，人民法院不予
保護：有特殊情況的，人民法院可以根據權利人的申請決定延長。

備註：《中華人民共和國民法總則》第196條規定：後列請求權不適用訴訟
　　　時效的規定：（一）請求停止侵害、排除妨礙、消除危險；（二）不
　　　動產物權和登記的動產物權的權利人請求返還財產；（三）請求支付
　　　撫養費、贍養費或者扶養費；（四）依法不適用訴訟時效的其他請求
　　　權。

◎ 案例索引

中國裁判文書網：浙江省寧海縣人民法院（2018）浙0226民初3899號《民事
判決書》

第二章

智慧財產權糾紛

案例20

境外商標，不當然在中國大陸獲保護

　　托特納姆RC股份有限公司（以下簡稱RC公司）長期經營著英國知名足球俱樂部托特納姆熱刺（以下簡稱「熱刺」），該俱樂部於1882年成立，至今仍是英超賽場上的常客。商標「熱刺RECI」（以下簡稱「訴爭商標」）於2004年4月由許某以個人名義在中國大陸申請並獲准註冊，指定使用在第25類服裝等商品上。2012年9月，RC公司以訴爭商標違反《商標法》第13條為由向中國大陸商標評審委員申請撤銷訴爭商標。

　　審理過程中RC公司提供了包括國內媒體報導資料、在中國大陸的交流活動等相關資料以舉證證明「熱刺」商號在足球俱樂部或體育類有較高知名度。

法院認為

RC公司主張「熱刺」商標為其未在中國大陸註冊的足球俱樂部或體育領域的馳名商標。但其提交的證據部分形成於境外，部分無法確定時間或時間晚於爭議商標申請日，其餘證據雖顯示「熱刺」商標使用在足球俱樂部或體育等方面，但這些證據比較薄弱，證明力不足。全案證據尚不足以證明爭議商標在足球俱樂部或體育領域構成馳名商標。即使RC公司的商號／商標存在廣泛影響力也僅限於「足球俱樂部或體育」領域而不包含訴爭商標的「服裝」領域。RC公司的訴求不予支持。

實務要點

《中華人民共和國商標法》第13條規定：為相關公眾所熟知的商標，持有人認為其權利受到侵害時，可以依照本法規定請求馳名商標保護。就相同或者類似商品申請註冊的商標是複製、摹仿或者翻譯他人未在中國大陸註冊的馳

名商標，容易導致混淆的，不予註冊並禁止使用。就不相同或者不相類似商品申請註冊的商標是複製、摹仿或者翻譯他人已經在中國大陸註冊的馳名商標，誤導公眾，致使該馳名商標註冊人的利益可能受到損害的，不予註冊並禁止使用。

備註：《中華人民共和國商標法》第14條第1款規定：馳名商標應當根據當事人的請求，作為處理涉及商標案件需要認定的事實進行認定。認定馳名商標應當考慮下列因素：（一）相關公眾對該商標的知曉程度；（二）該商標使用的持續時間；（三）該商標的任何宣傳工作的持續時間、程度和地理範圍；（四）該商標作為馳名商標受保護的記錄；（五）該商標馳名的其他因素。

◎ 案例索引

https://openlaw.cn：北京市高級人民法院（2015）高行（知）終字第1435號《民事判決書》

案例21

中國大陸保護商標註冊申請人的優先權

境外A公司於2014年10月31日在境外完成註冊並取得了商標標識為"ECHO"（以下稱「引證商標」）的專用權，2015年4月8日，境外A公司到中國大陸地區向國家知識產權局商標局申請註冊引證商標，指定使用商品為第42類：電腦硬體與軟件的設計與開發；科學研究；技術研究；品質控制；包裝設計；化學分析；生物學研究；室內裝飾設計；服裝設計；技術項目研究；測量；氣象資訊；材料測試；藝術品鑒定；書畫刻印藝術設計；（人工降雨時）雲的催化；筆跡分析（筆跡學）；地圖繪製服務；無形資產評估；代替他人稱量貨物。（類似群4209-4214；4216-4218；4220；4224；4227）。

深圳某文化傳媒公司於2014年12月17日申請註冊標識為「回聲

ECHO APP」的商標（以下稱「訴爭商標」），指定使用商品為第42類：軟件運營服務【SaaS】；電腦軟件設計；把有形的資料或文件轉換成電子媒體；資訊技術諮詢服務；網站設計諮詢；電腦軟件安裝；書畫刻印藝術設計；包裝設計；替他人研究和開發新產品。（類似群4209；4216；4220；4227）。

國家市場監督管理總局商標評審委員會以訴爭商標已構成使用在與引證滑鼠類似商品上的近似商標為由駁回訴爭商標的註冊申請而引發訴訟。

法院認為

訴爭商標由英文字母"echo"、"APP"和漢字「回聲」構成，引證商標由英文字母"ECHO"構成，訴爭商標完整包含了引證商標，在文字構成和呼叫上相同；雖然訴爭商標還包括漢字「回聲」及"APP"，但"echo"的基本含義就是「回聲」，亦係常見英語單詞；"APP"使用在「軟件運營服務」等項目上本身顯著性就較低，故訴爭商標顯著識別部分仍是「echo回聲」。二者構成近似，將會導致相關公眾的混淆誤認。引證商標申請日雖晚於訴爭商標的申請日，但其優先權日早於訴爭商標申請日期，應當以優先權日確定引證商標的申請日期。國家市場監督管理總局商標評審委員會決定駁回訴爭商標申請，並無不當。

實務要點

《中華人民共和國商標法》第30條規定：申請註冊的商標同他人在同一種商品或者類似商品上已經註冊的或者初步審定的商標相同或者近似的，由商標局駁回申請，不予公告。

《中華人民共和國商標法》第25條規定：商標註冊申請人自其商標在外國第一次提出商標註冊申請之日起六個月內，又在中國大陸就相同商品以同一商標提出商標註冊申請的，依照該外國同中國大陸簽訂的協議或者共同參加的

國際條約，或者按照相互承認優先權的原則，可以享有優先權。

◎案例索引

https://openlaw.cn：北京智慧財產權法院（2016）京73行初2243號《判決書》

案例22

有害於社會主義道德風尚的標誌不得在中國大陸申請商標註冊

　　申請人龐某欲以其個人名義向國家知識產權局商標局申請註冊標識為「國人福GUORENFU」的商標（以下簡稱「申請商標」），指定使用商品分類為05大類，具體商品為滅鼠劑、殺害蟲劑、滅蠅劑等。國家知識產權局商標局在受理後認為：將「國人福GUORENFU」用於滅鼠劑、殺害蟲劑、滅蠅劑等農藥類商品上，有害於社會主義道德風尚或者有其他不良影響。故駁回龐某的商標註冊申請。

　　龐某申請複審駁回後，不服國家市場監督管理總局商標評審委員會商標駁回複審行政決定而訴至法院。

法院認為

龐某申請的商標由漢字「國人福」和拼音「GUORENFU」構成，「國人福」在漢語中通常理解為「國人的福氣」、「一個國家人民的福氣」等含義。但龐某將該商標申請註冊在「滅鼠劑、殺害蟲劑、滅蠅劑、煙精（殺蟲劑）、殺蟎劑、殺害蟲劑、小麥黑穗病化學處理劑、土壤消毒劑、消滅有害植物製劑、殺寄生蟲劑」等商品上，從社會公眾的一般認知來判斷，容易引起社會公眾的反感或負面聯想。國家市場監督管理總局商標評審委員會的複審決定並無不當，本院予以支持。

實務要點

《中華人民共和國商標法》第10條規定：下列標誌不得作爲商標使用：（一）同中華人民共和國的國家名稱、國旗、國徽、國歌、軍旗、軍徽、軍歌、勳章等相同或者近似的，以及同中央國家機關的名稱、標誌、所在地特定地點的名稱或者標誌性建築物的名稱、圖形相同的；（二）同外國的國家名稱、國旗、國徽、軍旗等相同或者近似的，但經該國政府同意的除外；（三）同政府間國際組織的名稱、旗幟、徽記等相同或者近似的，但經該組織同意或者不易誤導公衆的除外；（四）與表明實施控制、予以保證的官方標誌、檢驗印記相同或者近似的，但經授權的除外；（五）同「紅十字」、「紅新月」的名稱、標誌相同或者近似的；（六）帶有民族歧視性的；（七）帶有欺騙性，容易使公衆對商品的品質等特點或者產地產生誤認的；（八）有害於社會主義道德風尙或者有其他不良影響的。縣級以上行政區劃的地名或者公衆知曉的外國地名，不得作爲商標。但是，地名具有其他含義或者作爲集體商標、證明商標組成部分的除外；已經註冊的使用地名的商標繼續有效。

◎ 案例索引

https://openlaw.cn：最高人民法院（2012）知行字第14號《裁定書》

案例23

在中國大陸以不正當手段搶註他人的商標，

權利人可請求撤銷或宣告無效

　　華倫天奴荷蘭有限公司（下稱「華倫天奴公司」）於1980年代開始在中國大陸地區設立服裝專賣店，其品牌名稱爲"VALENTINO"，自1993年開始，華倫天奴公司將"VALENTINO"在多個商品使用分類進行註冊，但末在第25類服裝、襪分類進行註冊。廣東南海HX襪業制衣有限公司於1992年8月，將標識爲"VALENTINO BUDY"的商標（以下簡稱

「爭議商標」）在第25類，襪子商品上申請註冊並被核准，註冊號為第653742號。

　　2010年華倫天奴公司向國家市場監督管理總局商標評審委員會申請撤銷第653742號註冊商標。國家市場監督管理總局商標評審委員會裁定維持第653742號註冊商標。華倫天奴公司不服進而將國家市場監督政管理總局商標評審委員會訴至法院。

法院認爲

首先，爭議商標"VALENTINO BUDY"與"VALENTINO"比較近似，構成近似商標；其次，根據華倫天奴公司提供的證據已足以證明其商標"VALENTINO"在中國大陸地區具有一定知名度，尤其是服裝領域；南海HX襪業制衣有限公司，作爲制衣企業，對於"VALENTINO"商標的知名度是知曉的，故其具有攀附爭議商標的主觀意圖；第三，核定使用的「襪」商品與"VALENTINO"系列商標使用的「服裝」商品在《類似商品和服務區分表》中劃分爲不同的大類，但是商品的功能用途、銷售管道、消費群體具有較大的關聯性，尤其對於時尚類品牌而言，公司經營同一品牌的服裝和襪是普遍現象。因此，客觀上容易被相關公眾認爲商品是同一主體提供，或者商品提供者之間存在特定關係。故爭議商標"VALENTINO BUDY"依法應予撤銷。

實務要點

2001年修訂版的《中華人民共和國商標法》第31條規定：申請商標註冊不得損害他人現有的在先權利，也不得以不正當手段搶先註冊他人已經使用並有一定影響的商標。第41條第2款規定：已經註冊的商標，違反本法第十三條、第十五條、第十六條、第三十一條規定的，自商標註冊之日起五年內，商標所有人或者利害關係人可以請求商標評審委員會裁定撤銷該註冊商標。對惡意註冊的，馳名商標所有人不受五年的時間限制。

備註：現行實施的《中華人民共和國商標法》第32條規定：申請商標註冊

不得損害他人現有的在先權利，也不得以不正當手段搶先註冊他人已經使用並有一定影響的商標。第四十五條第一款規定：已經註冊的商標，違反本法第十三條第二款和第三款、第十五條、第十六條第一款、第三十條、第三十一條、第三十二條規定的，自商標註冊之日起五年內，在先權利人或者利害關係人可以請求商標評審委員會宣告該註冊商標無效。對惡意註冊的，馳名商標所有人不受五年的時間限制。

◎ 案例索引

https://openlaw.cn：北京市第一中級人民法院（2010）一中知行初字第2861號《判決書》

案例24

假冒他人註冊商標的行為在中國大陸可入罪

胡某在其加工生產的手機資料線商品上標識"PISEN"註冊商標；2016年，經他人檢舉，公安機關在胡某經營的一工廠內當場查獲"PISEN"牌手機數據線成品50151條，經東莞市價格認證中心出具的《價格認定結論書》，認定前述資料線的公開市場總價格為881,322元。

經查明："PISEN"註冊商標的申請人、專用權人為廣東PS電子股份有限公司。胡某未取得廣東PS電子股份有限公司的許可，查獲的手機資料線屬假冒商品。為此，案件被公訴致人民法院。

法院認為

加工生產手機資料線的過程中，在未取得商標專用權人許可的前提下，擅自在相同商品上使用與權利人相同的註冊商標標識，屬於假冒註冊商標的行

爲；胡某生產的電子資料線經認定金額高達881,322元，屬情節嚴重，構成假冒註冊商標罪，應追究胡某刑事責任。

實務要點

《中華人民共和國刑法》第213條規定：未經註冊商標所有人許可，在同一種商品上使用與其註冊商標相同的商標，情節嚴重的，處三年以下有期徒刑或者拘役，並處或者單處罰金；情節特別嚴重的，處三年以上七年以下有期徒刑，並處罰金。

中國最高人民法院、最高人民檢察院《關於辦理侵犯知識產權刑事案件具體應用法律若干問題的解釋》第1條規定：未經註冊商標所有人許可，在同一種商品上使用與其註冊商標相同的商標，具有下列情形之一的，屬於刑法第二百一十三條規定的「情節嚴重」，應當以假冒註冊商標罪判處三年以下有期徒刑或者拘役，並處或者單處罰金：（一）非法經營數額在五萬元以上或者違法所得數額在三萬元以上的；（二）假冒兩種以上註冊商標，非法經營數額在三萬元以上或者違法所得數額在二萬元以上的；（三）其他情節嚴重的情形。第8條規定：刑法第二百一十三條規定的「相同的商標」，是指與被假冒的註冊商標完全相同，或者與被假冒的註冊商標在視覺上基本無差別、足以對公眾產生誤導的商標。刑法第二百一十三條規定的「使用」，是指將註冊商標或者假冒的註冊商標用於商品、商品包裝或者容器以及產品說明書、商品交易文書，或者將註冊商標或者假冒的註冊商標用於廣告宣傳、展覽以及其他商業活動等行爲。

◎ 案例索引

https://openlaw.cn：廣東省高級人民法院（2018）粵刑申35號《駁回申訴通知書》

案例25

在中國大陸離職後1年內與原本職工作相關的發明創造仍屬於
職務發明創造,專利權歸原單位所有

　　陳某畢業於機電一體化的技術專業,於2011年3月31日入職廣東ZY科技股份有限公司(以下簡稱「ZY公司」),此前陳某曾擔任過5家公司的技術人員甚至技術主管。陳某在入職於ZY公司後,先後擔任了大項目部副經理、技術六部副經理及銷售部產品經理等職務,並多次參與了ZY公司組織的裁切機技術培訓課程。ZY公司及其控股的昆山ZY公司擁有多項與裁切機技術相關的發明專利及實用新型專利。

　　2013年1月,陳某從ZY公司離職並就職於東莞XD公司,同年3月,陳某從東莞XD公司離職。陳某隨即以其個人獨資的東莞DY電子有限公司的名義向國家知識產權局申請名稱為「石英發熱管發熱裁切機」的實用新型專利(以下簡稱「案涉專利」),於同年8月28日獲得授權公告,發明人是陳某,專利權人是DY公司。

　　ZY公司認為:陳某在就職於ZY公司期間,已詳細瞭解到裁切機的相關技術及技術缺陷和改進方向,案涉專利正是對ZY公司現有專利技術的改進,應當認定該實用新型專利為陳某在ZY公司任職期間的職務發明創造,歸ZY公司所有。並因此將陳某及DY公司訴至法院。

法院認為

首先,涉案專利為「石英發熱管發熱裁切機」實用新型專利,該專利與ZY公司經營的裁切機產品屬於相同的技術領域。其次,陳某在ZY公司任職期間依次擔任過大項目部副經理、技術六部副經理及銷售部產品經理等職務,其與ZY公司簽訂的勞動合同中涉及有關保守知識產權和商業秘密的條款;根據可確認真實性的培訓記錄,陳某參加了裁切機技術培訓且親自擔任過裁切機技術的培訓講師,可以認定陳某在任職期間是瞭解甚至熟知裁切機技術

的；陳某的在ZY公司任職期間的直屬領導的證言證明陳某在ZY公司任職期間直接參與到裁切機產品的研發；根據確認真實性的半固化片裁切機標準件清單、技術圖紙及資訊聯絡單等證據，陳某在ZY公司擔任技術部門副經理職務期間的本職工作不僅包括行政管理工作，還包含裁切機產品的品質改進、技術開發等職責。最後，陳某作為ZY公司的管理者且熟悉相關技術，知道現有技術的缺陷和未來的研究方向，而涉案專利正是對現有技術缺陷的改進。因此，涉案專利與陳某在ZY公司承擔的本職工作具有關聯性。涉案專利為陳某離職後1年內作出的與其在ZY公司承擔的本職工作或者ZY公司分配的任務有關發明創造，為職務發明創造，專利權應當歸ZY公司所有。

實務要點

《中華人民共和國專利法》第6條規定：執行本單位的任務或者主要是利用本單位的物質技術條件所完成的發明創造為職務發明創造。職務發明創造申請專利的權利屬於該單位；申請被批准後，該單位為專利權人。

《中華人民共和國專利法實施細則》第12條第1款規定：專利法第六條所稱執行本單位的任務所完成的職務發明創造，是指：（一）在本職工作中作出的發明創造；（二）履行本單位交付的本職工作之外的任務所作出的發明創造；（三）退休、調離原單位後或者勞動、人事關係終止後1年內作出的，與其在原單位承擔的本職工作或者原單位分配的任務有關的發明創造。

◎ 案例索引

https://openlaw.cn：廣東省高級人民法院（2017）粵民終2783號《判決書》

案例26

在中國大陸，作品創作委託合同中，未就著作權歸屬進行約定的，著作權歸受託人所有

鄭某於2008年5月入職於廣州YLD乳品有限公司，勞動合同期限自2008年6月1日至2011年5月31日止；勞動合同約定：鄭某工作部門為營業部家庭配送中心，崗位職務為內務組。

2011年1月，YLD公司在公告欄張貼《通知》，向全體工作人員徵集「10周年紀念標語」，並許諾優秀標語可獲得500元的現金獎勵，但被採用的標語的著作權、商標申請權均歸YLD公司所有。最終，鄭某創作的「微笑感動十周年，你我健康每一天」獲得最優秀獎，並該標語被YLD公司用於產品選傳單、海報，公司車間橫幅及羊城通封面印製廣告宣傳圖畫等。

對此，鄭某認為：該標語是其應同事邀請而創作，否認有看到YLD公司發出的《通知》，其與YLD公司之間不存在委託關係，該標語的著作權應歸其所有。現YLD公司未經其許可，將該標語用於廣告宣傳，侵犯了其合法權益。並據此將YLD公司訴至法院，要求法院確認該標語的著作權歸其所有，要求YLD公司賠償使用費5萬元。

法院認為

根據YLD公司提交的《通知》、《徵集方案》、證人證言等，可以確定原告鄭某是在看到被告YLD公司發出的十周年紀念標語徵集通知後才創作的「微笑感動十周年，你我健康每一天」標語，且YLD公司也按照《通知》的承諾向鄭某支付了500元的獎勵費用，雙方均以實際行為履行了《通知》的內容，雙方委託關係依法成立。YLD公司已在《通知》中表明被採用標語的著作權、商標申請權全部屬於YLD公司所有。故「微笑感動十周年，你我健康每一天」標語的著作權歸YLD公司所有，鄭某的請求不應予以支持。

實務要點

《中華人民共和國著作權法》第9條規定：著作權人包括：（一）作者；
（二）其他依照本法享有著作權的公民、法人或者其他組織。

《中華人民共和國著作權法》第17條規定：受委託創作的作品，著作權的
歸屬由委託人和受託人通過合同約定。合同未作明確約定或者沒有訂立合同
的，著作權屬於受託人。

◎ 案例索引

https://openlaw.cn：廣州市中級人民法院（2012）穗中法民三終字第121號
《判決書》

案例27

計算機軟件著作權在中國大陸受法律保護

　　美國XMZ軟件公司（下稱「XMZ公司」）係NX2、NX8.5、NX9.0
等系列計算機軟件的著作權人，並在美國進行了計算機軟件版權登記；
前述軟件在行業內亦稱為「UG設計軟件」。蘇州OP照明股份有限公司
（下稱「OP公司」）主要從事照明器具的生產和銷售。

　　2014年4月蘇州OP公司與XMZ公司簽訂了NX9.0版本軟件的銷售合
同，該合同上約定「如果雙方在有效期內達成和解，XMZ公司對OP公
司之前的侵權行為將不再追究」。

　　2015年初，XMZ公司發現OP公司未經授權擅自在17台電腦上安裝
了NX8.5版本軟件。因雙方協商授權實現正版化未果。XMZ公司向法院
提起訴訟。

法院認為

外國人依照其開發者所屬國或者經常居住地國同中國簽訂的協定或者依照中

國參加的國際條約享有的著作權，依法受保護。XMZ公司係NX計算機軟件的版權人，中美兩國均為《伯恩保護文學藝術作品公約》的成員國，NX8.5系列軟件已由XMZ公司在美國完成版權登記，其應享有故該計算機軟件的著作權，依法受中國大陸著作權法的保護。OP公司未經授權擅自安裝及使用XMZ公司享有著作權的NX8.5系列計算機軟件，雖然雙方有簽署了NX9.0版本軟件的銷售合同，並約定「如果雙方在有效期內達成和解，XMZ公司對之前的侵權行為將不再追究」，但該免責條款僅針對於2014年4月以前的侵權行為，OP公司在2015年未經授權許可擅自安裝NX8.5系列軟件的行為仍構成侵權。

實務要點

《計算機軟件保護條例》第5條規定：中國公民、法人或者其他組織對其所開發的軟件，不論是否發表，依照本條例享有著作權。外國人、無國籍人的軟件首先在中國境內發行的，依照本條例享有著作權。外國人、無國籍人的軟件，依照其開發者所屬國或者經常居住地國同中國簽訂的協定或者依照中國參加的國際條約享有的著作權，受本條例保護。

《計算機軟件保護條例》第25條規定：侵犯軟件著作權的賠償數額，依照《中華人民共和國著作權法》第四十九條的規定確定。

《中華人民共和國著作權法》第49條規定：侵犯著作權或者與著作權有關的權利的，侵權人應當按照權利人的實際損失給予賠償；實際損失難以計算的，可以按照侵權人的違法所得給予賠償。賠償數額還應當包括權利人為制止侵權行為所支付的合理開支。權利人的實際損失或者侵權人的違法所得不能確定的，由人民法院根據侵權行為的情節，判決給予五十萬元以下的賠償。

◎ 案例索引

https://openlaw.cn：江蘇省高級人民法院（2016）蘇民終1168號《判決書》

案例28

故意侵犯他人著作權，在中國大陸可入罪

2016年5月至2017年8月，候某以營利為目的，在河南省滎陽市廣武鎮裡租用三處民房儲存、並通過物流發貨的方式銷售從他處購進的侵權盜版圖書。2016年9月至2017年8月，侯某雇傭曹某幫助其分包、運輸侵權盜版圖書。2017年8月5日，滎陽市文化廣播電視新聞出版局在候某租用上述房屋中查扣侵犯著作權的圖書：《物流師》基礎知識、《×××思想和中國特色社會主義理論體系概論》2015年修訂版、《全國電腦等級考試二級教程》C語言程序設計2017年版、《高等數學》第七版上冊、下冊，《初級會計實務》、《理財規劃師基礎知識》等91種圖書，共計219,387冊：查扣《英才教程課本全析與語文素質培養》五年級語文上冊183冊。經河南省新聞出版廣電局鑑定，上述查扣的圖書中除《英才教程課本全析與語文素質培養》外，全部屬於侵犯他人著作權的出版物。並將案件移送公安機關偵辦。公安機關偵結後，將案件移送檢察機關審查起訴，檢察機關以侵犯著作權罪向法院提起公訴。

法院認為

候某、曹某未經著作權人許可，複製發行其文字作品，數量在二千五百份以上，屬情節特別嚴重，二人行為均已構成侵犯著作權罪。候某、曹某非法複製發行侵犯他人著作權出版物未銷售即被查獲，系犯罪未遂。分別判處候、曹某有期徒刑三年零十個月和有期徒刑一年零十個月，並處以罰金60萬元和10萬元；扣押的侵權盜版圖書依法予以沒收後銷毀。

實務要點

《中華人民共和國刑法》第217條規定：以營利為目的，有下列侵犯著作權情形之一，違法所得數額較大或者有其他嚴重情節的，處三年以下有期徒刑

或者拘役，並處或者單處罰金；違法所得數額巨大或者有其他特別嚴重情節的，處三年以上七年以下有期徒刑，並處罰金：（一）未經著作權人許可，複製發行其文字作品、音樂、電影、電視、錄影作品、電腦軟件及其他作品的；（二）出版他人享有專有出版權的圖書的；（三）未經錄音錄影製作者許可，複製發行其製作的錄音錄影的；（四）製作、出售假冒他人署名的美術作品的。

最高人民法院、最高人民檢察院《關於辦理侵犯知識產權刑事案件具體應用法律若干問題的解釋（二）》第1條規定：以營利為目的，未經著作權人許可，複製發行其文字作品、音樂、電影、電視、錄影作品、電腦軟件及其他作品，複製品數量合計在五百張（份）以上的，屬於刑法第二百一十七條規定的「有其他嚴重情節」；複製品數量在二千五百張（份）以上的，屬於刑法第二百一十七條規定的「有其他特別嚴重情節」。

◎ 案例索引

中國裁判文書網：河南省高級人民法院（2018）豫刑終276號《刑事裁定書》

案例29

申請專利前產品已在中國大陸境內外公開使用過，可導致專利權不受中國大陸《專利法》的保護

HMD公司係名稱為「慢燉鍋」的發明專利權人，專利號為：ZL200710005602.6；專利申請日為2007年3月1日；授權日為2010年12月15日；優先權日為2006年3月1日，目前該專利仍在保護期內。

HMD公司認為蘇州BC公司生產的SCCPVL600-R、SCCPVL600-S兩個型號產品侵犯其上述專利權，並訴至法院。

BC公司確認，型號為SCCPVL600-R與SCCPVL600-S的慢燉鍋被控侵權產品，僅顏色不同，技術特徵無差別。但辯稱，在HMD公司申請

專利前，該產品已經以適用方式公開，屬於現有技術，其行為不構成侵權。並提供了在哈樂德華盛頓圖書館保存的《好管家》雜誌2005年10月號和《家庭圈》雜誌2006年2月號。

法院認為

本案HMD公司專利的申請日在《專利法》（2000年修正）適用期間，根據該法律的規定，僅國內的使用公開才符合現有技術的概念，才會致專利喪失新穎性。儘管《專利法》（2008年修正）將國外的使用公開也納入了現有技術的概念中，但根據「從舊兼有利」的原則，認定BC公司以國外的使用公開來主張現有技術抗辯，不能成立。退一步講，BC公司以在先而又未能全面公開專利產品的全部必要技術特徵的文獻也確實不能直接認定其所主張的現有技術的存在，因此其現有技術抗辯不成立。

實務要點

最新修訂的《中華人民共和國專利法》第22條規定：授予專利權的發明和實用新型，應當具備新穎性、創造性和實用性。新穎性，是指該發明或者實用新型不屬於現有技術；也沒有任何單位或者個人就同樣的發明或者實用新型在申請日以前向國務院專利行政部門提出過申請，並記載在申請日以後公佈的專利申請文件或者公告的專利文件中。創造性，是指與現有技術相比，該發明具有突出的實質性特點和顯著的進步，該實用新型具有實質性特點和進步。實用性，是指該發明或者實用新型能夠製造或者使用，並且能夠產生積極效果。本法所稱現有技術，是指申請日以前在國內外為公眾所知的技術。

備註：2000年修訂實施的《中華人民共和國專利法》第22條規定：授予專利權的發明和實用新型，應當具備新穎性、創造性和實用性。新穎性，是指在申請日以前沒有同樣的發明或者實用新型在國內外出版物上公開發表過、在國內公開使用過或者以其他方式為公眾所知，也沒有同樣的發明或者實用新型由他人向國務院專利行政部門提出過申請並且記載在申請日以後公布的專利申請文件中。

◎ 案例索引

中國裁判文書網：上海市第一中級人民法院（2011）滬一中民五（知）初字第225號《民事判決書》

案例30

中國大陸對專利保護範圍實施全覆蓋原則

2005年9月15日，吳某向國家知識產權局申請名稱為「真空隔熱輔助再生電磁動力水冷式空氣調節器」的實用新型專利，並於2006年11月1日獲得授權，專利號為：ZL200520098058.0。該專利目前仍處於有效的法律狀態，其獨立權利要求的技術特徵包括：(1)一種真空隔熱輔助再生電磁動力水冷式空氣調節器，它包括風機、水簾布總程、製冷晶片製冷的製冷膽、壓縮機、水泵、儲水器、電氣元器件，壓縮機製冷工質迴圈道、製冷系統和電子製冷輔助裝置；(2)其中壓縮機製冷工質迴圈道為製冷工質在壓縮機、冷凝器、毛細管、蒸發器管、壓縮機之間迴圈；(3)所述的毛細管盤繞電子製冷膽水箱內，製冷系統為密封水箱內的水泵依次連接冷凍室內盤繞的水冷盤管、水冷盤管系、電子製冷膽水箱、水冷迴圈道、水簾布總程、水簾布再回密封水箱；(4)作為另一製冷源的電子製冷輔助裝置是內含電子製冷晶片的電子製冷膽通過電子製冷膽水箱連接毛細管；(5)與水簾布總程相連的水簾布設置在主風機的進風口後面；(6)蒸發器設置在主風機的出風口之前；(7)所述壓縮機為渦卷螺旋向心壓縮機，其特徵在於所述壓縮機前端固定有電磁動力再生輔助裝置，所述電磁動力再生輔助裝置內的線圈兩端與電動機內的RC電路連接；(8)所述電磁動力再生輔助裝置內有電磁轉子和電磁定子。

2009年8月，吳某以普通消費者的身份購買了型號為KFR-35G/BP2DN1Y-W的MD牌空調一台，並進行了公證。而後，吳某認為MD公司、GM公司生產銷售的前述空調侵害其上述專利權而將MD公司、GM公司訴至法院。

法院認為

經比對，被控侵權產品缺少吳某專利技術特徵(1)中的水簾布總程、製冷晶片製冷的製冷膽、水泵、儲水器和電子製冷輔助裝置；也缺少技術特徵(3)～(6)。此外，被控侵權產品的壓縮機為旋轉式壓縮機，與涉案專利權利要求1所述的「壓縮機為渦卷螺旋向心壓縮機」這一技術特徵也存在區別。因被控侵權產品缺少多項吳某所主張的權利要求所限定的技術特徵，故被控侵權產品未落入涉案專利權的保護範圍，MD公司、GM公司生產銷售涉案空調的行為不構成侵權。

實務要點

《中華人民共和國專利法》第59條第1款規定：發明或者實用新型專利權的保護範圍以其權利要求的內容為准，說明書及附圖可以用於解釋權利要求的內容。

最高人民法院《關於審理侵害專利權糾紛案件應用法律若干問題的解釋》第7條規定：人民法院判定被訴侵權技術方案是否落入專利權的保護範圍，應當審查權利人主張的權利要求所記載的全部技術特徵。被訴侵權技術方案包含與權利要求記載的全部技術特徵相同或者等同的技術特徵的，人民法院應當認定其落入專利權的保護範圍；被訴侵權技術方案的技術特徵與權利要求記載的全部技術特徵相比，缺少權利要求記載的一個以上的技術特徵，或者有一個以上技術特徵不相同也不等同的，人民法院應當認定其沒有落入專利權的保護範圍。

◎ 案例索引

中國裁判文書網：湖北省高級人民法院（2014）鄂民三終字第00145號《民事判決書》

案例31

未經專利權人許可，許諾銷售其專利產品在中國大陸構成侵權

深圳市LD公司系專利號為ZL201520112053.2、專利名稱為一種移動電源租借終端的實用新型專利的專利權人，LD公司按期繳納了該專利的年費。《PCT檢索報告》的結論顯示該專利具有新穎性、創造性、工業實用性。該專利尚在保護期內。

LD公司發現帶有YCB公司logo的充電寶租賃設備在深圳龍華一家購物中心大堂處進行充電寶的租借，並於2016年7月11日就充電寶租借過程進行了公證證據保全。據此，LD公司認為深圳市YCB公司涉嫌未經其許可製造、銷售、許諾銷售其專利產品，已侵犯其專利權，進而將YCB公司訴至法院，要求YCB公司停止侵權，賠償損失。並在起訴同時申請對前述充電寶租賃設備進行證據保全。

法院認為

法院所保全的被訴侵權產品可與涉案專利所保護的技術特徵一一對應，被訴侵權產品與涉案專利技術特徵相同，落入涉案專利權保護範圍。被訴侵權產品上標識了YCB公司的LOGO，可認定該設備屬YCB公司製造。YCB公司未經授權製造LD公司專利產品，構成對LD公司專利的侵權。另外，雖然被訴侵權產品被放置在購物中心是供用戶租賃充電寶使用，但並不能據此認定YCB公司不存在銷售和許諾銷售的行為。因為在通常情況下，設置在商場供使用者使用的相關設備要由經營者購買取得；同時，被訴侵權產品被放置在購物中心供用戶租賃充電寶使用，本身就是一種作廣告的方式，D公司對於被訴侵權產品並未明示只供租賃而不出售，因此可以認定是一種許諾銷售方式。即：YCB公司在商場設置被訴侵權產品的行為同時還構成銷售和許諾銷售的行為。YCB公司應對其製造、銷售、許諾銷售侵犯LD公司專利產品的行為承擔停止侵權及賠償損失的責任。

實務要點

《中華人民共和國專利法》第11條規定：發明和實用新型專利權被授予後，除本法另有規定的以外，任何單位或者個人未經專利權人許可，都不得實施其專利，即不得為生產經營目的製造、使用、許諾銷售、銷售、進口其專利產品，或者使用其專利方法以及使用、許諾銷售、銷售、進口依照該專利方法直接獲得的產品。外觀設計專利權被授予後，任何單位或者個人未經專利權人許可，都不得實施其專利，即不得為生產經營目的製造、許諾銷售、銷售、進口其外觀設計專利產品。

◎ 案例索引

中國裁判文書網：廣東省高級人民法院（2017）粵民終1136號《民事判決書》

案例32

在中國大陸以專利牴觸申請作為現有技術抗辯，僅限於相同專利

義大利MRKS合資股份有限公司（下稱「MRKS公司」）於2006年5月19日向國家知識產權局申請名稱為「用於吸熱引擎的可燃氣體供應裝置的電磁閥組合件」的發明專利，2010年5月19日被授予專利權，優先權日為2005年5月20日，目前該專利仍在保護期內。

2005年2月2日，上海YX公司向國家知識產權局申請名稱為「分體式燃氣噴軌」的實用新型專利，2006年4月12日被授予專利權。

MRKS公司認為：YX公司生產銷售的產品VIT II、VIT III噴軌具有其發明專利權利要求的全部技術特徵，落入其專利的保護範圍，YX公司侵害了其專利權，因此訴至法院。

YX公司確認VIT II、VIT III噴軌的技術特徵與MRKS公司的發明專利披露的技術特徵相同；但以其就前述產品也申請了專利為由進行抗辯，並進一步認為：其專利申請日早於MRKS公司的專利申請日，MRKS公

> 司的發明專利使用的技術方案系依YX公司實用新型專利公開的現有技術
> 而作出；MRKS公司不應享有專利權。其不構成侵權。
>
> 　　二審期間，經專利無效程序，確認YX公司申請的實用新型專利與
> MRKS公司的發明專利對比，其技術特徵並不完全相同。

法院認為

MRKS公司的發明專利的優先權日為2005年5月20日，YX公司的實用新型專利的申請日為2005年2月2日，授權公告日為2006年4月12日，故相對於MRKS發明專利，YX公司實用新型專利文件，為在涉案發明專利的申請日（指優先權日）以前由他人向國務院專利行政部門提出過申請並且記載在申請日（指優先權日）以後公布的專利文件，構成牴觸申請。YX公司以實施的技術是牴觸申請中公開的技術方案主張不構成專利侵權的，在相同侵權中才可以類推適用現有技術抗辯，且被控侵權技術方案與牴觸申請中公開的技術方案相同時，不侵權抗辯才能夠成立。根據已查明的事實，被控侵權技術方案與牴觸申請中公開的技術方案並不相同，故本案牴觸申請類推適用現有技術抗辯不能成立。MRKS公司指控YX公司侵權成立。

實務要點

《中華人民共和國專利法》第22條規定：授予專利權的發明和實用新型，應當具備新穎性、創造性和實用性。新穎性，是指該發明或者實用新型不屬於現有技術；也沒有任何單位或者個人就同樣的發明或者實用新型在申請日以前向國務院專利行政部門提出過申請，並記載在申請日以後公佈的專利申請文件或者公告的專利文件中。

◎ 案例索引

https://www.itslaw.com：上海市高級人民法院（2012）滬高民三（知）終字第68號《民事判決書》

案例33

遇緊急情況，中國大陸法院對被控專利侵權人可發出
訴前禁止製造、銷售、許諾銷售被控侵權產品命令

Christian Louboutin（以下稱「申請人」）稱：廣州WT貿易有限公司、廣州BLF化妝品有限公司、廣州OM生物科技有限公司（以下合稱「被申請人」）侵害其外觀設計專利權（專利號：ZL2014304836117、ZL2014304845008、ZL2014304846388），並被申請人正在大量製造被訴侵權產品，並計畫近期在市場中大量銷售，如不及時對其行為加以制止，將對申請人的合法權益造成難以彌補的損害。故而向廣州知識產權法院提出三份訴前禁令申請。

法院認為

(1)涉案專利目前有效，權利人提交了涉案外觀設計專利授權公告文件、專利登記簿副本及外觀設計專利權評價報告，證明了申請人為涉案專利的專利權人，有權提起訴前禁令申請，涉案專利目前有效，且未發現存在不符合授予專利權條件的缺陷，其穩定性也較高；(2)經技術比對，本案被訴侵權產品與涉案專利產品均為化妝品的蓋子、化妝品的容器，是相同種類產品，兩者的相應外觀設計構成相同或者近似，九款被訴侵權產品均落入涉案專利權的保護範圍，被申請人均存在侵權的可能性；(3)被申請人均未提交證據，表明其財產狀況及盈利能力，對申請人所遭受的損失能進行充足的賠償；(4)如不頒發禁令給帶來的損失將明顯大於頒發禁令給被申請人帶來的損失；(5)頒發禁令，不僅不會損害公共利益，反而會因維護了市場秩序而保障公共利益；(6)申請人已按本院要求，提供了人民幣100萬元的現金擔保，該擔保有效、目前適當。因此，如不頒發禁令，將會給申請人的合法權益造成難以彌補的損害。本院對申請人的請求予以支持。

實務要點

《中華人民共和國專利法》第66條規定：專利權人或者利害關係人有證據證明他人正在實施或者即將實施侵犯專利權的行為，如不及時制止將會使其合法權益受到難以彌補的損害的，可以在起訴前向人民法院申請採取責令停止有關行為的措施。申請人提出申請時，應當提供擔保；不提供擔保的，駁回申請。人民法院應當自接受申請之時起四十八小時內作出裁定；有特殊情況需要延長的，可以延長四十八小時。裁定責令停止有關行為的，應當立即執行。當事人對裁定不服的，可以申請覆議一次；覆議期間不停止裁定的執行。申請人自人民法院採取責令停止有關行為的措施之日起十五日內不起訴的，人民法院應當解除該措施。申請有錯誤的，申請人應當賠償被申請人因停止有關行為所遭受的損失。

◎ 案例索引

https://openlaw.cn：廣州知識產權法院（2016）粵73行保1、2、3號《民事裁定書》

案例34

銷售不知侵犯他人專利的產品並能夠提供合法來源的，
在中國大陸可不承擔賠償責任

2013年8月28日，國家知識產權局頒發第2562135號外觀設計專利證書，專利號ZL 20133012×××.3，外觀設計名稱為時鐘（132），專利權人為山東青島YS公司，專利申請日為2013年4月3日。現該專利權仍處有效期。

2015年1月13日，YS公司在青島JY公司處購買一隻涉嫌侵害其外觀設計專利權的鐘錶。YS公司認為，該鐘錶在整體視覺效果上並無實質性差異，二者構成近似。故YS公司將JY公司訴至法院。JY公司以其無侵權故意為由進行抗辯，並提供了其採購產品的相關證據，後法院將產品的製造方HSD公司、FY公司一併追加為本案被告。

法院認為

案涉YS公司的專利正常繳納了年費，提供了專利評價報告，未發現存在無效的情形，現仍處在有效期內，應受到法律的保護。經比對，被訴侵權產品的外觀與YS公司的專利的圖片僅存在細微差別，構成相近似，被訴侵權產品落入了YS公司的專利保護範圍。被訴侵權產品系JY公司出售，其未經專利權人許可，為生產經營目的銷售了侵權產品，侵犯了YS公司的專利權，但其主觀上無侵權的故意，其提交的與供應商的銷售合同、供應商的企業資訊、生產廠商提供給供應商的授權書以及增值稅發票等有效證據，能夠證明侵權產品的合法來源，故JY公司應承擔停止侵權的民事責任，可不承擔侵權民事賠償責任。侵權產品系HSD公司提供外殼給FY公司，FY公司安裝後加貼自己的商標及資訊後向外出售，故認定HSD公司與FY公司共同生產了侵權產品，侵犯了YS公司的專利權，屬共同實施侵權行為，應該就YS的損失承擔連帶賠償責任。

實務要點

《中華人民共和國專利法》第70條規定：為生產經營目的使用、許諾銷售或者銷售不知道是未經專利權人許可而製造並售出的專利侵權產品，能證明該產品合法來源的，不承擔賠償責任。

◎ 案例索引
中國裁判文書網：山東省高級人民法院（2016）魯民終2160號《民事判決書》

案例35

具有一定知名度商品的特有包裝、裝潢受中國大陸法律專門保護

上海GSY公司生產花生牛軋糖歷史悠久，並一直使用的藍白相間的棋盤格紋圖案的包裝糖紙，該包裝糖紙的設計為：兩側係藍白相間的棋盤格紋圖案，中間有兩顆相疊排成「入」字狀的帶殼花生和兩粒花生仁圖案，以及"PEANUTSnougat"「花生牛軋糖」字樣。2016年2月1日，其代理人謝某向浙江省杭州市西湖公證處申請證據保全公證，購得浙江杭州HYY公司委託浙江海寧JYL食品廠生產的三款花生牛軋糖。該三款花生牛軋糖的包裝糖紙設計為：包裝紙左右兩側為網格狀圖案（黑色圓點網格），中間使用花生圖形及「花生牛軋」、"PEANUTS"字樣，並標有HYY的商標等信息。據此，上海GSY公司認為HYY公司、JYL食品廠侵權，並訴至法院。

法院認為

綜合考慮上海GSY公司研製銷售花生牛軋糖的歷史、商譽、獲獎情況、市場銷售規模、以往保護記錄等情況，認定上海GSY公司研製銷售的花生牛軋糖屬知名商品。上海GSY公司花生牛軋糖包裝糖紙的圖案設計、位置排列、顏色搭配以及文字設計等均體現出一定的特色，構成顯著的主體部分，形成了特有的包裝、裝潢風格。雖然被訴侵權商品的糖紙的間隔圖形為圓形，顏色系黑色，所標注的名稱為「花生牛軋」與上海GSY公司花生牛軋糖有所區別，但二者顏色搭配、位置排列、圖案設計項目等顯著特徵部分近似，構成近似包裝、裝潢。被訴侵權商品與上海GSY公司的花生牛軋糖為相同商品，兩者存在直接競爭關係，其包裝裝潢容易導致相關公眾發生混淆誤認。故，HYY公司、JYL食品廠的行為構成不正當競爭行為，應立即停止侵權並賠償上海GSY公司的損失。

實務要點

《中華人民共和國反不正當競爭法》第5條規定：經營者不得採用下列不正當手段從事市場交易，損害競爭對手：（一）假冒他人的註冊商標；（二）擅自使用知名商品特有的名稱、包裝、裝潢，或者使用與知名商品近似的名稱、包裝、裝潢，造成和他人的知名商品相混淆，使購買者誤認爲是該知名商品；（三）擅自使用他人的企業名稱或者姓名，引人誤認爲是他人的商品；（四）在商品上僞造或者冒用認證標誌、名優標誌等品質標誌，僞造產地，對商品品質作引人誤解的虛假表示。

◎ 案例索引

https://www.itslaw.com：浙江省杭州市中級人民法院（2017）浙01民終2420號《民事判決書》

案例36

中國大陸對商業秘密提供法律保護

SM創新方案有限公司（以下簡稱SM創新公司）爲碰撞測試假人模型的設計、開發和銷售的企業，擁有包括H303、H306兒童假人模型在內的相關假人模型的商業秘密。SMAQ系統設備商貿（上海）有限公司（以下簡稱SMAQ公司）爲SM創新公司的關聯公司，是其在中國大陸的獨家銷售代表，有權使用關於上述模型的商業秘密，並有權處理與之有關的訴訟案件。

SM創新公司、SMAQ公司從案外人珠海FADS科技有限公司（以下簡稱FADS公司）、王某處獲知劉某通過不正當手段獲取上述假人模型資料，並通過其擔任法定代表人的無錫SJZ電腦輔助工程有限公司（以下簡稱SJZ公司）使用及向FADS公司披露、銷售。SMAQ公司認爲其商業秘密被嚴重侵害，故，將SJZ公司、劉某訴至法院，請求判令立即停止侵權，共同賠償經濟損失50萬元。

法院認為

根據SM創新公司、SMAQ公司提交的聲明書、光碟及現場演示內容，涉案H303、H306兒童假人模型由點構成元素，由元素構成部件，部件由材料、屬性資訊等來定義，其中每個點均為一個不同的資料，可以說每個點所對應的資料是假人模型的基本構成要素。這些資料需要假人模型文件打開運行時才能得以直觀體現，相關公眾不可能在公開管道獲得上述資料，這是顯而易見的。除購買者之外的其他人很難接觸到上述資料，而假人模型銷售後對於購買者而言，亦有期限、複製、傳輸等諸多限制，據此可以認定涉案H303、H306兒童假人模型的資料為非公知資訊。同時，根據SM創新公司、SMAQ公司提交的其對外簽訂的合同內容，涉案產品折算到一天的使用價格近218元，可以看出上述假人模型具有一定的市場價值和實用性。在該對外的合同中還約定了購買方負有維護模型安全，不得擅自複製及向外界傳輸模型及文件，不得允許在外界使用模型的保密義務，並對具體使用人應簽有保密協議亦作了約定，可以認定SMAQ公司在經營中對上述資料採取了合理有效的保密措施。故，認定H303、H306兒童假人模型的資料具備非公知性、價值性及保密性等構成要件，屬技術秘密。現有證據顯示，劉某向案外人王某披露了涉案模型資料，並收取了相應的費用，在微信中還謊稱其取得該模型資料有正式商務文件及相應許可證。同時，根據法院保全取得的證據，劉某從他人處接收過名稱為「兒童假人」等的電子郵件，SJZ公司、劉某亦無法說清取得的具體管道和途徑，且對涉案模型資料為何會與H303、H306兒童假人模型資料基本相同亦不能作出合理的解釋。此外，劉某在刪除了版本資訊、授權合約及公司簡稱之後將涉案模型資料提供給王某，足見其明知其行為的性質，並以此掩飾其侵權事實。足以認定劉某系採用不正當手段獲取了涉案模型資料。在取得涉案模型資料後，劉某、SJZ公司在經營中使用了上述資料，將其運用於救生氣墊概念層次類比報告，並將上述資料披露給案外人王某，允許王某使用上述資料。可認定劉某、SJZ公司實施了非法獲取、披露、使用、允許他人使用涉案技術秘密的行為。劉某應與SJZ公司共同承擔停止侵害、賠償損失的法律責任。

實務要點

《中華人民共和國反不正當競爭法》第9條規定：經營者不得實施下列侵犯商業秘密的行為：（一）以盜竊、賄賂、欺詐、脅迫或者其他不正當手段獲取權利人的商業秘密；（二）披露、使用或者允許他人使用以前項手段獲取的權利人的商業秘密；（三）違反約定或者違反權利人有關保守商業秘密的要求，披露、使用或者允許他人使用其所掌握的商業秘密。第三人明知或者應知商業秘密權利人的員工、前員工或者其他單位、個人實施前款所列違法行為，仍獲取、披露、使用或者允許他人使用該商業秘密的，視為侵犯商業秘密。本法所稱的商業秘密，是指不為公眾所知悉、具有商業價值並經權利人採取相應保密措施的技術資訊和經營資訊。

《中華人民共和國反不正當競爭法》第17條規定：經營者違反本法規定，給他人造成損害的，應當依法承擔民事責任。經營者的合法權益受到不正當競爭行為損害的，可以向人民法院提起訴訟。因不正當競爭行為受到損害的經營者的賠償數額，按照其因被侵權所受到的實際損失確定；實際損失難以計算的，按照侵權人因侵權所獲得的利益確定。經營者惡意實施侵犯商業秘密行為，情節嚴重的，可以在按照上述方法確定數額的一倍以上五倍以下確定賠償數額。賠償數額還應當包括經營者為制止侵權行為所支付的合理開支。經營者違反本法第六條、第九條規定，權利人因被侵權所受到的實際損失、侵權人因侵權所獲得的利益難以確定的，由人民法院根據侵權行為的情節判決給予權利人五百萬元以下的賠償。

另注：《中華人民共和國反不正當競爭法》第21條規定：經營者以及其他自然人、法人和非法人組織違反本法第九條規定侵犯商業秘密的，由監督檢查部門責令停止違法行為，沒收違法所得，處十萬元以上一百萬元以下的罰款；情節嚴重的，處五十萬元以上五百萬元以下的罰款。

《中華人民共和國刑法》第219條規定：有下列侵犯商業秘密行為之一，給商業秘密的權利人造成重大損失的，處三年以下有期徒刑或者拘役，並處或者單處罰金；造成特別嚴重後果的，處三年以上七年以下有期徒刑，並處罰金：(1)以盜竊、利誘、脅迫或者其他不正當手段獲取權利人的商業秘密的；

(2)披露、使用或者允許他人使用以前項手段獲取的權利人的商業秘密的；

(3)違反約定或者違反權利人有關保守商業秘密的要求，披露、使用或者允許他人使用其所掌握的商業秘密的。

明知或者應知前款所列行爲，獲取、使用或者披露他人的商業秘密的，以侵犯商業秘密論。本條所稱權利人，是指商業秘密的所有人和經商業秘密所有人許可的商業秘密使用人。

◎ 案例索引

江蘇省無錫市中級人民法院（2015）錫知民初字第251號《民事判決書》（江蘇省高院發布的該省2016年智慧財產權司法保護十大案件）

第三章

融資擔保糾紛

案例37

企業與特定個人之間的借貸可受中國大陸法律保護

輝縣市TYS紡織有限公司（以下稱「TYS公司」）為生產經營，向其公司員工及家屬等進行集資。范某作為公司股東，與其妻子鄭某共同向TYS公司出借511.7萬元，並約定了借款時間、借款利率、借款期限等，後范某、鄭某將該債權轉讓給郎某，並採用郵寄方式向TYS公司發送債權轉讓通知書，後郎某起訴TYS公司要求實現債權及利息等。TYS公司則以涉案款項屬於非法集資，債權不合法等為由進行抗辯。

法院認為

涉案款項是TYS公司向公司員工及家屬等特定人員的集資款，目的是用於公司的生產經營，約定了借款時間、借款利率、借款期限，且有TYS公司出具給范某、鄭某的集資單為據。截止到目前，尚無證據證明該行為屬於非法集資。據此，原審法院認定前述款項名為集資實為借貸，TYS公司與范某、鄭某之間形成合法的借貸關係，並無不當。TYS公司主張涉案款項屬於非法集資為由申請再審，不能成立，不予支持。

實務要點

中國大陸相關法律明令禁止不具有金融資質的企業向社會公眾（包括單位和個人）吸收資金的行為，但同時，最高人民法院《關於審理民間借貸案件適用法律若干問題的規定》第12條規定：法人或者其他組織在本單位內部通過借款形式向職工籌集資金，用於本單位生產、經營，且不存在合同法第五十二條、本規定第十四條規定的情形，當事人主張民間借貸合同有效的，人民法院應予支持。因此，企業在本單位內部通過借款形式向職工籌集資金，即該借款是針對特定個人，並用於本單位生產、經營的，應受法律保護。

◎ 案例索引

中國裁判文書網：最高人民法院（2016）最高法民申1208號

案例38

企業間因經營需要的資金拆借可受中國大陸法律保護

2016年12月2日，山東XH置業有限公司（以下稱「山東XH公司」）與SW數創（北京）科技有限公司（以下稱「SW數創公司」）簽訂《借款合同》，約定SW數創公司向山東XH公司借款3,500萬元，借款用途為補充流動資金，年利率為8%；後因SW數創公司逾期還款，山東XH公司向法院起訴要求SW數創公司支付利息及違約金等。

SW數創公司辯稱：《借款合同》係無效的合同，違反了國家的強制性規定，SW數創公司已將借款本金分兩筆返還山東XH公司，本次訴爭的借款已經全部清償，不應該支付山東XH公司違約金及利息。

法院認為

本案中，《借款合同》的借款用途為補充流動資金，應屬於生產經營需要所進行的臨時性資金拆借行為，且山東XH公司並非以資金融通為常業，企業之間資金拆借不屬於違反國家安全金融管制的強制性規定的情形，故《借款合同》有效，SW數創公司應支付山東XH公司合同所約定的利息及違約金等。

實務要點

最高人民法院《關於審理民間借貸案件適用法律若干問題的規定》第11條規定：法人之間、其他組織之間以及它們相互之間為生產、經營需要訂立的民間借貸合同，除存在合同法第五十二條、本規定第十四條規定的情形外，當事人主張民間借貸合同有效的，人民法院應予支持。

最高人民法院《關於審理民間借貸案件適用法律若干問題的規定》第14條規定：具有下列情形之一，人民法院應當認定民間借貸合同無效：（一）套取金融機構信貸資金又高利轉貸給借款人，且借款人事先知道或者應當知道的；（二）以向其他企業借貸或者向本單位職工集資取得的資金又轉貸給借款人牟利，且借款人事先知道或者應當知道的；（三）出借人事先知道或者應當知道借款人借款用於違法犯罪活動仍然提供借款的；（四）違背社會公序良俗的；（五）其他違反法律、行政法規效力性強制性規定的。

◎ 案例索引
中國裁判文書網：濟南市中級人民法院（2019）魯01民終3949號

案例39

在中國大陸，民間借貸中約定的利率不得超過年化24%

黃某西與黃某儒於2014年3月27日以防城港市金花茶大道良潤大廈二次裝修和還私人借款為由，與鐘某約定以抵押借款方式向鐘某借款610萬元，月利率為35‰，按月結息，第1個月不滿1個月的按1個月結息：第2個月起15天以下按半個月支付利息，16天以上31天以下按1個月支付利息；借期6個月，超過6個月未能還清借款本金，原月利率35‰調為月利率40‰；後黃某西與黃某儒於2016年3月4日返還鐘某本金100萬元，另確認120萬元借款本金的利息已付到2017年5月13日，390萬元借款本金的利息（自2016年3月28日至2017年5月28日）14個月利息1,911,000元，於2016年11月4日轉帳支付預付利息30萬元，還有1,611,000萬元未付。由於黃某西、黃某儒未按期償還借款本息，鐘某起訴要求黃某西及黃某儒償還借款510萬元及利息1,611,000元。

法院認為

黃某西和黃某儒與鐘某簽訂的抵押借款合同所約定的月利率為35‰過高，應

予調整。黃某西和黃某儒已支付的利息按照年利率36%計算，未支付的利息按照年利率24%計算，黃某西和黃某儒已支付的利息中超過年利率36%的部分應作爲黃某西和黃某儒已經償還的本金予以扣除。

實務要點

《中華人民共和國合同法》第211條規定：自然人之間的借款合同對支付利息沒有約定或者約定不明確的，視爲不支付利息。自然人之間的借款合同約定支付利息的，借款的利率不得違反國家有關限制借款利率的規定。

最高人民法院《關於審理民間借貸案件適用法律若干問題的規定》第26條規定：借貸雙方約定的利率未超過年利率24%，出借人請求借款人按照約定的利率支付利息的，人民法院應予支持。借貸雙方約定的利率超過年利率36%，超過部分的利息約定無效。借款人請求出借人返還已支付的超過年利率36%部分的利息的，人民法院應予支持。

《關於審理民間借貸案件適用法律若干問題的規定》第29條第1款規定：借貸雙方對逾期利率有約定的，從其約定，但以不超過年利率24%爲限。

◎ 案例索引

中國裁判文書網：防城港市港口區人民法院（2017）桂0602民初880號《民事判決書》

案例40

應收帳款在中國大陸可作爲權利出質，向金融機構融資

2012年1月13日，南京LT自動化設備有限公司（以下稱「LT公司」）因購買房產需要向上海某銀行股份有限公司南京分行（以下稱「某銀行南京分行」）借款1,500萬元，雙方簽訂借款合同及一系列保證合同、抵押合同、質押合同。質押合同約定：爲保障債權人債務實現，出質人自願以自2012年1月16日至2017年1月16日之內因銷售發生

的（包括將要發生的）所有應收帳款提供質押擔保，雙方同時簽訂了《應收賬款質押登記協議》：並於2012年1月17日在中國人民銀行徵信中心就LT公司2012年1月16日至2017年1月16日因銷售發生的所有應收帳款辦理了質押登記手續。

後因LT公司未能如期還款，某銀行南京分行遂訴至法院，要求LT公司支付借款本金及利息、罰息、複利等，並請求法院判令其對LT公司2012年1月16日至2017年1月16日因銷售發生的所有應收帳款享有優先受償權。

法院認為

某銀行南京分行與LT公司簽訂的質押合同係雙方的真實意思表示，不違反法律、行政法規的強制性規定，合法有效。該質押合同在中國人民銀行徵信中心辦理了應收帳款質押登記，某銀行南京分行的應收帳款質權依法設立。由於應收帳款本質上屬債權，而某銀行南京分行在本案中暫無法明確案涉質押應收帳款所指向的債務人及債務金額，故其要求就本案債權對案涉質押應收帳款行使優先受償權的條件尚未成就，其在案涉質押應收帳款所對應的債權債務確定後，可另行主張。

實務要點

《中華人民共和國物權法》第223條規定：債務人或者第三人有權處分的下列權利可以出質：（一）匯票、支票、本票；（二）債券、存款單；（三）倉單、提單；（四）可以轉讓的基金份額、股權；（五）可以轉讓的註冊商標專用權、專利權、著作權等知識產權中的財產權；（六）應收賬款；（七）法律、行政法規規定可以出質的其他財產權利。

備註：《中華人民共和國物權法》第228條規定：以應收帳款出質的，當事人應當訂立書面合同，質權自信貸徵信機構辦理出質登記時設立。應收帳款出質後，不得轉讓，但經出質人與質權人協商同意的除外。出

質人轉讓應收帳款所得的價款，應當向質權人提前清償債務或者提存。

◎ 案例索引

中國裁判文書網：南京市中級人民法院（2018）蘇01民終2478號《民事判決書》

案例41

在中國大陸以不動產抵押作擔保，
抵押權自辦理不動產抵押登記時設立

2012年11月30日，唐某、唐澤某為歸還他人借款向四川金堂HJ銀行有限責任公司（以下稱「HJ銀行」）借款320萬元並簽訂《借款合同》；2013年10月24日，唐某向HJ銀行償還了借款本金286萬元後，抵押人劉某、曾某與HJ銀行簽訂了一份抵押合同，該合同載明：為確保借款合同的履行，抵押人劉某、曾某用其所有的位於某縣某鎮復興街18號附1號2層的房屋為上述貸款做抵押擔保。抵押財產共作價1,133.4萬元，並於2013年10月30日辦理了抵押登記，領取了房產管理局頒發的第0050153（順位抵押）號他項權利證書。

後唐某、唐澤某未能如約還款，HJ銀行向法院起訴要求唐某、唐澤某返還借款本金34萬及支付利息、罰息等，並請求對抵押物拍賣價款優先受償。

法院認為

HJ銀行與唐某、唐澤某簽訂的《借款合同》，與劉某、曾某簽訂的《抵押擔保合同》，內容不違反中國法律法規禁止性規定，合法有效。劉某、曾某自願用其所有的位於某縣某鎮復興街18號附1號2層的房屋為唐某、唐澤某在HJ

銀行的借款做抵押擔保，且與HJ銀行簽訂了抵押合同並進行了登記，抵押權成立並生效，現唐某、唐澤某未按《借款合同》約定還款，HJ銀行要求就該抵押物拍賣價款優先受償，具有事實和法律依據，本院予以支持。

實務要點

《中華人民共和國擔保法》第33條第1款規定：本法所稱抵押，是指債務人或者第三人不轉移對本法第三十四條所列財產的占有，將該財產作爲債權的擔保。債務人不履行債務時，債權人有權依照本法規定以該財產折價或者以拍賣、變賣該財產的價款優先受償。

《中華人民共和國物權法》第187條規定：以建築物和其他土地附著物、建設用地使用權、以招標、拍賣、公開協商等方式取得的荒地等土地承包經營權及正在建造的建築物作爲抵押物的，應當辦理抵押登記，抵押權自登記時設立。

備註：《中華人民共和國擔保法》第38條規定：抵押人和抵押權人應當以書面形式訂立抵押合同。

《中華人民共和國擔保法》第40條規定：訂立抵押合同時，抵押權人和抵押人在合同中不得約定在債務履行期屆滿抵押權人未受清償時，抵押物的所有權轉移爲債權人所有。

◎ 案例索引

中國裁判文書網：四川省金堂縣人民法院（2014）金堂民初字第498號《民事判決書》

案例42

在中國大陸，如約定的擔保方式不明確，
擔保人需承擔連帶擔保責任

2016年10月22日，王某江、盧某向王某剛出具借條一張，王某江為借款人，王某剛為出借人，盧某為王某將提供的擔保人；實際借款金額30,000.00元，約定還款金額為36,000.00元，每月償還3,000.00元，期限為12個月，自2016年10月22日至2017年10月10日止。擔保條款約定為：如借款人無力償還或者惡意拖欠，擔保人願替償還債務，如有不還，將一起承擔法律責任。

其後，王某江分別於2016年11月、12月每月各還款3,000.00元，即不再還款。王某剛催要未果後，逐向起訴至法院，要求王某江、盧某連帶償還借款本息。

盧某認為自己應承擔一般保證責任，只有在王某江經法院強制執行，王某剛仍未實現債權時，其才需承擔責任。

法院認為

王某剛與王某江之間的借貸關係成立，王某剛、盧某出具的借條合法有效，王某江應按照約定償還借款。從擔保條款所約定的「如借款人無力償還或者惡意拖欠，擔保人願替償還債務」內容看，具有一般保證的性質；而從擔保條款中「如有不還，將一起承擔法律責任」的內容看，又具有連帶保證的性質；屬保證方式約定不明確。就此，應推定盧某承擔連帶保證責任。故，盧某的辯解不能成立。盧某應依與王某江一道對王某剛承擔連帶保證責任。

實務要點

《中華人民共和國擔保法》第17條第1、2款規定：當事人在保證合同中約定，債務人不能履行債務時，由保證人承擔保證責任的，為一般保證。一般

保證的保證人在主合同糾紛未經審判或者仲裁，並就債務人財產依法強制執行仍不能履行債務前，對債權人可以拒絕承擔保證責任。

《中華人民共和國擔保法》第18條規定：當事人在保證合同中約定保證人與債務人對債務承擔連帶責任的，為連帶責任保證。連帶責任保證的債務人在主合同規定的債務履行期屆滿沒有履行債務的，債權人可以要求債務人履行債務，也可以要求保證人在其保證範圍內承擔保證責任。

《中華人民共和國擔保法》第19條規定：當事人對保證方式沒有約定或者約定不明確的，按照連帶責任保證承擔保證責任。

《中華人民共和國擔保法》第21條規定：保證擔保的範圍包括主債權及利息、違約金、損害賠償金和實現債權的費用。保證合同另有約定的，按照約定。當事人對保證擔保的範圍沒有約定或者約定不明確的，保證人應當對全部債務承擔責任。

◎ 案例索引

中國裁判文書網：吉林省長春市雙陽區人民法院（2018）吉0112民初777號《民事判決書》

案例43

中國大陸認可「售後返租」融資租賃方式

2014年3月6日，LJ融資租賃公司（下稱「LJ公司」）、SXTB酒業公司（下稱「SXTB公司」）簽訂《融資租賃合同》，約定：SXTB公司將其白酒生產線以6,700萬元出賣給LJ公司，並從LJ公司處租回，租賃期限3年，租金包括租賃本金和租賃利息，本金為6,700萬元，租賃利率參照中國人民銀行公布貸款基準利率上浮13%簽訂，還本付息方式為每月等額本息。上述合同簽訂後，LJ公司按約向SXTB公司支付了租賃物的購買款6,700萬元，SXTB公司按約向LJ公司支付了2014年4月至2014年10月的租金。但自2014年11月起未再支付租金，經多次催促，SXTB公司仍拒不支付。LJ公司就融資租賃糾紛訴至法院。

SXTB公司酒業公司辯稱，雙方之間是民間借貸關係，非融資租賃，訟爭合同出賣人與承租人為同一主體，不符合融資租賃合同存在出租人、承租人、出賣人三方主體的特徵，就合同主要內容來看實質是金融借貸，應認定合同性質為借貸。

法院認爲

訟爭合同的性質確定主要考察合同名稱、合同內容以及合同中約定的當事人雙方的權利義務的特徵，是否與有名合同或者無名合同的定義一致來予以判斷。本案中，雙方簽訂的合同名稱爲融資租賃合同，通過對合同內容以及對合同中當事人權利義務約定的分析，該合同主要條款爲出租人向承租人購買白酒生產線，再將白酒生產線出租給承租人，承租人支付租金對價。可見，該合同規範當事人雙方權利義務的主要內容符合融資租賃合同的特徵，應當認定爲融資租賃合同。本案承租人與出賣人均爲SXTB公司，不影響本案爲融資租賃合同糾紛的認定。

實務要點

《中華人民共和國合同法》第237條之規定：融資租賃合同是出租人根據承租人對出賣人、租賃物的選擇，向出賣人購買租賃物，提供給承租人使用，承租人支付租金的合同。

最高人民法院《關於審理融資租賃合同糾紛案件適用法律問題的解釋》第2條規定：承租人將其自有物出賣給出租人，再通過融資租賃合同將租賃物從出租人處租回的，人民法院不應僅以承租人和出賣人系同一人爲由認定不構成融資租賃法律關係。

◎ 案例索引

中國裁判文書網：重慶市高級人民法院（2017）渝民終110號《民事判決書》

案例44

中國大陸的公司為股東融資提供擔保，應經公司股東會決議通過

2006年4月30日，招行DG支行與ZB集團公司簽訂《借款合同》，約定：借款金額為1496.5萬元人民幣，貸款利率為年利率6.435%，借款期限自2006年4月30日至2006年6月30日。2006年6月8日，ZB股份公司出具了《不可撤銷擔保書》，承諾對上述貸款承擔連帶保證責任，保證範圍包括借款本金、利息、罰息、違約金及其他一切相關費用；同日，招行DG支行按照合同約定將1496.5萬元貸款如數轉入ZB集團公司帳戶內。貸款到期後，ZB集團公司未能償還借款本息。ZB股份公司也沒有履行擔保義務。

另，《股東會擔保決議》係控股股東ZB集團公司提供，擔保決議事項並未經過ZB股份公司股東會的同意，ZB股份公司也未就此事召開過股東大會。

2008年6月18日，招行DG支行以ZB集團公司和ZB股份公司為被告，向法院提起訴訟，請求判令ZB集團公司償還貸款本金1496.5萬元及利息；要求ZB股份公司對上述債務承擔連帶責任。

法院認為

ZB股份公司為股東ZB集團公司的借款提供了連帶責任保證，由於該擔保行為屬於股份公司為其股東提供擔保，故對其效力的認定應適用公司法的有關規定。公司為公司股東或者實際控制人提供擔保的，必須經股東或者股東大會決議；並該股東或者由實際控制人支配的股東，不得參加該擔保事項的表決。且表決由出席會議的其他股東所持表決權的半數通過。ZB集團公司是ZB股份公司的股東和實際控制人，其提供的《股東會擔保決議》事項並未經過ZB股份公司其他股東同意，違背《公司法》的規定，擔保合同無效。招行DG支行沒有盡到審查義務，存在過錯，對擔保合同無效，應當承擔相應責任。

實務要點

《中華人民共和國公司法》第16條第2款規定：公司為公司股東或者實際控制人提供擔保的，必須經股東或者股東大會決議。第3款規定：前款規定的股東或者受前款規定的實際控制人支配的股東，不得參加前款規定事項的表決。該項表決由出席會議的其他股東所持表決權的半數通過。

《最高人民法院關於適用〈中華人民共和國擔保法〉若干問題的解釋》第7條規定：主合同有效而擔保合同無效的，債權人無過錯的，擔保人與債務人對合同債權人的經濟損失承擔連帶賠償責任。債權人、擔保人有過錯的，擔保人承擔民事責任的部分，不應超過債務人不能清償部分的二分之一。

◎ 案例索引

中國裁判文書網：遼寧省高級人民法院（2010）遼民二終字第15號《民事判決書》

案例45

在中國大陸，對擔保合同無效有過錯的一方，應承擔賠償責任

2011年，大連ZC公司柒分公司（以下簡稱「ZC柒分公司」）、王某、石某承建長春某社區，從徐某處購買鋼材，並由徐某送至施工場地。2014年1月25日，王某、石某給徐某出具欠條一份，承諾在2014年5月30日前還清所欠徐某的鋼材款808萬元。2014年12月23日，徐某在多次催要欠款未果的情況下，王某、石某給徐某重新出具了欠條一份，約定如王某、石某在2015年1月15日前能結清鋼材款570萬元，則剩餘欠款徐某不再要求王某、石某償付；如不能按期結清欠款570萬元，則按照原欠款808萬元償付。ZC柒分公司作為擔保人在該欠條上蓋章擔保。後王某、石某在支付470萬元後，未再付款。徐某訴至法院，請求判令上列ZC柒分公司、王某、石某連帶償還338萬元。

王某、石某辯稱，已不欠徐某任何貨款，徐某應該向法庭提供雙方

購貨合同和憑證，否則徐某無權向其主張338萬元。

ZC柒分公司辯稱，同意王某、石某答辯；而且ZC柒分公司作為企業法人的分支機構不得為保證人，在沒有大連ZC公司書面授權情況下為王某、石某的欠款提供擔保，擔保行為是無效的。

法院認為

徐某未向法院提供大連ZC有限公司的書面授權，故ZC柒分公司的擔保行為無效；而ZC柒分公司作為法人分支機構，明知自己沒有大連ZC公司的書面授權，在《欠條》中擔保人處蓋章屬於無效的行為。故大連ZC公司應對其分支機構柒分公司的無效擔保行為給徐某造成的經濟損失與王某、石某承擔連帶賠償責任。

實務要點

《中華人民共和國擔保法》第10條規定：企業法人的分支機構、職能部門不能為保證人，企業法人的分支機構有法人書面授權的，可以在書面授權範圍內提供保證。

《最高人民法院關於適用〈中華人民共和國擔保法〉若干問題的解釋》第7條規定：主合同有效而擔保合同無效的，債權人無過錯的，擔保人與債務人對合同債權人的經濟損失承擔連帶賠償責任。債權人、擔保人有過錯的，擔保人承擔民事責任的部分，不應超過債務人不能清償部分的二分之一。

◎ 案例索引

中國裁判文書網：長春高新技術產業開發區人民法院（2015）長高開民初字第1045號《民事判決書》

第四章

社會保障糾紛

案例46

為勞動者繳納社會保險是中國大陸用人單位的法定和強制義務

　　唐某於1997年入職JY公司並與之建立勞動關係。2016年8月30日，JY公司與唐某之間的勞動關係終止，JY公司向唐某出具了終止勞動關係的證明。後唐某在辦理退休手續時被告知因社會保險繳費時間不夠，需先行完成補繳。JY公司同意協助唐某予以辦理，並收取了唐某410,00元，用其中的12,775.39元用於補繳社會保險（含單位繳納金額8,621.9元，個人繳納金額4,153.49元），之後退回15,449.22元。雙方確認41,000元扣除社保費用及退回的15,449.22元之差額已全部用於繳納滯納金及利息。現唐某起訴，認為其除承擔個人繳納金額外，其他應全部由JY公司承擔，因此，要求JY公司再返還其21,397.29元。JY公司認為，唐某在職期間，其應承擔的社保費已以補貼方式發放給了唐某，公司基於人道主義才同意此次協助辦理補繳手續，相關的費用和責任應由唐某承擔。

法院認為

國家建立各項社會保險制度，保障公民在年老、疾病、工傷、生育、失業等情況下依法從國家獲得物質幫助的權利。用人單位與勞動者均應繳納社會保險，並承擔各自負擔的部分，用人單位不得要求勞動者承擔單位繳納的社會保險金。而對於滯納金，鑒於用人單位為社會保險費的繳納和代扣代繳義務主體，亦不應當要求勞動者承擔。故JY公司不得要求唐某承擔滯納金及其作為用人單位應該負擔的社保費，JY公司應向唐某退回21,397.29元（= 41,000元 – 15,449.22元 – 4,153.49元）。

實務要點

《社會保險法》第58條第1款規定：用人單位應當自用工之日起三十日內為

其職工向社會保險經辦機構申請辦理社會保險登記。未辦理社會保險登記的，由社會保險經辦機構核定其應當繳納的社會保險費。

《社會保險法》第84條規定：用人單位不辦理社會保險登記的，由社會保險行政部門責令限期改正；逾期不改正的，對用人單位處應繳社會保險費數額一倍以上三倍以下的罰款，對其直接負責的主管人員和其他直接責任人員處五百元以上三千元以下的罰款。

《社會保險法》第86條規定：用人單位未按時足額繳納社會保險費的，由社會保險費徵收機構責令限期繳納或者補足，並自欠繳之日起，按日加收萬分之五的滯納金；逾期仍不繳納的，由有關行政部門處欠繳數額一倍以上三倍以下的罰款。

◎ 案例索引

https://openlaw.cn：廣東省廣州市南沙區人民法院（2017）粵0115民初2729號《民事判決書》，廣州市中級人民法院（2017）粵01民終18860號《民事裁定書》

案例47

中國大陸用人單位未為勞動者繳納住房公積金，可被強制執行

　　成都公積金中心於2017年10月20日收到向某的投訴，向某稱其於2016年8月10日入職甲公司，2017年2月3日離職，甲公司為其開立了公積金繳存帳戶，但甲公司僅為其繳存公積金至2016年9月。2017年10月，成都公積金中心前往甲公司調查詢問，查明甲公司自2016年10月起欠繳向某的住房公積金，故成都公積金中心於2017年11月13日向甲公司送達了《限期整改通知書》，通知甲公司到公積金中心辦理補繳公積金，但甲公司逾期未辦理。2017年12月1日，公積金中心又向甲公司送達《責令限期繳存決定書》，責令甲公司為向某繳存公積金643元，甲公司仍未履行補繳義務也未對《責令限期繳存決定書》提起行政覆

議或訴訟。2018年6月28日，公積金中心向甲公司送達《催告執行通知書》，催告甲公司補繳並告知其如逾期不履行的法律後果。甲公司未予理會，故公積金中心申請向法院強制執行《責令限期繳存決定書》中責令甲公司為向某繳存住房公積金643元的決定。

法院認為

成都公積金中心作出的《責令限期繳存決定書》，責令甲公司為向某繳存住房公積金643元的決定符合法律規定。甲公司在經成都公積金中心催告後仍未履行繳存義務，成都公積金中心向本院申請強制執行，應准予強制執行。

實務要點

《住房公積金管理條例》第15條規定：單位錄用職工的，應當自錄用之日起30日內到住房公積金管理中心辦理繳存登記，並持住房公積金管理中心的審核文件，到受委託銀行辦理職工住房公積金帳戶的設立或者轉移手續。

《住房公積金管理條例》第20條第1款規定：單位應當按時、足額繳存住房公積金，不得逾期繳存或者少繳。

《住房公積金管理條例》第37條規定：違反本條例的規定，單位不辦理住房公積金繳存登記或者不為本單位職工辦理住房公積金帳戶設立手續的，由住房公積金管理中心責令限期辦理；逾期不辦理的，處1萬元以上5萬元以下的罰款。

《住房公積金管理條例》第38條規定：違反本條例的規定，單位逾期不繳或者少繳住房公積金的，由住房公積金管理中心責令限期繳存；逾期仍不繳存的，可以申請人民法院強制執行。

◎ 案例索引

https://openlaw.cn：四川省成都市青羊區人民法院（2018）川0105行審21號《行政裁定書》

案例48

中國大陸用人單位投保的商業保險不能替代其工傷保險責任

原告安某、蘭某是案涉死者安某衛的父母，被告深圳市SY漁業有限公司（以下簡稱SY公司）與安某衛生前存在勞動關係。SY公司作為投保人，為包括安某衛在內的48名船員向中國人民財產保險股份有限公司（以下簡稱人保公司）投保團體意外傷害保險，保險金額60萬元。2012年9月，安某衛等14名船員被派遣至SY公司所有的「中洋26」輪上進行遠海捕魚作業，後該輪在法屬波利尼西亞附近海域遇險，安某衛未能獲救。安某衛被河南省欒川縣人民法院宣告死亡。深圳市人力資源和社會保障局作出工傷認定書，認定安某衛於因工外出在法屬波利尼西亞南方群島拉帕島附近海域遇險，經法院判決宣告死亡屬於工亡。人保公司向安某衛的父母安某、蘭某支付安某衛身故賠償金60萬元。安某、蘭某提起本案訴訟，要求SY公司支付安某衛的工傷保險待遇，包括喪葬補助金、供養親屬撫恤金、一次性工亡補助金。

法院認為

根據規定，為職工繳納工傷保險費是SY公司的法定義務，該法定義務不得通過任何形式予以免除或變相免除。根據規定，在SY公司未為安某衛繳納工傷保險費的情況下，SY公司應向安某衛的父母安某和蘭某支付工亡保險待遇。SY公司為安某衛購買的商業性意外傷害保險，性質上是SY公司為安某衛提供的一種福利待遇，不能免除SY公司作為用人單位負有的繳納工傷保險的法定義務或支付工傷保險待遇的義務。此外，法律及司法解釋並不禁止受工傷的職工或其家屬獲得雙重賠償。因此，SY公司應向安某和蘭某支付安某衛工亡的保險待遇。

實務要點

《中華人民共和國工傷保險條例》第2條第1款規定：中華人民共和國境內的企業、事業單位、社會團體、民辦非企業單位、基金會、律師事務所、會計師事務所等組織和有雇工的個體工商戶（以下稱用人單位）應當依照本條例規定參加工傷保險，爲本單位全部職工或者雇工（以下稱職工）繳納工傷保險費。

《中華人民共和國工傷保險條例》第62條第2款又進一步規定：依照本條例規定應當參加工傷保險而未參加工傷保險的用人單位職工發生工傷的，由該用人單位按照本條例規定的工傷保險待遇項目和標準支付費用。

最高人民法院《關於審理工傷保險行政案件若干問題的規定》第8條第1款規定：職工因第三人的原因受到傷害，社會保險行政部門以職工或者其近親屬已經對第三人提起民事訴訟或者獲得民事賠償爲由，作出不予受理工傷認定申請或者不予認定工傷決定的，人民法院不予支持；第三款規定：職工因第三人的原因導致工傷，社會保險經辦機構以職工或者其近親屬已經對第三人提起民事訴訟爲由，拒絕支付工傷保險待遇的，人民法院不予支持，但第三人已經支付的醫療費用除外。

◎ 案例索引
《最高人民法院公報》：2017年第12期

案例49

在中國大陸，工傷職工在停工留薪期內的工資，
用人單位應照常發放

甘某爲TW電子公司的員工，2015年5月29日，甘某在工作中受傷，其後被送院治療，2016年1月8日出院。2016年6月17日因康復治療又入院，直到2016年8月14日出院。法院認定甘某的停工留薪期爲2015年5月29日至2016年1月8日及2016年6月17日至2016年8月14日。另查

明，甘某受傷前的平均工資為3,816.92元，TW電子公司在甘某停工留薪期間已按2,016.27元／月（該工資為剔除加班費後的平均工資）向甘某支付工資。現甘某要求TW電子公司按照其受傷前的平均工資補足其停工留薪期工資的差額。

法院認為

TW電子公司應按甘某的原工資水準向甘某支付停工留薪期工資；甘某受傷前的月平均工資為3,816.92元；故TW電子公司在甘某停工留薪期間，應以甘某受傷前平均工資為計算標準向甘某支付停工留薪期工資，即：甲公司還需向甘某支付停工留薪期工資差額16,746.04元＝〔（3,816.92元－2,016.27元）／月×（8個月＋39天）（停工留薪期）〕。

實務要點

《中華人民共和國工傷保險條例》第26條規定：職工因工傷遭受事故傷害或者患職業病需要暫停工作接受工傷治療的，在停工留薪期內，原工資福利待遇不變，由所在單位按月支付。

備註：中國大陸各省法院對前述規定中的「原工資福利待遇」的理解尚存在不一致的情況，特別就是否應包含加班費問題存在不同的理解，即有些省份的法院認為應包含加班費，有些省份的法院認為不包含加班費。有些省份的法院以往的判決不支持包含加班費，但現在支持包含加班費，如廣東省。

◎ 案例索引

中國裁判文書網：廣東省東莞市中級人民法院（2018）粵19民終7521號《民事判決書》

案例50

在中國大陸，就患病職工的醫療期工資， 用人單位應要在勞動合同中明確約定

　　唐某於2016年3月16日入職廣東東莞TH物業公司，雙方簽訂了書面勞動合同，但未就醫療期工資進行約定。2017年10月30日，唐某因身體不適入院治療，同年11月25日被診斷為胰頭癌淋巴結轉移。唐某即未再返回TH公司上班，但雙方勞動關係亦未解除，TH公司亦未再向唐某支付工資。2018年4月4日，唐某病逝。

　　唐某去世後，其妻子張某及其兒女唐1、唐2以繼承人的身份要求TH公司支付唐某2017年11月1日～2018年4月4日的病假工資。雙方因此發生爭議。

法院認為

根據《企業職工患病或非因工負傷醫療期規定》第3條的規定，確定唐某的醫療期為2017年11月1日～2018年4月4日。唐某與TH公司簽署的勞動合同中沒有對醫療期工資的約定，依據《廣東省工資支付條例》（注：此案例發生在廣東省東莞市）第24條的規定，TH公司應支付給唐某的醫療期工資不得低於本地區最低工資標準（彼時東莞市最低工資標準為1,510元／月）的80%，計算為：1,510×80%×5.13個月＝6,197.04元。張某、唐1、唐2作為唐某的法定繼承人，有權主張原應由唐某主張的債權，故TH公司應向張某三人支付前述認定的醫療期工資。

實務要點

《廣東省工資支付條例》第24條規定：勞動者因病或者非因工負傷停止工作進行治療，在國家規定的醫療期內，用人單位應當依照勞動合同、集體合同的約定或者國家有關規定支付病傷假期工資。用人單位支付的病傷假期工資

不得低於當地最低工資標準的百分之八十。

備註：在雙方沒有就醫療期工資進行約定的情況下，直接確認用人單位按
　　　照本地區最低工資標準的百分之八十向勞動者支付醫療期間的工資，
　　　這是廣東的司法實踐。關於醫療期工資，各地工資支付條例的規定並
　　　不完全一致，以上海地區爲例，如雙方沒有事先對醫療期工資進行約
　　　定，則法院會支持按照勞動者正常出勤工資的70%支付醫療期工資。
　　　爲防止勞資雙方就醫療期工資產生爭議，建議用人單位在遵循當地相
　　　關法律、法規之規定的前提下，事先與勞動者在勞動合同中約定醫療
　　　期工資的支付標準。

◎ 案例索引

https://openlaw.cn：廣東省東莞市第一人民法院（2018）粵1971民初4393號
《民事判決書》

案例51

在中國大陸，即使勞動者對其工傷損害存過錯，
也不能減免用人單位的工傷責任

　　宋某爲深圳市XRL建築公司的員工，雙方簽訂了書面合同，但公司
未爲宋某繳納社會保險（含工傷保險）。2014年10月30日，宋某在工
作中因違規操作機器，造成右手第二指遠節指骨骨折；同年11月5日被
認定爲工傷，後被鑑定爲十級傷殘。XRL公司一直未對宋某進行工傷賠
償，宋某申請仲裁，要求XRL公司支付其各項工傷待遇，仲裁庭支持了
宋某的請求，裁決建築公司根據法律規定向宋某支付各項工傷待遇。
XRL公司不服，認爲宋某係違規作業造成工傷，雙方簽署的勞動合同中
明確約定，勞動者違規作業造成的損害應由勞動者承擔全部責任，故提
起訴訟。

法院認為

對用人單位而言，工傷責任爲無過錯責任，即只要職工的傷情被認定爲工傷，該職工就可以享受法定全部項目的工傷保險待遇，而不論職工在工傷事故中是否存在過錯，並國家因此通過建立工傷保險制度來分擔用人單位的工傷支出風險，保障工傷職工權益。本案宋某的傷情已被認定爲工傷，作爲用人單位的XRL公司應按照工傷保險條例的規定向宋某給付工傷保險待遇。另外需要指出的是，遭受事故傷害的職工的一般性過錯（如偶爾的違規違紀行爲）不會影響其工傷的認定。對於XRL公司與宋某簽署的勞動合同中所約定的勞動者違規作業造成的損害應由勞動者承擔全部責任的條款，該條款排除了勞動者應享有的權利，屬無效條款。

實務要點

《中華人民共和國工傷保險條例》第16條規定：職工符合本條例第十四條、第十五條的規定，但是有下列情形之一的，不得認定爲工傷或者視同工傷：（一）故意犯罪的；（二）醉酒或者吸毒的；（三）自殘或者自殺的。
《工傷保險條例》第62條第2款規定：依照本條例規定應當參加工傷保險而未參加工傷保險的用人單位職工發生工傷的，由該用人單位按照本條例規定的工傷保險待遇項目和標準支付費用。

◎ 案例索引

https://openlaw.cn：重慶市第五中級人民法院（2016）渝05民終2976號《民事判決書》

案例52

在中國大陸，勞動者在上、下班途中發生非其本人
主要責任的交通事故，屬工傷

　　歐某原係東莞市東城DY商場的員工，2017年3月21日5時55分，歐某上班途中時發生交通事故，導致其受傷，經送醫院搶救無效死亡。交警部門出具的《交通事故責任認定書》認定：歐某在此次交通事故中負次要責任。東莞市社保局經歐某之子申請工傷認定並經調查，認定歐某的死亡為工亡。DY商場的經營者鄒某對社保局做出的工傷認定不服，向東莞市政府申請行政覆議。東莞市政府覆議決定維持社保局作出的工傷認定。鄒某仍不服，認為歐某當天並非是去上班的途中，而是去辦私事的途中，不應當認定為工傷，故向法院起訴。

法院認為

歐某發生事故的地點於××村路段，是歐某住所到DY商場的途中。歐某的上班打卡時間為6時，歐某2017年3月1日至20日期間每天的打卡時間在5時58分至6時3分，而其於2017年3月21日5時55分許發生交通事故，為歐某前往DY商場的合理時間段，應屬於歐某正常上班途中。鄒某雖主張歐某當時是去辦私事途中而不是上班途中，但未提供證據予以證明。歐某在本次交通事故中死亡，且交警部門出具的《交通事故認定書》認定歐某負次要責任，社保局的認定程序合法、事實依據充分。DY商場鄒某的起訴應予駁回。

實務要點

《中華人民共和國工傷保險條例》第14條規定：職工有下列情形之一的，應當認定為工傷：

（一）在工作時間和工作場所內，因工作原因受到事故傷害的；

（二）工作時間前後在工作場所內，從事與工作有關的預備性或者收尾性工

作受到事故傷害的；

（三）在工作時間和工作場所內，因履行工作職責受到暴力等意外傷害的；

（四）患職業病的；

（五）因工外出期間，由於工作原因受到傷害或者發生事故下落不明的；

（六）在上下班途中，受到非本人主要責任的交通事故或者城市軌道交通、客運輪渡、火車事故傷害的；

（七）法律、行政法規規定應當認定為工傷的其他情形。

備註：《中華人民共和國工傷保險條例》第15條規定：職工有下列情形之一的，視同工傷：

　　（一）在工作時間和工作崗位，突發疾病死亡或者在48小時之內經搶救無效死亡的；

　　（二）在搶險救災等維護國家利益、公共利益活動中受到傷害的；

　　（三）職工原在軍隊服役，因戰、因公負傷致殘，已取得革命傷殘軍人證，到用人單位後舊傷復發的。

職工有前款第（一）項、第（二）項情形的，按照本條例的有關規定享受工傷保險待遇；職工有前款第（三）項情形的，按照本條例的有關規定享受除一次性傷殘補助金以外的工傷保險待遇。

◎ 案例索引

https://openlaw.cn：廣東省東莞市中級人民法院（2018）粵19行終133號《行政判決書》

案例53

在中國大陸，如用人單位逾期申報工傷，需承擔相應法律責任

　　李某為錦州市GJ公司的員工，係GJ公司的司機，GJ公司已為其繳納社保險（含工傷保險）。2014年11月15日，李某在工作中受到第三人趙某的暴力傷害，導致受傷住院。事故發生後，GJ公司未向當地社保局就李某所受傷害申請工傷認定。李某康復出院後，於2015年7月5日

向當地社保局申請工傷認定，社保局於2015年7月10日作出工傷認定決定書，認定李某所受傷害為工傷。李某要求GJ公司向其支付2014年11月15日至2015年5月19日的工資、醫療費、護理費、住院伙食補助費等工傷保險待遇。但GJ公司認為既然已經社保局認定為工傷，除工資外的工傷保險待遇應由工傷社保基金支付。另查明：致害人鄒某未向李某支付任何賠償。

法院認為

職工發生傷害後，用人單位應當在法定期限內就是否屬於工傷申請勞動行政主管部門進行認定。逾期申請的，申請日前的相關工傷待遇由用人單位承擔。本案中GJ公司未在法定期限內為李某申請工傷認定，而是在用人單位申請期限屆滿後由李某自行申請認定的，因此，在李某申請前已經產生的李某應享受的工傷待遇應由作為用人單位的GJ公司承擔。故，李某訴求GJ公司支付醫療費、護理費、住院伙食補助費及停工留薪期工資，本院予以支持。

實務要點

《中華人民共和國工傷保險條例》第17條第1款規定：職工發生事故傷害或者按照職業病防治法規定被診斷、鑒定為職業病，所在單位應當自事故傷害發生之日或者被診斷、鑒定為職業病之日起30日內，向統籌地區社會保險行政部門提出工傷認定申請。遇有特殊情況，經報社會保險行政部門同意，申請時限可以適當延長。第2款規定：用人單位未按前款規定提出工傷認定申請的，工傷職工或者其近親屬、工會組織在事故傷害發生之日或者被診斷、鑒定為職業病之日起1年內，可以直接向用人單位所在地統籌地區社會保險行政部門提出工傷認定申請。第3款規定：按照本條第一款規定應當由省級社會保險行政部門進行工傷認定的事項，根據屬地原則由用人單位所在地的設區的市級社會保險行政部門辦理。第4款規定：用人單位未在本條第一款規定的時限內提交工傷認定申請，在此期間發生符合本條例規定的工傷待遇

等有關費用由該用人單位負擔。

◎ 案例索引

https://openlaw.cn：遼寧省錦州市中級人民法院（2016）遼07民終1456號《民事判決書》

案例54

如職工患職業病或發生安全生產事故，
中國大陸的用人單位需承擔工傷和人身損害賠償雙重責任

許某於2004年8月19日入職東莞市PKQ公司從事印刷工作，接觸油墨、白電油、還原劑等物質，2014年1月22日被東莞市慢性病防治院診斷為「職業性慢性輕度苯中毒（白細胞減少症）」。同年許某被東莞市勞動能力鑒定委員會鑒定為傷殘七級，未達護理等級。同年12月26日，東莞市社保基金管理中心作出職工因工傷亡補償待遇支付決定，許某領取了一次性傷殘補助金77,025元。許2015年2月3日，許某起訴PKQ公司，要求支付其殘疾賠償金、精神損害撫慰金、住院伙食補助費差額、誤工費差額、營養費、被撫養人生活費等人身損害賠償項目。

法院認為

根據調查、審理，PKQ公司未能提供證據證明其已做足了健康防護措施，並未能證明許某對其自身患職業病存在過錯，應認定PKQ公司對徐某患職業病存在過錯，許某在享受工傷保險待遇的同時，有權就其損害向PKQ公司主張人身損害賠償，但兩者在本質上一致的項目應予相互抵扣。故判決PKQ公司向許某支付殘疾賠償金、精神損害撫慰金、住院伙食補助費差額、誤工費差額、營養費、被撫養人生活費合計403,764.40元。《中華人民共和國職業病防治法》第58條規定，職業病人除依法享受工傷保險外，依照有關民事法

律，尚有獲得賠償的權利的，有權向用人單位提出賠償要求。現許某因案涉職業病取得工傷保險賠償之後，再依前述規定向PKQ公司請求民事賠償，應予支持。

實務要點

《中華人民共和國工傷保險條例》第1條規定：為了保障因工作遭受事故傷害或者患職業病的職工獲得醫療救治和經濟補償，促進工傷預防和職業康復，分散用人單位的工傷風險，制定本條例。

《職業病防治法》第58條規定：職業病人除依法享受工傷保險外，依照有關民事法律，尚有獲得賠償的權利的，有權向用人單位提出賠償要求。

備註：《廣東省高級人民法院關於審理勞動爭議案件疑難問題的解答》第15
　　　條的規定，勞動者因安全生產事故或患職業病獲得工傷保險待遇後，
　　　以人身損害賠償為由請求用人單位承擔賠償責任的，應予支持，但應
　　　扣除兩者在本質上相同的項目。

◎ 案例索引

https://openlaw.cn：廣東省東莞市中級人民法院（2016）粵19民終917號《民事判決書》

案例55

在中國大陸，如未給勞動者繳納社會保險，
勞動者有權主張被迫解除勞動合同

　　詹某於2012年3月6日入職無錫市PF公司，PF公司未為詹某繳納社會保險。2017年1月10日，詹某要求PF公司補繳入職期間的全部社保，但PF公司表示不同意。同年10月24日，詹某以PF公司未依法繳納社保為由提出被迫解除勞動關係，並要求PF公司支付經濟補償金。雙方因此發生爭議，詹某申請了仲裁及提起訴訟。詹某離職前十二個月平均工資為6,886元。

法院認為

用人單位為職工代扣代繳社會保險費是其法定和強制性義務，本案PF公司未為詹某代扣代繳社會保險費雙方不持異議，本院予以確認。對於PF公司所主張的詹某於2013年曾表示已經購買了新農村養老保險並拒絕繳納社保，詹某不予認可，且PF公司未提供詹某曾拒絕辦理社保的證據材料，因此對PF公司的主張不予採信。作為勞動者的詹某有權據此解除勞動合同；並PF公司應向詹某支付經濟補償金。本院對詹某的請求予以支持。PF公司應向詹某支付經濟補償金為41,316元（6,886元／月×6個月）。

實務要點

《中華人民共和國勞動合同法》第38條規定：用人單位有下列情形之一的，勞動者可以解除勞動合同：（一）未按照勞動合同約定提供勞動保護或者勞動條件的；（二）未及時足額支付勞動報酬的；（三）未依法為勞動者繳納社會保險費的；（四）用人單位的規章制度違反法律、法規的規定，損害勞動者權益的；（五）因本法第二十六條第一款規定的情形致使勞動合同無效的；（六）法律、行政法規規定勞動者可以解除勞動合同的其他情形。用人單位以暴力、威脅或者非法限制人身自由的手段強迫勞動者勞動的，或者用人單位違章指揮、強令冒險作業危及勞動者人身安全的，勞動者可以立即解除勞動合同，不需事先告知用人單位。

《中華人民共和國勞動合同法》第46條規定：有下列情形之一的，用人單位應當向勞動者支付經濟補償：（一）勞動者依照本法第三十八條規定解除勞動合同的；（二）用人單位依照本法第三十六條規定向勞動者提出解除勞動合同並與勞動者協商一致解除勞動合同的；（三）用人單位依照本法第四十條規定解除勞動合同的；（四）用人單位依照本法第四十一條第一款規定解除勞動合同的；（五）除用人單位維持或者提高勞動合同約定條件續訂勞動合同，勞動者不同意續訂的情形外，依照本法第四十四條第一項規定終止固定期限勞動合同的；（六）依照本法第四十四條第四項、第五項規定終止勞動合同的；（七）法律、行政法規規定的其他情形。

◎ 案例索引

https://openlaw.cn：江蘇省無錫市中級人民法院（2018）蘇02民終2735號《民事判決書》

案例56

處在孕期、產期、哺乳期女工，中國大陸有特別的法律保護規定

　　霍某於2015年9月入職湖南JS公司，任職質檢員，已繳納醫療、工傷及生育保險。2017年5月17日，JS公司以霍某的勞動合同丟失為由，要求霍某補充簽訂書面勞動合同。但霍某認為JS公司從未與其訂立過書面勞動合同，不同意JS公司補簽勞動合同的說法並拒絕簽訂。2017年5月22日，JS公司以霍某拒簽勞動合同為由作出了與霍某解除勞動關係的決定，向霍某送達《解除勞動關係通知書》。此時，霍某已懷孕數月，霍某認為JS公司的做法是違法解除勞動關係，要求JS公司支付違法解除勞動關係的賠償金。法院另查明，霍某解除勞動關係前十二個月的平均工資為2,293元。

法院認為

JS公司主張由於人事保管不善導致勞動合同丟失，但未能提供證據證明，且霍某不予認可，法院認定JS公司從未與霍某訂立書面勞動合同。因JS公司提出簽訂勞動合同的理由不能成立，霍某不簽訂勞動合同不能認定為屬於霍某單方面的責任，JS公司單方面作出與霍某解除勞動關係，其理由不能成立。此外，在女職工無重大違紀等行為的情況下國家相關法律禁止用人單位在其懷孕期間解除勞動合同。JS公司在霍某懷孕期間解除與霍某的勞動關係，違反了法律規定，JS公司應向霍某支付違法解除勞動關係的經濟賠償金9,172元（2,293元／月×2個月×2倍）。

實務要點

《中華人民共和國勞動合同法》第42條規定：勞動者有下列情形之一的，用人單位不得依照本法第四十條、第四十一條的規定解除勞動合同：（一）從事接觸職業病危害作業的勞動者未進行離崗前職業健康檢查，或者疑似職業病病人在診斷或者醫學觀察期間的；（二）在本單位患職業病或者因工負傷並被確認喪失或者部分喪失勞動能力的；（三）患病或者非因工負傷，在規定的醫療期內的；（四）女職工在孕期、產期、哺乳期的；（五）……。

《中華人民共和國勞動合同法》第87條規定：用人單位違反本法規定解除或者終止勞動合同的，應當依照本法第四十七條規定的經濟補償標準的二倍向勞動者支付賠償金。

備註：《中華人民共和國勞動合同法》第48條規定：用人單位違反本法規定解除或者終止勞動合同，勞動者要求繼續履行勞動合同的，用人單位應當繼續履行；勞動者不要求繼續履行勞動合同或者勞動合同已經不能繼續履行的，用人單位應當依照本法第八十七條規定支付賠償金。即本案霍某還可以選擇繼續履行勞動合同以維護其權益。

◎ 案例索引

https://openlaw.cn：湖南省炎陵縣人民法院（2017）湘0225民初376號《民事判決書》

案例57

在中國大陸使用未成年工，應遵守其特別法律規定

何某出生於1999年10月10日，其於2015年12月初入職甲建設有限公司從事粉刷工作。2016年4月13日，何某到甲公司所在地縣人力資源與社會保障局（以下簡稱「縣人社局」）投訴反映：其於2015年12月入職甲公司並做到2016年3月底，公司拖欠其工資3150元未發。在對何某詢問的過程中，監察大隊工作人員發現何某為未成年工，且公司未

安排其體檢，涉嫌未依法對未成年工進行定期健康檢查；2016年4月13日，縣人社局對甲公司涉嫌未對未成年工進行定期健康檢查的行為予以立案調查。經查明，甲公司在安排工作崗位前未對何某進行健康檢查。甲公司在被調查後積極做出情況說明，已認識到未對未成年工定期進行健康檢查的錯誤，接受處罰，同意配合進行整改。

人社局認為

年滿十六周歲未滿十八周歲的勞動者屬未成年工，未成年工正處於身體的生長發育期，相關法律規定根據未成年工的身體狀況和生理特點，規定對未成年工在勞動中的安全和衛生加以特殊保護。對未成年工進行定期健康檢查是用人單位法定義務，違反規定未對未成年工進行定期健康檢查應按《勞動保障監察條例》的規定予以行政處罰。結合《麗水市勞動保障監察行政處罰自由裁量權適用辦法》和《麗水市勞動保障行政處罰裁量標準》規定的罰款幅度，根據甲公司違法的情節，決定對甲公司以1,000元的行政罰款。

實務要點

《未成年工特殊保護規定》第2條規定：未成年工是指年滿十六周歲，未滿十八周歲的勞動者。未成年工的特殊保護是針對未成年工處於生長發育期的特點，以及接受義務教育的需要，採取的特殊勞動保護措施。

《未成年工特殊保護規定》第6條規定：用人單位應按下列要求對未成年工定期進行健康檢查：（一）安排工作崗位之前；（二）工作滿1年；（三）年滿18周歲，距前一次的體檢時間已超過半年。

《勞動保障監察條例》第23條規定：用人單位有下列行為之一的，由勞動保障行政部門責令改正，按照受侵害的勞動者每人1,000元以上5,000元以下的標準計算，處以罰款：（一）……（八）未對未成年工定期進行健康檢查的。

◎案例索引

（慶人社監罰字〔2016〕1號）http://www.zjzwfw.gov.cn/zjzw/punish/frontpunish/detail.do?unid=331126161604291302154

第五章

勞動用工糾紛

案例58

中國大陸法律禁止用人單位聘用與未滿16周歲的未成年人

伍某出生於2001年7月2日，2016年7月下旬，伍某受聘於中山市FSLD美容會所，在FSLD美容會所擔任剪髮技術學徒，為明確雙方的權利義務，FSLD美容會所與伍某簽訂了勞動合同，FSLD美容會所每月向伍某發放823元的生活費。2016年10月8日起，伍某無故曠工未再到FSLD美容會所上班。10月15日，FSLD美容會所告知伍某因其曠工故將其辭退。伍某知悉後，申請勞動仲裁，要求FSLD美容會所支付經濟補償金，並根據雙方簽訂的勞動合同發放欠付的2016年9月份的工資，但FSLD美容會所拒絕伍某的要求。本案仲裁不予受理後伍某訴至法院。

法院認為

伍某進入FSLD美容會所工作時尚未年滿16周歲，不具備勞動者主體資格，用人單位依法不得聘用，FSLD美容會所違反了法律的禁止性規定，伍某與FSLD美容會所簽訂的勞動合同自始無效。伍某與FSLD美容會所之間不能適用勞動法，FSLD美容會所無需向伍某支付經濟補償金。但伍某已經提供勞動，FSLD美容會所應向伍某支付所欠付的勞動報酬。

實務要點

《中華人民共和國勞動合同法》第15條第1款規定：禁止用人單位招用未滿十六周歲的未成年人。該法律明令禁止用人單位招用未滿16周歲的未成年人。用人單位不得違反該禁止性規定。

《禁止使用童工規定》第18條第1款規定：國家機關、社會團體、企事業單位、民辦非企業單位或者個體工商戶均不得招用未滿16周歲的未成年人。該法規也作出了同樣的禁止性規定。違反法律法規禁止性規定的合同均為無效合同，勞動合同也不例外。

備註：根據《禁止使用童工規定》第6條的規定。用人單位使用童工的，由
　　　勞動保障行政部門責令限期改正，責令用人單位限期將童工送回原居
　　　住地交其父母或者其他監護人，所需交通和食宿費用全部由用人單位
　　　承擔。並按照每使用一名童工每月處5,000元罰款的標準給予處罰；
　　　在使用有毒物品的作業場所使用童工的，按照《使用有毒物品作業場
　　　所勞動保護條例》規定的罰款幅度，或者按照每使用一名童工每月處
　　　5,000元罰款的標準，從重處罰。逾期不將童工送交其父母或者其他監
　　　護人的，從責令限期改正之日起，由勞動保障行政部門按照每使用一
　　　名童工每月處1萬元罰款的標準處罰，並由市場監督管理部門吊銷其
　　　營業執照或者由民政部門撤銷民辦非企業單位登記。

◎ 案例索引

中國裁判文書網：廣東省中山市第一人民法院（2016）粵2071民初26515號
《民事判決書》

案例59

在中國大陸，如未與勞動者簽訂書面勞動合同，
需向勞動者給付雙倍工資

　　吳某於2017年3月16日入職深圳市GL米業公司，任職打包員。雙
方口頭約定，吳某每週上班5天，每天工作8小時，工資為4200元／
月，GL公司於每月最後一日發放當月的工資，但雙方未簽訂書面勞動
合同。2017年11月16日，GL公司以吳某嚴重違反公司規章制度為由將
吳某辭退。吳某認為GL公司未與其簽訂書面勞動合同，應向其支付自
2017年4月16日起至其離職之日止未簽訂書面勞動合同的雙倍工資，GL
公司拒絕吳某的要求。雙方因此發生爭議，故吳某向勞動仲裁委員會
申請仲裁，GL公司答辯稱，其已與吳某簽訂書面勞動合同，但合同因
保管不善遺失了。仲裁裁決不採納GL公司的理由，裁決支持吳某的主
張，GL公司不服，遂向法院提起訴訟。

法院認為

法院認為吳某提供的工資條、銀行流水、工牌、工服等證據材料證明GL公司與吳某之前存在事實勞動關係，GL公司主張其已與吳某簽訂了書面勞動合同但未能舉證證明，故應認定GL公司未與吳某簽訂書面勞動合同，GL公司應向吳某支付自2017年4月16日起至雙方勞動關係解除之日止期間的雙倍工資之差額。

實務要點

《中華人民共和國勞動合同法》第82條第1款規定：用人單位自用工之日起超過一個月不滿一年未與勞動者訂立書面勞動合同的，應當向勞動者每月支付二倍的工資。

《最高人民法院關於民事訴訟證據的若干規定》第2條規定：當事人對自己提出的訴訟請求所依據的事實或者反駁對方訴訟請求所依據的事實有責任提供證據加以證明。沒有證據或者證據不足以證明當事人的事實主張的，由負有舉證責任的當事人承擔不利後果。甲公司主張其已與吳某簽訂了書面的勞動合同，但未能舉證證明，其應當承當舉證不能的不利後果。

備註：《中華人民共和國勞動合同法實施條例》第7條規定：用人單位自用工之日起滿一年未與勞動者訂立書面勞動合同的，自用工之日起滿一個月的次日至滿一年的前一日應當依照勞動合同法第八十二條的規定向勞動者每月支付兩倍工資，並視爲自用工之日起滿一年的當日已經與勞動者訂立無固定期限勞動合同，應當立即與勞動者補訂書面勞動合同。根據前述規定，勞動者以用人單位未與其簽訂書面勞動合同爲由主張雙倍工資的，自用工之次月起算，至多可計算11個月。

◎ 案例索引

中國裁判文書網：廣東省深圳市中級人民法院（2018）粵03民終16009號《民事判決書》

案例60

用人單位發出錄用通知後，又拒絕錄用，
在中國大陸需承擔賠償責任

　　張某在網站上看到北京YTHR科技公司的招聘資訊後，向YTHR公司投遞了簡歷，2016年8月4日，YTHR公司向張某發出錄用通知書，內容為「非常高興地通知您，經過考核，您已經被我公司正式錄用……一、崗位名稱：網優工程師……二、待遇：……三、報到時間：2016年8月31日……五、報到所需資料……」。張某2016年8月11日向其正在任職的公司申請離職，同月19日解除勞動關係。2016年8月30日，YTHR公司向張某發送電子郵件，告知張某YTHR公司取消對張某的錄用。張某收到電子郵件，認為YTHR公司取消錄用違反誠實信用原則，要求YTHR公司賠償其經濟損失。

法院認為

YTHR公司向張某發出的聘用通知書明確寫明「正式錄用」，並要求原告按時報到，並需提供「上家用人單位的離職證明」，YTHR公司的行為足以使張某相信其已經被錄用，對張某形成合理信賴，並且張某為將來與YTHR公司建立勞動關係而做了與原用人單位解除勞動關係的準備工作。YTHR公司取消入職通知的行為使張某與原用人單位解除勞動關係後，未能及時入職，由此給張某造成的經濟損失，應予賠償。

實務要點

《中華人民共和國合同法》第42條規定：當事人在訂立合同過程中有下列情形之一，給對方造成損失的，應當承擔損害賠償責任：……（三）有其他違背誠實信用原則的行為。

◎案例索引

中國裁判文書網：北京市朝陽區人民法院（2016）京0105民初63006號《民事判決書》

案例61

在中國大陸，涉及勞動者切身利益的管理規章制度，需經特別程序方對勞動者具有約束力

胡某於2011年12月份入職廣東東莞MGY五金廠，任職研磨工。2017年4月14日，胡某與同事王某發生爭執，進而打架。2017年4月16日，MGY五金廠以胡某於2017年4月14日在車間打架鬥毆、影響特別嚴重，已嚴重違反用人單位的規章制度為由，將兩人開除。胡某認為MGY五金廠違法解除勞動關係，要求MGY五金廠賠償違法解除勞動關係賠償金。另查明，MGY五金廠提供了其《規章制度》，擬證明胡某的行為嚴重違反其規章制度，符合《中華人民共和國勞動合同法》第39條的規定，無需支付賠償金。

法院認為

MGY五金廠未能提交《規章制度》是經過與全體職工討論、平等協商確定，並經過公示或組織勞動者進行過學習、培訓的證據。該《規章制度》非合法有效的管理依據，MGY五金廠不能依據該《規章制度》將胡某開除。MGY五金廠屬違法解除與胡某的勞動合同，應向胡某支付賠償金。

實務要點

《中華人民共和國勞動合同法》第4條規定：用人單位在制定、修改或者決定有關勞動報酬、工作時間、休息休假、勞動安全衛生、保險福利、職工培訓、勞動紀律以及勞動定額管理等直接涉及勞動者切身利益的規章制度或者

重大事項時，應當經職工代表大會或者全體職工討論，提出方案和意見，與工會或者職工代表平等協商確定。

◎ 案例索引

中國裁判文書網：廣東省東莞市第三人民法院（2017）粵1973民初8404號《民事判決書》

案例62

如用人單位被認定存在就業歧視，在中國大陸需對勞動者做賠償

梁某，女，於2015年2月6日取得中式烹飪調師三級／高級技能職業資格證書。梁某於2015月6日28日在「58同城」網站上看到廣東HSJ公司發佈招聘廚房學徒的廣告，廣告中無明確性別要求，指定面試地點為廣州MHX酒樓。梁某於2015年6月29日前往MHX酒樓應聘，填寫了入職申請表，但MHX酒樓未對其進行面試，且告知梁某廚房學徒一職已經招滿。梁某於2015年7月在「58同城」網站上再次看到HSJ公司發布同一崗位的招聘廣告，遂申請廣州公證處對該頁面進行公證並最後作成公證書，公證書顯示「招聘崗位為配菜／打荷（招8人），任職資格及其他條件載明：1.男性，18-25歲……」隨後梁某前往MHX酒樓處與前臺工作人員溝通，該工作人員表示「廚房學徒不招女的，廚房沒有女工，都是男的。你填了（表）也是沒用」，梁某對此過程進行了錄音錄影。梁某認為HSJ公司和MHX酒樓直接以其性別為由多次拒絕其應聘，拒絕給予其平等面試機會，已構成對女性應聘者的區別及排斥，侵犯了其平等就業的權利。故將HSJ公司及MHX酒樓訴至法院。

法院認為

HSJ公司及MHX酒樓以性別為由不接受梁某的應聘面試，隨後直接變更崗位要求的性別為「男性」，且通過前臺表示其不招聘女性面試應聘相關崗位，

而該崗位不屬於國家規定的不適合婦女的崗位，該行為構成對梁某的性別歧視。另：從外觀看，HSJ公司及MHX酒樓構成共同侵權，應對梁某的損失承擔連帶責任。

實務要點

《中華人民共和國勞動法》第12條規定：勞動者就業，不因民族、種族、性別、宗教信仰不同而受歧視。第13條規定：婦女享有與男子平等的就業權利。在錄用職工時，除國家規定的不適合婦女的工種或者崗位外，不得以性別為由拒絕錄用婦女或者提高對婦女的錄用標準。

《中華人民共和國就業促進法》第3條規定：勞動者依法享有平等就業和自主擇業的權利。勞動者就業，不因民族、種族、性別、宗教信仰等不同而受歧視。

《中華人民共和國就業促進法》第62條規定：違反本法規定，實施就業歧視的，勞動者可以向人民法院提起訴訟。

《中華人民共和國就業促進法》第68條規定：違反本法規定，侵害勞動者合法權益，造成財產損失或者其他損害的，依法承擔民事責任；構成犯罪的，依法追究刑事責任。

◎ 案例索引

中國裁判文書網：廣州市中級人民法院（2016）粵01民終10790號《民事判決書》

案例63

在中國大陸，用人單位不得隨意與試用期內的勞動者解除勞動合同

孫某於2012年5月9日入職CJ商學院，當日雙方簽訂勞動合同及員工薪酬福利表，約定合同期限自2012年5月9日至2015年5月9日，其中試用期自2012年5月9日至2012年11月8日；職位為學位辦公室助理經理；用期月工資6,400元，試用期通過後月工資8,000元。2012年10月

22日，CJ商學院作出《試用期解除勞動合同通知書》，內容為：「尊敬的孫某女士，由於您在試用期內（自2012年5月9日起至11月8日止）不符合CJ商學院的錄用條件，現通知您，學院決定於2012年10月25日解除與您的勞動合同。您的工資將在最後工作日予以結算，請您按學院規定辦理交接及其他離職手續，特此通知。」孫某不服，逐向北京市東城區勞動人事爭議仲裁委員會申請仲裁，案件仲裁後，經過法院二審終審。

法院認為

用人單位作出的開除、除名、辭退、解除勞動合同、減少勞動報酬、計算勞動者工作年限等決定而發生的勞動爭議，用人單位負舉證責任。經查明，CJ商學院沒有試用期考核管理辦法，也未與孫某就錄用條件具有其他書面約定。CJ商學院於2012年10月22日以孫某在試用期間不符合錄用條件為由與孫某解除勞動合同，CJ商學院作為用人單位應舉證證明解除的合法性，現CJ商學院提交的證據不足以證明已明確告知孫某其錄用條件，亦不足以證明孫某試用期間不符合錄用條件，應認定CJ商學院與孫某解除勞動合同依據不足，CJ商學院於2012年10月22日作出的《試用期解除勞動合同通知書》應予撤銷，2012年5月9日簽訂的勞動合同應繼續履行，CJ商學院應向支付孫某爭議處理期間的工資。

實務要點

《最高人民法院關於民事訴訟證據的若干規定》第6條規定：在勞動爭議糾紛案件中，因用人單位作出開除、除名、辭退、解除勞動合同、減少勞動報酬、計算勞動者工作年限等決定而發生勞動爭議的，由用人單位負舉證責任。

《中華人民共和國勞動合同法》第21條規定：在試用期中，除勞動者由本法第三十九條和第四十條第一項、第二項規定的情形外，用人單位不得解除

勞動合同。用人單位在試用期解除勞動合同的，應當向勞動者說明理由。該法第39條規定：勞動者有下列情形之一的，用人單位可以解除勞動合同：（一）在試用期間被證明不符合錄用條件的；……。

◎ 案例索引

https://openlaw.cn：北京市第二中級人民法院2013年二中民終字第16397號《民事判決書》

案例64

中國大陸用人單位不得以勞動者兼職為由隨意單方解除勞動合同

余某於2008年3月11日進入上海ZD公司工作，並自2014年4月1日起，與ZD公司簽訂無固定期限勞動合同。合同中約定，在其他單位兼職，對完成工作任務造成嚴重影響，或公司提出後仍不改正的，公司可以解除勞動合同。2013年4月18日，台州TY公司通過工商登記變更，將餘某變更為法定代表人，余某在TY公司擔任董事、經理的職務。2014年12月18日，ZD公司發現餘某在TY公司擔任法定代表人，並任該公司的董事、經理職務，逐於2014年12月22日通知餘某放棄在TY公司的任職，並要求其於2014年12月24日到公司協助調查。12月24日，ZD公司直接以餘某違反《規章制度》中「開除：1.擅自在外兼職者……」規定為由，解除與餘某的勞動合同。余某認為ZD公司的行為屬於違法解除勞動合同，應向自己支付賠償金，逐提起仲裁及訴訟。

法院認為

雙方勞動合同約定餘某在外兼職對完成工作任務造成嚴重影響，或公司提出後拒不改正的，公司方可開除。ZD公司未舉證證明餘某的兼職行為對其完成工作任務造成嚴重影響，且ZD公司於2014年12月22日通知餘某放棄在TY

公司的任職及要求其於2014年12月24日前往公司協助調查，後又在12月24日當天直接解除與餘某的勞動關係，未給予餘某期限改正機會，不符合「公司提出後拒不改正」的情形。同時，餘某任職的TY公司與ZD公司經營的業務範圍並不一致，不存競業禁止的行為，ZD公司逕行解除勞動關係的行為構成違法解除，應向餘某支付賠償金。

實務要點

《勞動合同法》第39條規定：勞動者有下列情形之一的，用人單位可以解除勞動合同：……（四）勞動者同時與其他用人單位建立勞動關係，對完成本單位的工作任務造成嚴重影響，或者經用人單位提出，拒不改正的；……。在符合前述規定下，用人單位無需向勞動者支付經濟補償金或賠償金，反之，將被認為違法解除，而需要向勞動者支付賠償金。

◎ 案例索引

中國裁判文書網：上海第二中級人民法院（2016）滬02民終3467號《民事判決書》

案例65

中國大陸用人單位安排勞動者加班，應按規定給付加班費

趙某2013年10月入職天津市LZWY公司，職務為招聘主管。趙某提供了刷卡記錄表、考勤記錄表、員工請假單、打卡異常單、請假審批單、調休單等材料，證明其出勤及加班情況，但LZWY公司未向趙某支付加班費。2018年11月25日郵寄了離職文件，提出與LZWY公司解除勞動關係，趙某的離職理由為「因LZWY公司規章制度，損害勞動者權益，所以本人被迫提出離職」。LZWY公司主張趙某為主管，屬於月薪制員工，實行的是不定時工時制度，不同意向趙某支付加班費。

法院認為

根據趙某的出勤記錄，趙某存在平日加班189個小時的事實，休息日存在181天上班但未安排調休的事實，前述事實趙某提供的證據已經形成證據鏈，足以認定；同時，趙某的加班，LZWY公司不能證明不屬於其安排；也無證據證明LZWY公司與趙某之間存在關於月薪制的約定，LZWY公司主張的不定時工時制度沒有提供經過勞動行政主管部門批准的證據；因此，LZWY公司的抗辯不予採信。

實務要點

根據《中華人民共和國勞動法》第44條規定：有下列情形之一的，用人單位應當按照下列標準支付高於勞動者正常工作時間工資的工資報酬：（一）安排勞動者延長工作時間的，支付不低於工資的150%的工資報酬；（二）休息日安排勞動者工作又不能安排補休的，支付不低於工資的200%的工資報酬；（三）法定休假日安排勞動者工作的，支付不低於工資百分之三百的工資報酬。

備註：因加班工資屬於勞動報酬的範疇，故如用人單位安排勞動者加班但未
　　　向勞動者支付加班費的，勞動者可以用人單位違反《中華人民共和國
　　　勞動合同法》第38條「未及時足額支付勞動報酬」的規定為由主張被
　　　迫解除勞動關係，並要求用人單位支付解除勞動關係的經濟補償金。

◎ 案例索引
中國裁判文書網：天津市濱海新區人民法院（2018）津0116民初34973號《民事判決書》

案例66

在中國大陸，調整勞動者工作崗位，
應符合法律規定，遵循法定程序

吳某於2004年5月27日入職丹陽市WD公司，2009年6月，因吳某右手殘疾，民政部門為其辦理四級殘疾證書。自2013年2月2日，吳某開始在WD公司擔任安全員，負責安全巡視檢查工作。2015年7月8日，WD公司口頭通知吳某調整其工作崗位，讓吳某從事清潔車駕駛員。吳某認為WD公司調整工作崗位的做法缺乏合理性，而WD公司則認為其根據公司的生產經營需要調整崗位，屬於行使自主管理權的行為。雙方因此發生爭議，吳某以被迫解除勞動合同為由要求WD公司支付經濟補償金。

法院認為

雖WD公司主張駕駛清潔車的工作較簡單，吳某可能可勝任，但WD公司未就此舉證證明，反而，因吳某右手有殘，其單手手操作駕駛清潔車缺乏安全性，WD公司調整吳某的工作崗位缺乏合理性；此外，WD公司也沒有提供證據證明吳某不能勝任原工作，因此，WD公司主張自主用工權不能成立。現WD公司調整吳某的崗位未與吳某協商，性質屬於單方面變更勞動合同和勞動條件，吳某明確表示不同意，並依此提出被迫解除勞動合同，於法有據。

實務要點

工作內容為勞動合同應當具備的內容之一，《中華人民共和國勞動合同法》第35條規定：用人單位與勞動者協商一致，可以變更勞動合同約定的內容。變更勞動合同，應當採用書面形式。變更後的勞動合同文本由用人單位和勞動者各執一份。第40條規定：有下列情形之一的，用人單位提前三十日以書

面形式通知勞動者本人或者額外支付勞動者一個月工資後，可以解除勞動合同：……（二）勞動者不能勝任工作，經過培訓或者調整工作崗位，仍不能勝任工作的；……。以上兩種變更方式為《中華人民共和國勞動合同法》所允許的方式，其他用人單位單方面變更方式，通常難以被司法實踐所接受。

◎ 案例索引

中國裁判文書網：江蘇省鎮江市中級人民法院（2016）蘇11民終126號《民事判決書》

案例67

在中國大陸，對勞動者違反勞動紀律進行「罰款」，需謹慎

　　1999年，汪某入職廣州CSZX公司。2014年2月2日，雙方簽訂最後一份勞動合同，其中約定：勞動者如違反公司的規章制度被處以罰款，給公司造成經濟損失需要賠償的，勞動者同意公司可在其工資中扣除。2015年6月19日，汪某向CSZX公司遞交了《員工辭職申請表》，辭職原因「經常罰款，每個月都扣工資」，後再未到CSZX公司上班。2015年6月30日，CSZX公司向王某發出《限期返崗通知書》，要求其按時返崗，否則視為自離。汪某認為公司罰款屬於克扣工資，其屬於被迫離職，CSZX公司應支付經濟補償金。CSZX公司主張扣款是依據公司獎懲管理和考勤制度決定，不屬於克扣工資，且公司有要求汪某限期返崗，汪某自行不返崗屬於其自己離職，與CSZX公司無關。雙方因此引發爭議。汪某提供了工資表、扣款通知等證據，擬證明2013年6月-2015年4月期間其被扣發工資6,286元。

法院認為

汪某提供的工資表、扣款通知等證據，足以證明2013年6月-2015年4月期間其被CSZX公司扣發工資6,286元。就扣發工資的合法性，應由CSZX公司進

行舉證。CSZX公司依據其規章制度扣發汪某的工資，首先要考察該規章制度的合法性，具體到本案，CSZX公司的規章制度未依據法定程序制定，且其中關於罰款的內容，與法律法規精神相違背，屬內容不合法。故CSZX公司的行為構成無故克扣汪某的工資，汪某依據《中華人民共和國勞動合同法》第38條的規定提出被迫解除勞動合同並要求CSZX公司支付經濟補償金，於法有據，應予支持。

實務要點

原勞動部《工資支付暫行規定》第15條規定：用人單位不得克扣勞動者工資。有下列情況之一的，用人單位可以代扣勞動者工資：（一）用人單位代扣代繳的個人所得稅；（二）用人單位代扣代繳的應由勞動者個人負擔的各項社會保險費用；（三）法院判決、裁定中要求代扣的撫養費、贍養費；（四）法律、法規規定可以從勞動者工資中扣除的其他費用。

《工資支付暫行規定》第16條規定：因勞動者本人原因給用人單位造成經濟損失的，用人單位可按照勞動合同的約定要求其賠償經濟損失。經濟損失的賠償，可從勞動者本人的工資中扣除。但每月扣除的部分不得超過勞動者當月工資的20%。若扣除後的剩餘工資部分低於當地月最低工資標準，則按最低工資標準支付。根據前述規定，用人單位扣除勞動者工資僅限於代扣和損失賠償範疇，而不涉及對勞動者罰款時可扣除。中國大陸的法律法規目前尚無賦予用人單位對勞動者罰款的權利。

◎ 案例索引

中國裁判文書網：廣東省廣州市中級人民法院（2016）粵01民終10785、10786號《民事判決書》

案例68

在中國大陸，可與接受專業技能培訓的勞動者約定服務期及違約金

丘某於2010年入職東莞MC電子公司。2014年，丘某申請赴日研修，學習日本的經營管理理念、市場行銷技術、馬達控制技術及產品開發流程。2014年11月24日，MC公司批准了丘某的申請。2015年6月19日，雙方簽訂了《員工出國研修協議書》，約定：1.MC公司安排丘某赴日進行半年的研修培訓，時間為2015年6月21日至2015年12月19日；2.丘某赴日研修的簽證費、往返機票費、外國住宿費、學習培訓等與研修相關的費用，由MC公司全額承擔；3.丘某培訓後回國，應自返崗之日起為繼續為MC公司服務5年；4.丘某未按約定履行服務期限，提前離職的，應當按照尚未服務的期間（單位：月）與總服務期間（60個月）的比例退回各項費用……2016年4月25日，丘某向MC公司遞交辭職單以「沒有工作熱情，不想幹了」為由申請辭職。MC公司要求丘某返還未滿服務期的違約金，並提供了相關票據證明其為丘某的研修共支付了11萬餘元。

法院認為

MC公司與丘某訂立的《員工出國研修協議書》是雙方真實意思的表示，沒有違反法律、法規的禁止性規定，具有法律效力。丘某對MC公司承擔費用委派其赴日研修沒有異議，但對於其中哪些費用與其研習有關、哪些費用無關持有異議。現丘某已經完成研修，返崗工作，其在約定服務期限尚未滿的情況下即要求辭職，已經違反了雙方前述協議書的約定，應當承擔相應的違約責任。本院認定丘某應將尚未履行部分的服務期所應分攤的培訓費用7萬餘元賠償給MC公司。

實務要點

《中華人民共和國勞動合同法》第22條規定：用人單位為勞動者提供專項培訓費用，對其進行專業技術培訓的，可以與該勞動者訂立協議，約定服務期。勞動者違反服務期約定的，應當按照約定向用人單位支付違約金。違約金的數額不得超過用人單位提供的培訓費用。用人單位要求勞動者支付的違約金不得超過服務期尚未履行部分所應分攤的培訓費用。……

備註：《中華人民共和國勞動法》第68條規定：用人單位應當建立職業培訓制度，對勞動者進行職業培訓。該職業培訓規定與《中華人民共和國勞動合同法》上述第22條規定的專業技術培訓有別。前者是進行技術業務知識和實際操作能力的教育和訓練，目的是開發準備或已經進入工作的勞動者的職業技能，適用的對象較普遍，一般針對較多的員工甚至是全體員工，培訓內容的「含金量」較低；後者則是為了滿足特殊崗位的需要，對員工進行的專業操作技能和專業知識的培訓，培訓的對象範圍較小，培訓內容的「含金量」較高。

◎ 案例索引

中國裁判文書網：廣東省東莞市第二人民法院（2016）粵1972民初12995號《民事判決書》、廣東省東莞市中級人民法院（2017）粵19民終1903號《民事判決書》

案例69

在中國大陸，競業限制協議未約定經濟補償的，

勞動者有權要求原單位按法定標準支付

　　李某於2012年12月6日入職北京KJJH公司，雙方訂立了書面勞動合同，並約定：自離職之日起1年內，李某不得自行生產或經營與KJJH公司同類產品或同類業務。2014年2月13日，李某主張解除勞動合同賠償金等事宜訴至法院，法院最終判決李某與KJJH公司的勞動關係自2014

年1月14日協商解除。2015年7月9日，李某申請仲裁，要求KJJH公司向其支付競業限制補償金8,812.86元（按勞動關係解除前十二個月工資總額29,376元的30%計算）。

法院認為

KJJH公司與李某的勞動關係自2014年1月14日解除，雙方約定李某的競業限制期限為李某離職後1年內，因李某主張其已依約履行競業限制義務，且KJJH公司未能舉證證明李某違反競業限制義務，故KJJH公司應向李某支付競業限制補償金。雙方雖對競業限制事宜進行了約定，但未對競業限制補償金的標準進行具體約定，又，李某訴請按照其離職前十二個月工資總額的30%計算經濟補償金，該金額低於本地區最低工資標準，屬李某對權利的自由處分，未違反法律、法規的規定，本院予以支持。

實務要點

《中華人民共和國勞動合同法》第23條規定：用人單位與勞動者可以在勞動合同中約定保守用人單位的商業秘密和與知識產權相關的保密事項。對負有保密義務的勞動者，用人單位可以在勞動合同或者保密協議中與勞動者約定競業限制條款，並約定在解除或者終止勞動合同後，在競業限制期限內按月給予勞動者經濟補償。勞動者違反競業限制約定的，應當按照約定向用人單位支付違約金。

《中華人民共和國勞動合同法》第24條規定：競業限制的人員限於用人單位的高級管理人員、高級技術人員和其他負有保密義務的人員。競業限制的範圍、地域、期限由用人單位與勞動者約定，競業限制的約定不得違反法律、法規的規定。在解除或者終止勞動合同後，前款規定的人員到與本單位生產或者經營同類產品、從事同類業務的有競爭關係的其他用人單位，或者自己開業生產或者經營同類產品、從事同類業務的競業限制期限，不得超過二年。

《最高人民法院關於審理勞動爭議案件適用法律若干司法解釋》第6條規定，用人單位與勞動者約定了競業限制但沒有對經濟補償金作約定的，如勞動者履行了相關義務，要求用人單位按照勞動者在勞動合同解除或者終止前十二個月平均工資的30%按月支付經濟補償的，人民法院應予支持。前款規定的月平均工資的30%低於勞動合同履行地最低工資標準的，按照勞動合同履行地最低工資標準支付。

◎ 案例索引
中國裁判文書網：北京市第二中級人民法院（2016）京02民終1095號《民事判決書》

案例70

在中國大陸，可安排勞動者跨公曆年度休帶薪年休假，但需注意法律的特別限制

李某於1997年1月1日入職東莞市YH公司，2018年3月6日，李某以YH公司拖欠工資及未為其購買社會保險為由提出被迫與YH公司解除勞動合同，要求YH公司支付經濟補償金及2017年應休未休帶薪年休假工資2,920.48元、2018年未休年休假工資194.7元。就帶薪年休假，YH公司主張其在每一年的春節期間均會統一安排休息，2018年的年休假因張某中途離職，尚未到安排日期，故不同意支付。案件經審理查明：李某離職前十二個月的平均月工資為4,040元、剔除加班費的月平均工資為2,117.35元。

法院認為

帶薪年休假是勞動者連續工作十二個月後即每年均享有的法定權利。YH公司春節期間安排休息但未給付工資的行為不能視為其已經安排職工享受帶薪

年休假；同時，帶薪年休假跨年度安排，應徵得職工的同意。故，YH公司的辯解不能成立。李某請求2017年應休未休的帶薪年休假工作應予支持。此外，法律法規並未限定必須是違法解雇或者由用人單位提出、雙方協商一致解除或者終止勞動合同時，用人單位才須支付當年度應休未休年休假工資，故張某請求支付2018年1月-3月在職期間的帶薪年休假工資亦應予以支持。

實務要點

國務院《職工帶薪年休假條例》第2條規定：機關、團體、企業、事業單位、民辦非企業單位、有雇工的個體工商戶等單位的職工連續工作1年以上的，享受帶薪年休假（以下簡稱年休假）。單位應當保證職工享受年休假。職工在年休假期間享受與正常工作期間相同的工資收入。

《職工帶薪年休假條例》第3條規定：職工累計工作已滿1年不滿10年的，年休假5天；已滿10年不滿20年的，年休假10天；已滿20年的，年休假15天。

人力資源和社會保障部《企業職工帶薪年休假實施辦法》第9條規定：用人單位根據生產、工作的具體情況，並考慮職工本人意願，統籌安排年休假。用人單位確因工作需要不能安排職工年休假或者跨1個年度安排年休假的，應徵得職工本人同意。

《企業職工帶薪年休假實施辦法》第10條規定：用人單位經職工同意不安排年休假或者安排職工休假天數少於應休年休假天數的，應當在本年度內對職工應休未休年休假天數，按照其日工資收入的300%支付未休年休假工資報酬，其中包含用人單位支付職工正常工作期間的工資收入。

《企業職工帶薪年休假實施辦法》第12條規定：用人單位與職工解除或者終止勞動合同時，當年度未安排職工休滿應休年休假天數的，應當按照職工當年已工作時間折算應休未休年休假天數並支付未休年休假工資報酬，但折算後不足1整天的部分不支付未休年休假工資報酬。

◎ 案例索引

中國裁判文書網：廣東省東莞市中級人民法院（2018）粵19民終8940號《民事判決書》

案例71

在中國大陸，用人單位解除與勞動者勞動合同，需就解除依據負完全舉證責任

湯某為廣州市YY物業公司的員工，2016年8月31日，YY公司以湯某與另一員工打架鬥毆，嚴重違反公司的規章制度為由，與其解除勞動關係。湯某認為其不存在打架鬥毆的行為，未違反公司的規章制度，YY公司將其開除屬違法解除勞動關係的行為，應向其支付違法解除勞動關係賠償金。YY公司在仲裁、訴訟期間，又主張湯某的離職原因系勸退，屬於湯某自行申請離職，並就湯某是否存在打架鬥毆行為在一審期間提供了兩位證人出庭作證，二審期間申請了另一位參與打架的員工出庭作證。

法院認為

無論按照YY公司的辭退說還是勸離說，YY公司均未能提交充足證據證實其主張，即YY公司提出的兩種解除理由均缺乏依據。關於辭退，YY公司未提交充足證據證實其規章制度的制定程序合法、已告知送達湯某，故YY公司提出解除勞動關係缺乏制度依據；一審期間兩位證人對於湯某是否存在打架的行為均表示，未親眼看到湯某打架；YY公司雖稱有監控，但並未提供監控錄影對其主張的事實進行證明。因此，辭退的理由難以成立。關於勸退，實質是指甲公司提出解除、湯某予以同意，雙方屬協商解除勞動關係。但因湯某對此否認，則YY公司應當舉證，而YY公司所提交的證據均為證人證言，證人與本案有利害關係，又在二審庭審前才提出申請，該證人證言不屬於新證據；故對YY公司提出的勸退主張，不予採信。在YY公司未能舉證證實其提出解除勞動關係具有合法性的情況下，本院認定：YY公司違法解除勞動關係，應向湯某支付違法解除勞動關係的賠償金。

實務要點

《最高人民法院關於審理勞動爭議案件適用法律若干問題的解釋》第13條規定：因用人單位作出的開除、除名、辭退、解除勞動合同、減少勞動報酬、計算勞動者工作年限等決定而發生的勞動爭議，用人單位負舉證責任。

◎ 案例索引

中國裁判文書網：廣東省廣州市中級人民法院（2018）粵01民終5916號《民事判決書》

案例72

中國大陸的用人單位有義務向離職的勞動者出具勞動關係解除或終止證明書

李某於2013年8月13日入職天津THT投資公司，2016年3月底，THT公司不再經營，但一直到李某將THT公司起訴至法院之日，THT公司仍然沒有給李某辦理離職手續，導致李某無法將社保關係轉出。故李某訴請解除與THT公司的勞動關係，要求THT公司為其辦理離職手續，出具解除勞動關係的證明書，並辦理退工、退檔案和社會保險轉移手續。

法院認為

THT公司不再經營，又沒有依法辦理停工停產手續，也沒有與李某就停止經營之後李某的工作如何落實協商一致，李某為保障自己的勞動權益，要求解除與THT公司的勞動關係，並無不當。李某要求THT公司辦理相關手續於法有據，予以支持。

實務要點

《中華人民共和國勞動合同法》第50條規定：用人單位應當在解除或者終止勞動合同時出具解除或者終止勞動合同的證明，並在十五日內為勞動者辦理檔案和社會保險關係轉移手續。第89條規定：用人單位違反本法規定未向勞動者出具解除或者終止勞動合同的書面證明，由勞動行政部門責令改正；給勞動者造成損害的，應當承擔賠償責任。

《中華人民共和國勞動合同法實施條例》第24條的規定：用人單位出具的解除、終止勞動合同的證明，應當寫明勞動合同期限、解除或者終止勞動合同的日期、工作崗位、在本單位的工作年限。

◎ 案例索引

中國裁判文書網：天津市和平區人民法院（2016）津0101民初4444號《民事判決書》

案例73

在中國大陸，非勞動者原因提前解除勞動合同，用人單位需向勞動者支付經濟補償金

　　宋某於2012年12月10日入職廣州HGBC科技公司，雙方簽署了勞動合同，期限自2015年12月10日起至2018年12月9日止，勞動合同約定宋某計時工資為5400元／月。2016年11月7日，宋某從HGBC公司離職。宋某離職後，申請仲裁，主張因是雙方協商一致解除勞動關係的，故HGBC公司應向自己支付經濟補償金。但HGBC公司主張宋某因找到新的用人單位，其是自動申請離職的，不符合應支付經濟補償金的情形，雙方因此發生爭議。本案仲裁後，經過法院一審、二審程序而終結。宋某為證明自己的主張，提供了其簽名的離職審批表作為證據。在該審批表中記載的離職日期為2016年11月7日，離職原因註明「辭職」；事由一欄寫明「因公司原因，協商離職」；部門意見一欄寫明「同意」，並有相關人員簽名，備註「工資：1月已發，2月至11月才發10,023元」。

法院認為

根據HGBC公司提交的員工離職表，宋某在該表的「事由」一欄註明為「公司原因，協商離職」並在「備註」欄記載「工資：1月已發，2至11月才發10,023元」，部門意見一欄為「同意」，結合HGBC公司提交的一份承諾書中表達的經溝通協商達成一致意見，足以印證雙方為協商一致解除勞動關係。HGBC公司主張係宋某辭職，無需支付解除勞動關係經濟補償金的理由不成立，HGBC公司依法需向宋某支付解除勞動關係經濟補償金。

實務要點

《中華人民共和國勞動合同法》第36條規定：用人單位與勞動者協商一致，可以解除勞動合同。第46條規定：有下列情形之一的，用人單位應當向勞動者支付經濟補償金：（一）勞動者依照本法第三十八條規定解除勞動合同的；（二）用人單位依照本法第三十六條規定向勞動者提出解除勞動合同並與勞動者協商一致解除勞動合同的；……。

備註：《勞動合同法》第47條規定：經濟補償按勞動者在本單位工作的年限，每滿一年支付一個月工資的標準向勞動者支付。六個月以上不滿一年的，按一年計算；不滿六個月的，向勞動者支付半個月工資的經濟補償金。

◎ 案例索引

中國裁判文書網：廣東省廣州市中級人民法院（2018）粵01民終17554號《民事判決書》

案例74

在中國大陸，用人單位違法與勞動者解除勞動合同，
需向勞動者支付相當於經濟補償金2倍的賠償金

　　成某於2016年11月3日入職東莞WYD電訊公司，任打字員。雙方簽訂書面勞動合同，約定試用期間從2016年11月3日至2017年1月1日，初始工資不低於1,510元／月。2016年11月22日，WYD公司以成某試用期不合格為由解除與成某的勞動關係。成某2016年11月3日至2016年11月22日的工資為1,440元。成某認為WYD公司違法解除勞動關係，應予支付賠償金，因此提起勞動仲裁及訴訟。WYD公司主張成某因在試用期被證明不符合錄用條件而依法解除與成某勞動合同進行抗辯。

法院認為

成某與WYD公司雙方建立了勞動關係，依法應受到法律的保護。WYD公司招聘勞動者時，應與成某有明確的錄用條件約定；並應證明成某試用期的工作表現與錄用條件的要求不相符合。WYD公司提交的新員工試用期不符合錄用標準評估說明、新員工崗位錄用標準及條件均未有成某的簽名確認，故對於WYD公司主張的錄用條件不予以採納。基於WYD公司未能舉證證明雙方約定了錄用標準，故無法證明成某試用期間的工作表現不符合其錄用條件，即WYD公司辭退成某屬沒有合法依據。此外，WYD公司也未能舉證證明在成某工作中有向成某指出過其工作中的失誤或錯誤，未給予其處分，亦未給予其改正的機會，WYD公司直接辭退成某亦不合理。故，WYD公司的行為構成違法解除雙方的勞動關係，WYD公司應向成某支付賠償金。

實務要點

《中華人民共和國勞動合同法》第21條規定：在試用期中，勞動者除了有本法第三十九條和第四十條第一項、第二項規定的情形外，用人單位不得解除

勞動合同。第39條規定：勞動者有下列情形之一的，用人單位可以解除勞動合同：（一）在試用期間被證明不符合錄用條件的；……。第87條規定：用人單位違反本法規定解除或者終止勞動合同的，應當依照本法第四十七條規定的經濟補償標準的二倍向勞動者支付賠償金。

◎ 案例索引

www.itslaw.com：廣東省東莞市第一人民法院（2017）粵1971民初2677號《民事判決書》

案例75

在中國大陸，用人單位未及時續簽書面勞動合同，
需向勞動者支付雙倍工資差額的賠償金

郭某於2011年2月18日入職廣州市PF金屬塑膠製品公司，雙方之間的最後一份勞動合同期限至2017年12月31日屆滿。合同屆滿後，PF公司與郭某未續訂書面勞動合同。2018年8月4日，PF公司向郭某郵寄《續簽勞動合同通知書》。後郭某以PF公司自用工之日起滿一個月未與其訂立書面勞動合同為由，主張PF公司應向其支付2018年2月1日至2018年8月31日的未訂立書面勞動合同的二倍工資差額。PF公司認為未訂立書面勞動合同的原因在於郭某，故其無需向郭某支付未訂立書面勞動合同的二倍工資差額。

法院認為

PF公司與郭某之間的勞動合同於2017年12月31日屆滿，之後雙方未能簽訂書面勞動合同。PF公司於2018年8月4日才向郭某郵寄《續簽勞動合同通知書》，在此之前，沒有證據證實未簽勞動合同的過錯在於郭某。同時，即使郭某拒絕簽訂勞動合同，法律亦賦予了用人單位救濟途徑，用人單位可依法

終止與勞動者的勞動關係。現PF公司仍然繼續用工，則應當依法承擔未簽訂書面勞動合同的法律後果。故仲裁裁決認定PF公司應支付郭某未簽勞動合同的雙倍工資差額，符合上述法律規定，並無不當。

實務要點

《中華人民共和國勞動合同法》第10條規定：建立勞動關係，應當訂立書面勞動合同。已建立勞動關係，未同時訂立書面勞動合同的，應當自用工之日起一個月內訂立書面勞動合同。……。

《中華人民共和國勞動合同法實施條例》第6條規定：用人單位自用工之日起超過一個月不滿一年未與勞動者訂立書面勞動合同的，應當依照勞動合同法第八十二條的規定向勞動者每月支付兩倍的工資，並與勞動者補訂書面勞動合同；勞動者不與用人單位訂立書面勞動合同的，用人單位應當書面通知勞動者終止勞動合同關係，並依照勞動合同法第四十七條的規定支付經濟補償。

備註：廣東省高院、廣東省勞動仲裁委關於審理勞動人事爭議案件若干問題的座談會紀要（粵高法發〔2012〕284號）之14：用人單位自用工之日起超過一個月不滿一年未與勞動者簽訂書面勞動合同，或者雖通知勞動者簽訂書面勞動合同但勞動者無正當理由拒不簽訂，用人單位未書面通知勞動者終止勞動關係的，應當按照《勞動合同法》第82條的規定向勞動者每月支付二倍工資。……；勞動合同期滿後，勞動者仍在原用人單位工作，超過一個月雙方仍未續訂勞動合同，勞動者根據《勞動合同法》第82條第1款規定要求支付二倍工資的，應予支持。……。

◎ 案例索引

中國裁判文書網：廣東省廣州市中級人民法院（2018）粵01民特1009號《民事裁定書》

案例76

在中國大陸，返聘達到法定退休年齡人員需謹慎

　　程某，女，1965年生，達退休年齡後入職東莞DY飲料公司，2017年程某在工作期間發生交通事故，後經東莞市社會保障局認定為工傷。為此，程某請求DY公司向其支付工傷醫療費、勞動能力鑑定費、一次性傷殘補助金、一次性工傷醫療補助金、一次性傷殘就業補助金、停工留薪期工資等工傷待遇。DY公司認為，程某入職時已達法定退休年齡，DY公司與程某之間為勞務關係，程某的受傷不應認定為工傷，故DY公司無需向程某承擔工傷保險待遇。雙方因此發生爭議並訴至法院。

法院認為

程某在工作中受傷，已經東莞市社會保障局認定為工傷，程某有權主張工傷待遇。因DY公司未為程某繳納工傷保險，應向程某支付工傷保險的各項待遇。但是因本次事故發生時，程某已達法定退休年齡，不支持其關於一次性傷殘就業補助金的訴請。故DY公司應向程某支付除一次性傷殘就業補助金之外的醫療費、勞動能力鑑定費、一次性傷殘補助金、一次性醫療補助金等工傷保險待遇。

實務要點

《人力資源社會保障部關於執行〈工傷保險條例〉若干問題的意見》第2條規定：達到或超過法定退休年齡，但未辦理退休手續或者未依法享受城鎮職工基本養老保險待遇，繼續在原用人單位工作期間受到事故傷害或患職業病的，用人單位依法承擔工傷保險責任。用人單位招用已經達到、超過法定退休年齡或已經領取城鎮職工基本養老保險待遇的人員，在用工期間因工作原因受到事故傷害或患職業病的，如招用單位已按項目參保等方式為其繳納工

傷保險費的，應適用《工傷保險條例》。

備註：2019年5月21日廣東省新頒布的《廣東省工傷保險條例》第32條規定：七級至十級傷殘職工勞動、聘用合同終止或者依法與用人單位解除勞動關係的，除享受基本保險養老待遇或者死亡情形之外，由工傷保險基金支付一次性工傷醫療補助金，由用人單位支付一次性傷殘就業補助金，終結工傷保險關係。根據該省前述規定：傷殘職工，即使達法定退休年齡，如發生工傷，但如果其屬於還未享受基本養老保險待遇情形，其仍可享受工傷待遇中一次性傷殘就業補助金。

◎ 案例索引

中國裁判文書網：廣東省東莞市中級人民法院（2018）粵19民終6880號《民事判決書》

案例77

在中國大陸採用勞務派遣方式用工，用人單位、用工單位需對勞動者承擔連帶責任

惠州市XY公司為勞動派遣公司，其與王某之間存在勞動關係，XY公司將王某派遣至GL公司。2016年7月24日10時許，王某在工作中因感身體不適向GL公司請假回宿舍休息。回宿舍後，同事見王某身體不適就立即撥打120急救電話。當天中午12時40分，救護車趕到，醫生立即對王某進行急救，當日15時30分許，王某經搶救無效死亡，死因為心源性猝死。惠州大亞灣經濟技術開發區人力資源和社會保障局於2017年1月26日作出工傷認定決定書，認定王某死亡為視同工傷。王某的父親老王向當地勞動仲裁部門申請仲裁，要求XY公司與GL公司連帶向其支付一次性工亡補助金、喪葬費、誤工費等工亡待遇。GL公司認為自己只是用工單位，無需與派遣單位XY公司一同向老王連帶承擔王某工亡待遇。三方發生爭議，後經法院終審判決。

法院認為

王某是XY公司的員工，被XY公司派遣至GL公司工作，XY公司與王某之間存在勞動合同關係，是用人單位，GL公司是用工單位。王某死亡已經被勞動行政部門認定為視同工傷，XY公司作為用人單位，應當承擔相應的工亡待遇。因XY公司未給王某辦理工傷保險，王某的工亡待遇應當由XY公司承擔。因XY公司與GL公司均沒有依法為王某購買工傷保險致使王某工傷無法享受工傷保險待遇，XY公司與GL公司均損害了王某的合法權益。應當對老王主張的王某的工亡待遇承擔連帶責任。

實務要點

《勞務派遣暫行規定》第10條規定：勞務派遣單位承擔工傷保險責任，但可以與用工單位約定補償辦法。第18條規定：勞務派遣單位跨地區派遣勞動者的，應當在用工單位所在地為被派遣勞動者參加社會保險⋯⋯。第19條規定：勞務派遣單位未在用工單位所在地設立分之支機構的，由用工單位代勞動派遣單位為被派遣勞動者辦理參保手續，繳納社會保險費。前述規定，未免除勞務派遣單位的工傷保險責任，並對跨地區派遣涉及的社會保險責任作出了有利於保障被派遣人員的要求。

《中華人民共和國勞動合同法》第92條第2款規定：用工單位給被派遣勞動者造成損害的，勞務派遣單位與用工單位承擔連帶賠償責任。

◎ 案例索引

www.itslaw.com：廣東省惠州市中級人民法院（2018）粵13民終2059號《民事判決書》

第六章

競爭監管糾紛

案例78

中國大陸禁止對產品作虛假或引人誤解的宣傳

　　2014年3月6日，因廣州市DDJ貿易有限公司（下稱「DDJ公司」）在其「露華濃DDJ專賣店」的網頁上發布了涉嫌對佛山市順德區FC電器有限公司（下稱「FC公司」）及佛山市YZ商貿有限公司（下稱「YZ公司」）的商業詆毀和虛假宣傳內容，FC公司及YZ公司為依法維權，向佛山市中級人民法院提起訴訟，請求DDJ公司立即停止對FC公司、YZ公司的不正當競爭行為，包括停止在網站上發佈虛假事實以及虛假宣傳的行為等。

　　FC公司及YZ公司認為，DDJ公司在網站上宣傳其產品時標示「美國NO.1美容小電器」、「露華濃美容儀10大最強」、「露華濃蒸臉器10大最強」、「風靡全球，總銷突破10萬部」、「單日狂銷2000台」、「美國露華濃官方專賣店」、「美國原創美容科技榮獲68個專利認證」、「美國原創V臉瘦臉專利」、「黃金滾輪專利」、「八字紋緊致專利」、「唯一黃光美白專利」、「唯一國家認證黃光美白專利」、「唯一國家光學專利技術認證」等字眼。上述內容是對產品專利及認證情況、產品銷量、品牌知名度、產品排名、品質、性能、產地等做引人誤解的虛假宣傳，構成了不正當競爭。

法院認為

首先，雖然DDJ公司已舉證證明露華濃品牌屬於國際知名品牌，但「美國NO.1美容小電器」、「露華濃美容儀10大最強」、「露華濃蒸臉器10大最強」屬於對露華濃公司產品排名或排名範圍的明確陳述，DDJ公司並未舉證證明露華濃公司產品在美國任何排行榜或統計中名列第一或位於前十名；其次，DDJ公司在其網店上標示「風靡全球，總銷突破10萬部」、「單日狂銷2000台」，但根據淘寶網數據魔方的資料顯示，2011年、2013年整個淘寶網

中露華濃產品的銷量為2萬台左右，日銷量也不超過一百台，故與實際情況不相符合；再次，DDJ公司在其網店上標示「美國露華濃官方專賣店」，按一般消費者的理解，官方專賣店一般是指由持有相關品牌的公司直接經營或授權經營的店。DDJ公司舉證證明其得到相關授權的證據顯示其僅是在銷售露華濃產品時可以使用露華濃商標，但該授權並不能等同於開設官方專賣店的授權；最後，DDJ公司在其網店上標示「美國原創美容科技榮獲68個專利認證」、「美國原創V臉瘦臉專利」、「黃金滾輪專利」、「八字紋緊致專利」、「唯一黃光美白專利」、「唯一國家認證黃光美白專利」、「唯一國家光學專利技術認證」，儘管DDJ公司提交了一系列的證據以證明其擁有多項專利，但這些專利均為中國大陸的專利，並不包括美國的專利，DDJ公司聲稱「美國原創美容科技榮獲68個專利認證」會使消費者產生68個專利均為美國專利的誤解。因此，DDJ公司上述宣傳會使消費者產生與事實不符合的誤解，其行為構成虛假宣傳。

實務要點

《中華人民共和國反不正當競爭法》第8條第1款規定：經營者不得對其商品的性能、功能、品質、銷售狀況、用戶評價、曾獲榮譽等作虛假或者引人誤解的商業宣傳，欺騙、誤導消費者。

備註：《中華人民共和國反不正當競爭法》第20條規定：經營者違反本法第八條規定對其商品作虛假或者引人誤解的商業宣傳，或者通過組織虛假交易等方式說明其他經營者進行虛假或者引人誤解的商業宣傳的，由監督檢查部門責令停止違法行為，處二十萬元以上一百萬元以下的罰款；情節嚴重的，處一百萬元以上二百萬元以下的罰款，可以吊銷營業執照。經營者違反本法第八條規定，屬於發佈虛假廣告的，依照《中華人民共和國廣告法》的規定處罰。

◎ 案例索引

中國裁判文書網：佛山市中級人民法院（2015）佛中法知民終字第4號《民事判決書》

案例79

中國大陸禁止使用他人具有一定影響的企業名稱

　　YW資訊技術（北京）有限公司（下稱「YW北京公司」）成立於2005年5月13日，該公司原名稱為江西YW資訊技術有限公司，2017年3月23日更名為現名稱：YW北京公司於2015年12月7日與劉某簽訂《勞動用工合同》，約定劉某按易往北京公司工作需要在銷售部門承擔廣州辦事處總經理崗位工作任務；而劉某於2015年5月26日成立了廣州YW有限責任公司（下稱「廣州YW公司」），劉某擔任股東及監事，該公司原名稱為廣州ZG智慧科技有限公司，於2017年2月14日經核准變更為現名稱。

　　後YW北京公司以廣州YW公司使用「易往」作為其字號構成不正當競爭為由向法院起訴請求廣州YW公司變更登記字號，停止使用帶有「易往」的企業字號及賠償相關維權費用等。

　　廣州YW公司辯稱：其在企業名稱中使用的字號對YW北京公司不構成不正當競爭。首先，YW北京公司的企業名稱並不屬於具有一定影響的企業名稱。其次，廣州YW公司沒有實際經營，不會使他人對市場主體產生混淆和誤認。最後，廣州YW公司的企業名稱是合法取得的，且廣州YW公司與易往北京公司的登記地和經營範圍均不相同。

法院認為

YW北京公司從成立之時一直使用「易往」字號，其提交的多年正常經營過程中涉及的合同、榮譽證書、認證書、會議材料等證據可以證明其所涉經營範圍還涉及廣州區域及廣州周邊區域，從而認定「易往」字號在相關行業領域具備一定的影響力。其次，廣州YW公司更改公司名稱的時間發生在其監事及股東劉某從YW北京公司離職之後，足以認定廣州YW公司必然對該行業有一定的瞭解，應當知悉YW北京公司的「易往」字號在廣州區域內具有

一定的影響力，其主觀惡意明顯。最後，廣州YW公司的被訴行為足以引起相關公眾誤認廣州YW公司與北京公司存在特定聯繫。據此，法院認為廣州YW公司的被訴行為構成不正當競爭。

實務要點

《中華人民共和國反不正當競爭法》第6條規定：經營者不得實施下列混淆行為，引人誤認為是他人商品或者與他人存在特定聯繫：……（二）擅自使用他人有一定影響的企業名稱（包括簡稱、字號等）、社會組織名稱（包括簡稱等）、姓名（包括筆名、藝名、譯名等）……。

◎ 案例索引

中國裁判文書網：廣州知識產權法院2018粵73民終2478號《民事判決書》

案例80

中國大陸禁止在商業交往中為賄賂行為

　　2016年1月至6月期間，蔣某在銷售「口味王」系列檳榔過程中，採用書面或口頭的方式分別與寧遠縣轄區內部分經營戶簽訂《口味王檳榔專賣協議》，協議約定經營戶在合同規定的期限內，只接受銷售蔣某提供的「口味王」系列檳榔產品，不得再銷售其他同類品牌的檳榔產品，由蔣某每月暗中支付各經營戶50元至300元不等的專賣費作為獎勵。經他人舉報，寧遠縣食品藥品工商品質監督管理局組織調查後，認定蔣某該行為構成了商業賄賂，責令蔣某改正違法行為，並處罰款人民幣180,000元。

　　蔣某不服上述行政處罰，向法院提起行政訴訟，認為：其為公司代理商，給予經營戶的獎勵是按雙方簽訂協議公開給予各經營戶的，由公司報銷，不屬於商業賄賂，是正常的讓利活動。

法院認為

蔣某為排擠其他競爭對手，採取簽訂合同的方式規定各經營戶只銷售其提供的產品，不得銷售其他人提供的其他同類產品，並暗中給予各經營戶一定數額的現金或物資作為獎勵且不入帳，其行為擾亂了社會管理秩序和市場經濟秩序，違反了《中華人民共和國反不正當競爭法》的相關規定。蔣某辯稱其行為不屬於商業賄賂，是正常的讓利活動，但其並未提供其為公司代理商的相關資料，也未提供向公司報帳的報銷憑證，故蔣某的上述意見，本院不予支持。蔣某提出被告處罰過重的意見，因蔣某的違法行為，尚未造成嚴重後果，情節較輕，原則上可以從輕處罰，本院予以支持。

實務要點

《中華人民共和國反不正當競爭法》第7條規定：經營者不得採用財物或者其他手段賄賂下列單位或者個人，以謀取交易機會或者競爭優勢：（一）交易相對方的工作人員；（二）受交易相對方委託辦理相關事務的單位或者個人；（三）利用職權或者影響力影響交易的單位或者個人。

◎ 案例索引
中國裁判文書網：（2017）湘1124行初6號《行政判決書》

案例81

在中國大陸，進行抽獎式營銷，最高額獎金不得超過5萬元

青海KBK珠寶有限公司2017年期間在其門店開展開業大酬賓活動。其在門店外標示內容為：KBK民族珠寶開業盛典，時間自2017年12月8日至2018年1月8日，買珠寶送賓士、寶馬！買珠寶中大獎，中獎率100%，一等獎：寶馬，價值49.38萬元；二等獎：賓士，價值30.58萬元；三等獎：城市越野車，價值18.88萬元；四等獎：雙開門電冰箱，價值29,800元……等字眼。

行政決定

西寧市市場監督管理局於2018年1月4日在進行日常行政執法檢查時現場核實取證並依法調查基本事實、製作詢問筆錄後，認為抽獎式的有獎銷售最高獎的金額超過5萬元，違反了《中華人民共和國反不正當競爭法》的相關規定，遂對其作出罰款人民幣100,000元整的處罰決定。

該案後因青海KBK珠寶有限公司未能履行行政處罰決定的義務，由法院裁定強制執行。

實務要點

《中華人民共和國反不正當競爭法》第10條規定：經營者進行有獎銷售不得存在下列情形：……（三）抽獎式的有獎銷售，最高獎的金額超過五萬元。

《中華人民共和國反不正當競爭法》第22條規定：經營者違反本法第十條規定進行有獎銷售的，由監督檢查部門責令停止違法行為，處五萬元以上五十萬元以下的罰款。

◎ 案例索引

中國裁判文書網：西寧市市場監督管理局寧市監案處字〔2018〕第14號《行政處罰決定書》；西寧市城西區人民法院（2019）青0104行審3號執行裁定書

案例82

中國大陸禁止與具有競爭關係的其他經營者簽訂市場壟斷協議

山東臨沂ZH有限責任會計師事務所（以下稱「ZH所」）因與臨沂市25家會計師事務所組成一名為臨沂市註冊會計師行業自律委員會的組織（未在民政部門註冊），共同達成了《臨沂會計師事務所行業自律檢查標準》、《業務檢查監督辦法》、《關於實行業務收入統籌的決議》、《業務收入統籌及分配方案》、《關於統籌款收交和分配的有關

規定》等協議，其中統籌方案要求所有會員單位每月將臨沂本地實行業務報備的審計、驗資等相關業務收入交納至某專用銀行帳戶，再按照各會員單位以往年度收入占全體收入的市場份額和註冊會計師人數等指標對各單位當年收入進行重新分配等行為，被山東省市場監督管理局（以下稱「山東省工商局」）認定為構成分割銷售市場的行為，違反了《中華人民共和國反壟斷法》的相關規定，予以ZH所處罰如下：一、責令停止違法行為；二、處以2013年度銷售額2,801,800元百分之一的罰款，計28,018元。

　　ZH所對上述處罰不服並訴至法院，認為：自律委員會成立的宗旨是為了促進註冊會計師行業健康發展，反對不正當競爭行為，強化行業自律，維護行業形象，提高行業聲譽，並不存在分割銷售市場的行為。

法院認為

ZH所等25家會計師事務所的行為使得包括ZH所在內具有競爭關係的經營者將原屬各自獨立的經營成果重新分配，無法實現行業內公平競爭的最終目的，同時也使得其他經營者不能通過公平競爭進入市場或者擴大各自的市場份額，山東省工商局對ZH所作出行政處罰決定認定事實清楚，證據確鑿，適用法律正確。

實務要點

《中華人民共和國反壟斷法》第3條規定：本法規定的壟斷行為包括：（一）經營者達成壟斷協議；（二）經營者濫用市場支配地位；（三）具有或者可能具有排除、限制競爭效果的經營者集中。第13條規定：禁止具有競爭關係的經營者達成下列壟斷協議：（一）固定或者變更商品價格；（二）限制商品的生產數量或者銷售數量；（三）分割銷售市場或者原材料採購市場；（四）限制購買新技術、新設備或者限制開發新技術、新產品；（五）聯合抵制交易；（六）國務院反壟斷執法機構認定的其他壟斷協議。本法所

稱壟斷協議，是指排除、限制競爭的協議、決定或者其他協同行為。

◎ 案例索引

中國裁判文書網：北京市第二中級人民法院（2017）京02行終351號《行政
判決書》

案例83

中國大陸禁止濫用市場支配地位的行為

2018年12月30日，湖南RK醫藥經營有限公司（以下稱「RK醫藥公司」）下列做法，被國家市場監督管理總局認定為實施了濫用市場支配地位行為：

一、因以高於平均成本3-4倍的價格向下游經營者銷售撲爾敏原料藥，價格增長明顯超過正常幅度，且缺乏正當理由，明顯不公平，被認定為濫用市場支配地位，以不公平高價銷售商品；

二、因多次以「無貨」為由拒絕向下游相關藥品生產廠商供應撲爾敏原料藥，或者將繳納高額保證金、將成藥回購統一銷售、成藥漲價並提成等作為供應撲爾敏原料藥的條件，事實上變相拒絕與下游相關藥品生產廠商進行交易，被認定為濫用市場支配地位，沒有正當理由拒絕與交易相對人進行交易；

三、因要求下游經營者在採購撲爾敏原料藥時必須購買或更大批量購買當事人的澱粉膠囊、藥用蔗糖等藥用輔料，否則不供應撲爾敏原料藥，該搭售行為違背交易慣例、消費習慣，被認定為濫用市場支配地位，沒有正當理由搭售商品。

處罰認定

國家市場監督管理總局從撲爾敏原料藥市場高度集中、RK醫藥公司具有較強的控制撲爾敏原料藥銷售市場的能力、下游經營者對RK醫藥公司依賴程

度較高、其他經營者進入中國大陸撲爾敏原料藥市場難度較大等方面證實RK醫藥公司具有市場支配地位，從而認定上述行為違反了《中華人民共和國反壟斷法》第17條第（一）、（三）、（五）項內容，嚴重破壞了市場公平競爭、導致撲爾敏原料藥供應短缺、價格大幅上漲，部分下游廠商減產停產，損害了廣大患者利益，產生了惡劣的社會影響，遂作出以下行政處罰：責令RK醫藥公司立即停止違法行為、沒收違法所得239.47萬元並處以當事人2017年度銷售額1.06億元8%的罰款，計847.94萬元。

實務要點

《中華人民共和國反壟斷法》第17條規定：禁止具有市場支配地位的經營者從事下列濫用市場支配地位的行為：（一）以不公平的高價銷售商品或者以不公平的低價購買商品；（二）沒有正當理由，以低於成本的價格銷售商品；（三）沒有正當理由，拒絕與交易相對人進行交易；（四）沒有正當理由，限定交易相對人只能與其進行交易或者只能與其指定的經營者進行交易；（五）沒有正當理由搭售商品，或者在交易時附加其他不合理的交易條件；（六）沒有正當理由，對條件相同的交易相對人在交易價格等交易條件上實行差別待遇；（七）國務院反壟斷執法機構認定的其他濫用市場支配地位的行為。

◎ 案例索引

國家市場監督管理總局：國市監處〔2018〕21號《行政處罰決定書》

案例84

中國大陸禁止以壟斷為目的的經營者集中行為

2014年6月17日，中華人民共和國商務部（以下稱「商務部」）發布關於禁止馬丹麥穆勒MSJ集團（以下稱「MSJ」）、地中海航運公司（以下稱「地中海航運」）、法國DF海運集團公司（以下稱「達飛」）經營者集中反壟斷審查決定的公告，公告內容稱：2013年10

月，MSJ、地中海航運、DF簽署協議，擬在英格蘭和威爾士設立一家有限責任合夥制的網路中心，統一負責交易方在亞洲－歐洲、跨大西洋和跨太平洋航線上集裝箱班輪的運營性事務，並就上述事項向商務部提交反壟斷申報，商務部經過審查後決定禁止此項經營者集中。

公告內容

商務部對交易方及網路中心涉及的相關市場份額、市場控制力、市場集中度、市場進入、對消費者和其他經營者的影響等因素進行了評估，認爲本次交易將形成緊密型聯營、顯著增強交易方的市場控制力、並將大幅提高相關市場的集中度，進一步推高相關市場的進入壁壘、可能擠壓其他競爭者的發展空間，在亞洲－歐洲航線集裝箱班輪運輸服務市場可能具有排除、限制競爭效果。參與集中的經營者不能證明該集中對競爭產生的有利影響明顯大於不利影響或者符合社會公共利益。因此，商務部決定禁止此項經營者集中。

實務要點

《中華人民共和國反壟斷法》第20條規定：經營者集中是指下列情形：（一）經營者合併；（二）經營者通過取得股權或者資產的方式取得對其他經營者的控制權；（三）經營者通過合同等方式取得對其他經營者的控制權或者能夠對其他經營者施加決定性影響。第21條規定：經營者集中達到國務院規定的申報標準的，經營者應當事先向國務院反壟斷執法機構申報，未申報的不得實施集中。第27條規定：審查經營者集中，應當考慮下列因素：（一）參與集中的經營者在相關市場的市場份額及其對市場的控制力；（二）相關市場的市場集中度；（三）經營者集中對市場進入、技術進步的影響；（四）經營者集中對消費者和其他有關經營者的影響；（五）經營者集中對國民經濟發展的影響；（六）國務院反壟斷執法機構認爲應當考慮的影響市場競爭的其他因素。

◎案例索引

中華人民共和國商務部：公告2014年第46號http://fldj.mofcom.gov.cn/article/ztxx/201406/20140600628586.shtml

第七章

刑事責任風險

案例85

在中國大陸的逃稅行為，可構成逃稅罪

姜某為東莞某機械公司的法定代表人及實際控制者，2015年4月東莞市稅務局稽查局在檢查機械公司帳目的過程中，發生機械公司自2008年起存在不合法取得增值稅專用發票進行抵扣、少報收入等逃稅行為，截止至2015年4月累計偷稅金額約50萬元，且偷稅金額占應納稅金額的比例均超過10%。

2015年5月，稽查局下達行政處罰通知書，但機械公司僅繳納了罰款未按時繳納稅金及滯納金；

2016年11月，稽查局將案件移送公安機關處理並於當日立案，並於2017年將姜某抓獲；

2017年9月機械公司繳清全部稅金及滯納金；

2018年10月案件經過多次補充偵查及延期審理後正式開庭審理。

法院認為

1.姜某採取隱瞞手段不申報稅收，逃避繳納稅款數額較大，並且占應納稅額百分之十以上，依法構成逃稅罪；2.姜某逃稅金額累計達50萬，屬於巨大，且逃稅金額累計占應納稅金額的比例超過百分之三十，依法應當從重處罰，但考量其認罪態度良好，屬初犯、偶犯且及時補繳稅金，故判處有期徒刑三年，緩刑三年，並處罰金。

實務要點

《中華人民共和國刑法》第201條規定：納稅人採取欺騙、隱瞞手段進行虛假納稅申報或者不申報，逃避繳納稅款數額較大並且占應納稅額百分之十以上的，處三年以下有期徒刑或者拘役，並處罰金；數額巨大並且占應納稅額百分之三十以上的，處三年以上七年以下有期徒刑，並處罰金。

扣繳義務人採取前款所列手段，不繳或者少繳已扣、已收稅款，數額較大的，依照前款的規定處罰。

對多次實施前兩款行為，未經處理的，按照累計數額計算。

有第一款行為，經稅務機關依法下達追繳通知後，補繳應納稅款，繳納滯納金，已受行政處罰的，不予追究刑事責任；但是，五年內因逃避繳納稅款受過刑事處罰或者被稅務機關給予二次以上行政處罰的除外。

最高人民檢察院、公安部《關於公安機關管轄的刑事案件立案追訴標準的規定（二）》第57條規定，涉嫌下列情形之一的，應予立案追訴：（一）納稅人採取欺騙、隱瞞手段進行虛假納稅申報或者不申報，逃避繳納稅款，數額在五萬元以上並且占各稅種應納稅總額百分之十以上，經稅務機關依法下達追繳通知後，不補繳應納稅款、不繳納滯納金或者不接受行政處罰的；（二）納稅人五年內因逃避繳納稅款受過刑事處罰或者被稅務機關給予二次以上行政處罰，又逃避繳納稅款，數額在五萬元以上並且占各稅種應納稅總額百分之十以上的；（三）扣繳義務人採取欺騙、隱瞞手段，不繳或者少繳已扣、已收稅款，數額在五萬元以上的；（四）納稅人在公安機關立案後再補繳應納稅款、繳納滯納金或者接受行政處罰的，不影響刑事責任的追究。

◎ 案例索引

http://openlaw.cn：東莞市第三人民法院（2018）粵1973刑初554號《刑事判決書》

案例86

被雇傭而虛開中國大陸增值稅專用發票的行為，
構成虛開增值稅專用發票罪

顏某控制著多家「空殼公司」，其自2016年開始在深圳租賃了某社區物業並雇傭了莊某、胡某、幕某等人。該4人分工明確，由顏某負責蒐集需要增值稅專用發票的「客戶」，並將相關資訊回饋予莊某，莊

某根據顏某回饋的資訊安排胡某、幕某等人製作購銷合同並開具增值稅專用發票，並由莊某負責銀行轉帳和將合同及發票郵寄給有需求的「客戶」。

經查實，顏某等4人利用多家「空殼公司」在2016年7月至2017年3月間，累計虛開增值稅專用發票12,323份，票面金額人民幣339,327,418.66元，稅額57,685,662.19元。顏某因此獲取巨額非法利益，同時顏某支付其餘三人勞動報酬5,000-7,000元／月不等。

法院認為

顏某為他人虛開增值稅專用發票，虛開的稅款數額巨大，其行為均已構成虛開增值稅專用發票罪；莊某、胡某、幕某屬於受雇于顏某從事犯罪行為，在共同犯罪中起次要作用，應認定為從犯，且部分人員具備自首情節，依法可以減輕或從輕處罰；依法判處顏某、莊某、胡某、幕某有期徒刑4年到5年不等，並分別處罰金5萬元。

實務要點

《中華人民共和國刑法》第205條規定：虛開增值稅專用發票或者虛開用於騙取出口退稅、抵扣稅款的其他發票的，處三年以下有期徒刑或者拘役，並處二萬元以上二十萬元以下罰金；虛開的稅款數額較大或者有其他嚴重情節的，處三年以上十年以下有期徒刑，並處五萬元以上五十萬元以下罰金；虛開的稅款數額巨大或者有其他特別嚴重情節的，處十年以上有期徒刑或者無期徒刑，並處五萬元以上五十萬元以下罰金或者沒收財產。

單位犯本條規定之罪的，對單位判處罰金，並對其直接負責的主管人員和其他直接責任人員，處三年以下有期徒刑或者拘役；虛開的稅款數額較大或者有其他嚴重情節的，處三年以上十年以下有期徒刑；虛開的稅款數額巨大或者有其他特別嚴重情節的，處十年以上有期徒刑或者無期徒刑。

虛開增值稅專用發票或者虛開用於騙取出口退稅、抵扣稅款的其他發票，是

指有爲他人虛開、爲自己虛開、讓他人爲自己虛開、介紹他人虛開行爲之一的。

最高人民檢察院、公安部《關於公安機關管轄的刑事案件立案追訴標準的規定（二）》第61條規定：虛開增值稅專用發票或者虛開用於騙取出口退稅、抵扣稅款的其他發票，虛開的稅款數額在一萬元以上或者致使國家稅款被騙數額在五千元以上的，應予立案追訴。

◎ 案例索引

http://openlaw.cn：廣東省高級人民法院（2018）粵刑終1168號《刑事裁定書》

案例87

在中國大陸，利用職務便利侵占企業財產，可構成職務侵占罪

洪某爲東莞某餐飲有限公司的出納，公司安排其負責部分專案的現金收付業務，並編制收付款憑證，然後根據所編制的憑證按時間順序逐日逐筆登記現金及記帳，並結出餘額。

2015年10月到2017年4月期間，洪某爲滿足個人消費之需，多次製作虛假的《現金期報表》，故意少報收取的資金數額，經統計累計金額達到人民幣5,047,537.79元，並全部被其個人揮霍。

2017年4月，事發後洪某僅歸還了250,000元即潛逃，2017年4月29日，洪某被公安機關抓獲歸案。

法院認爲

根據洪某本人供述、《現金期報表》、收據及相關證人證言等證據，足以認定洪某存在侵占公司資金的事實，且洪某在事發後僅向公司退賠了250,000元，故其並非暫時挪用，其行爲應構成職務侵占罪。洪某利用職務上的便

利，將本單位的財物非法占為己有，數額巨大，構成職務侵占罪，依法應予懲處，但考量到其如實供述犯罪行為並有部分退賠行為，依法可以從輕處罰，故判處洪某有期徒刑10年，並沒收個人財產20萬元。

實務要點

《中華人民共和國刑法》第271條規定：公司、企業或者其他單位的人員，利用職務上的便利，將本單位財物非法占為己有，數額較大的，處五年以下有期徒刑或者拘役；數額巨大的，處五年以上有期徒刑，可以並處沒收財產。

最高人民檢察院、公安部《關於公安機關管轄的刑事案件立案追訴標準的規定（二）》第84條規定：公司、企業或者其他單位的人員，利用職務上的便利，將本單位財物非法占為己有，數額在五千元至一萬元以上的，應予立案追訴。

◎ 案例索引

http://openlaw.cn：廣東省東莞市中級人民法院（2018）粵19刑終219號《刑事裁定書》

案例88

在中國大陸，商業交易中實施行賄行為，
可構成對非國家工作人員行賄罪

2011年陳某及吳某等人欲在廣東東莞某鎮籌建一家無牌無證水泥加工廠，以生產、銷售假冒註冊商品的水泥牟取非法利益。為避免行政機關的查處，陳某及吳某與該村村委書記廖某取得聯繫，廖某同意利用其村支書的影響力「保障」該水泥加工廠的安全，為此陳某及吳某以給予乾股的方式向廖某分配利潤。

2012年6月，廣東東莞市公安局聯合質量技術監督局等職能部門聯

合查處該無牌無證水泥加工場，當場查獲假冒「海螺」牌水泥共903袋（價值11,287.5元）及生產加工水泥設備一批，扣押生產、銷售單據一批。另經審計，該水泥加工場以非法營利為目的，未經註冊商標所有人許可，在同種商品上使用與其註冊商標相的商標，銷售金額達1,600萬元。

　　另經查明，陳某及吳某為獲取廖某的「保護」累計向廖某支付現金6萬餘元。

法院認為

陳某及吳某為牟取不正當利益，共同給予非國家工作人員廖某財物，數額較大，其行為均已構成對非國家工作人員行賄罪。陳某及吳某分別因犯對國家工作人員行賄罪，而判處有期徒刑9個月。

實務要點

《中華人民共和國刑法》第164條規定：為謀取不正當利益，給予公司、企業或者其他單位的工作人員以財物，數額較大的，處三年以下有期徒刑或者拘役，並處罰金；數額巨大的，處三年以上十年以下有期徒刑，並處罰金。
為謀取不正當商業利益，給予外國公職人員或者國際公共組織官員以財物的，依照前款的規定處罰。
單位犯前兩款罪的，對單位判處罰金，並對其直接負責的主管人員和其他直接責任人員，依照第一款的規定處罰。
行賄人在被追訴前主動交待行賄行為的，可以減輕處罰或者免除處罰。
最高人民法院、最高人民檢察院《關於辦理貪污賄賂刑事案件適用法律若干問題的解釋》第7條規定：為謀取不正當利益，向國家工作人員行賄，數額在三萬元以上的，應當依照刑法第三百九十條的規定以行賄罪追究刑事責任。
行賄數額在一萬元以上不滿三萬元，具有下列情形之一的，應當依照刑法第

390條的規定以行賄罪追究刑事責任：（一）向三人以上行賄的；（二）將違法所得用於行賄的；（三）通過行賄謀取職務提拔、調整的；（四）向負有食品、藥品、安全生產、環境保護等監督管理職責的國家工作人員行賄，實施非法活動的；（五）向司法工作人員行賄，影響司法公正的；（六）造成經濟損失數額在五十萬元以上不滿一百萬元的。第11條第3款規定：刑法第164條第1款規定的對非國家工作人員行賄罪中的「數額較大」、「數額巨大」的數額起點，按照本解釋第七條、第八條第一款關於行賄罪的數額標準規定的二倍執行。

◎ 案例索引

http://openlaw.cn：廣東省東莞市中級人民法院（2013）東中法刑二終字第81號《刑事裁定書》

案例89

在中國大陸經營地下匯兌，可構成非法經營罪

2009年開始，被告人許某A、許某B及其雇傭人員謝某，在中國大陸外匯管理局規定的交易場所以外，採用境內收付人民幣資金，境外收付相應外匯資金的方式，非法從事外匯買賣業務，並從中賺取千分之一的匯率差。

具體操作模式：1.許某A通過QQ、微信、手機短信等方式獲取客戶資訊並回饋予許某B；2.許某B通過在香港設立的貿易公司收取客戶的港幣、美元等外匯；3.謝某受許某A、許某B雇傭，通過中國大陸境內的相關帳戶將人民幣匯至客戶的指定帳戶。

經查，自2009年起，許某A、許某B及謝某累計非法買賣外匯金額約30億元。

法院認為

許某A、許某B及謝某三人無視國家法律，在國家規定的交易場所以外進行外匯買賣，情節特別嚴重，其行為均已構成非法經營罪。在共同犯罪中許某A、許某B系主犯，應當按照其所參與的全部犯罪處罰，謝某涉案時間較短且屬於被雇傭人員係從犯，依法應當減輕處罰。另，考慮到三人歸案後均能如實供述自己的主要犯罪事實，悔罪態度較好，依法可以從輕處罰。依法判處被告人許某A有期徒刑五年六個月，並處罰金人民幣73萬元；判處被告人許某B有期徒刑五年，並處罰金人民幣16萬元；判處被告人謝某有期徒刑二年二個月，緩刑三年，並處罰金人民幣3萬元；同時沒收相關帳戶全部財產。

實務要點

《中華人民共和國刑法》第225條規定：違反國家規定，有下列非法經營行為之一，擾亂市場秩序，情節嚴重的，處五年以下有期徒刑或者拘役，並處或者單處違法所得一倍以上五倍以下罰金；情節特別嚴重的，處五年以上有期徒刑，並處違法所得一倍以上五倍以下罰金或者沒收財產：（一）未經許可經營法律、行政法規規定的專營、專賣物品或者其他限制買賣的物品的；（二）買賣進出口許可證、進出口原產地證明以及其他法律、行政法規規定的經營許可證或者批准文件的；（三）未經國家有關主管部門批准非法經營證券、期貨、保險業務的，或者非法從事資金支付結算業務的；（四）其他嚴重擾亂市場秩序的非法經營行為。

全國人大常委會《關於懲治騙購外匯、逃匯和非法買賣外匯犯罪的決定》之4規定：在國家規定的交易場所以外非法買賣外匯，擾亂市場秩序，情節嚴重的，依照刑法第二百二十五條的規定定罪處罰。單位犯前款罪的，依照刑法第二百三十一條的規定處罰。

最高人民檢察院、公安部《關於公安機關管轄的刑事案件立案追訴標準的規定（二）》第79條規定：違反國家規定，進行非法經營活動，擾亂市場秩序，涉嫌下列情形之一的，應予立案追訴：……

（四）非法經營外匯，具有下列情形之一的：1.在外匯指定銀行和中國大陸外匯交易中心及其分中心以外買賣外匯，數額在二十萬美元以上的，或者違法所得數額在五萬元以上的；2.公司、企業或者其他單位違反有關外貿代理業務的規定，採用非法手段，或者明知是偽造、變造的憑證、商業單據，為他人向外匯指定銀行騙購外匯，數額在五百萬美元以上或者違法所得數額在五十萬元以上的；3.居間介紹騙購外匯，數額在一百萬美元以上或者違法所得數額在十萬元以上的。

◎ 案例索引

http://openlaw.cn：深圳市中級人民法院（2014）深中法刑二終字第129號《刑事裁定書》

案例90

採用詐騙方法非法集資，在中國大陸構成集資詐騙罪

　　2013年張某作為股東投資設立了廣州健康公司並擔任法定代表人，該公司的經營模式為：在各地舉辦「招商會」，以向會員提供酵素、活細胞等產品及療養服務為由，吸收會員投資及代理商加盟。另經查明該公司存在以下事實：1.酵素、活細胞等產品只是該公司向他人購買產品後進行包裝並貼上該公司的標籤，再以成本的十幾倍價格提供給會員，相關產品實際並無宣傳的功效；2.該公司不具備吸收公眾存款的資格，但張某在「招商會」期間，仍以高額回報為誘餌，誇大產品宣傳效果，編造虛假事實和資訊誘騙他人參與投資；3.2013年12月至2014年7月間，該公司累計吸收會員投資及代理商加盟費2.4億元人民幣並大部分涉案資金直接匯入張某指定的個人帳戶。另，該公司在收取會員費及加盟費後，絕大部分費用並未用於實際經營及產生效益而是用於揮霍及發放會員分紅、員工傭金提成等。後因資金量斷裂，無法償還借款本息和會員分紅，導致案發。

法院認為

張某在明知廣州健康公司不具備吸收公眾存款資格的前提下，仍以該公司的名義，以高額回報為誘餌，編造虛假事實和資訊誘騙他人參與投資，同時，該公司除吸收他人投資外無任何合法穩定的利潤來源，且吸收的資金多用於揮霍及發放會員分紅、員工傭金提成，後期因資金量斷裂，無法償還借款本息和會員分紅，才導致案發，依法應當認定為非法集資罪。張某在共同犯罪中屬於主犯且非法集資金額巨大，並在歸案後拒不交代涉案資金的真實去向，逃避返還資金，故依法判處無期徒刑，剝奪政治權利終身，並處沒收財產三百萬元。

實務要點

《中華人民共和國刑法》第192條規定：以非法占有為目的，使用詐騙方法非法集資，數額較大的，處五年以下有期徒刑或者拘役，並處二萬元以上二十萬元以下罰金；數額巨大或者有其他嚴重情節的，處五年以上十年以下有期徒刑，並處五萬元以上五十萬元以下罰金；數額特別巨大或者有其他特別嚴重情節的，處十年以上有期徒刑或者無期徒刑，並處五萬元以上五十萬元以下罰金或者沒收財產。

最高人民檢察院、公安部《關於公安機關管轄的刑事案件立案追訴標準的規定（二）》第49條規定：以非法占有為目的，使用詐騙方法非法集資，涉嫌下列情形之一的，應予立案追訴：（一）個人集資詐騙，數額在十萬元以上的；（二）單位集資詐騙，數額在五十萬元以上的。

◎ 案例索引

http://openlaw.cn：廣東省高級人民法院（2018）粵刑申250號《駁回申訴通知書》

案例91

在中國大陸，直接向走私者非法收購走私進口的貨物，
可構成走私罪

被告人袁某於2015年6月至8月25日間，與多人結夥在東莞市非法設立了「紅油」脫色點。袁某作為結夥人及實際經營者，主要負責以下活動：1.負責聯繫走私人員並直接向走私人收購從香港走私進口的「紅油」及支付相關費用；2.負責雇傭工人在脫色點工作，並聯繫國內客戶進行銷售；3.負責相關貨款的收付工作。經公訴機關查實，袁某的脫色點在2015年6月至8月25日期間，累計購買及加工走私進口的「紅油」5,838.89噸，累計偷逃應繳稅額約為人民幣1,367萬元。

法院認為

袁某雖未直接走私「紅油」，但屬於直接向走私人非法收購走私進口的貨物，且偷逃應繳納關稅數額較大的情形，依法應當以走私罪論處。袁某係脫色點的結夥人及實際經營者，負責脫色點的全部主要工作，在共同犯罪中屬於主犯，且偷逃應繳納關稅達1,367萬元，屬於數額巨大的行為，依法應當判處10年以上有期徒刑，另考量到袁某歸案後如實供述主要犯罪事實，認罪態度較好，依法可酌情從輕處罰。本案經一審及二審法院審理後認定袁某犯走私普通貨物罪，並判處有期徒刑11年，並處罰金600萬元。

實務要點

《中華人民共和國刑法》第153條規定：走私本法第一百五十一條、第一百五十二條、第三百四十七條規定以外的貨物、物品的，根據情節輕重，分別依照下列規定處罰：（一）走私貨物、物品偷逃應繳稅額較大或者一年內曾因走私被給予二次行政處罰後又走私的，處三年以下有期徒刑或者拘役，並處偷逃應繳稅額一倍以上五倍以下罰金；（二）走私貨物、物品偷逃

應繳稅額巨大或者有其他嚴重情節的，處三年以上十年以下有期徒刑，並處偷逃應繳稅額一倍以上五倍以下罰金；（三）走私貨物、物品偷逃應繳稅額特別巨大或者有其他特別嚴重情節的，處十年以上有期徒刑或者無期徒刑，並處偷逃應繳稅額一倍以上五倍以下罰金或者沒收財產。

單位犯前款罪的，對單位判處罰金，並對其直接負責的主管人員和其他直接責任人員，處三年以下有期徒刑或者拘役；情節嚴重的，處三年以上十年以下有期徒刑；情節特別嚴重的，處十年以上有期徒刑。

對多次走私未經處理的，按照累計走私貨物、物品的偷逃應繳稅額處罰。

◎ 案例索引

http://openlaw.cn：廣東省高級人民法院（2018）粵刑終822號《刑事裁定書》

案例92

明知自己無履約能力而誘騙對方履行合同，
在中國大陸可構成合同詐騙罪

　　被告人歐陽是廣東佛山A公司的股東、法定代表人及實際經營者，自2006年A公司成立以來，為了保證公司的正常運轉，歐陽多以銀行借貸的方式作為資金來源。截止至2012年底，A公司、歐陽個人及其親屬以累計向銀行借貸逾1,000萬元用於A公司的正常經營。

　　為歸還銀行貸款，歐陽採取履行小額或部分履行合同的方式，以A公司的名義與約8家公司簽訂合同並大量採購棉紗，再將採購的棉紗交由另外3家紡織公司進行加工，最後將加工完成的布料出售後用於歸還銀行貸款。A公司因將大部分營業所得用於歸還銀行貸款和日常開銷，而無力支付供應商貨款及加工單位加工費，截止至2013年11月，A公司累計欠付到期貨款及加工費合計1,600萬元。

　　2013年11月開始，歐陽離開公司，更換了手機號碼並藏匿至親朋好友家中，同月，公安機關以合同詐騙罪對歐陽立案調查，並於2014年1月將其抓捕歸案。

法院認為

被告人歐陽與11家被害單位交易往來的主要目的是歸還銀行巨額貸款，即其在履行合同過程中或者在履行合同之前，就已明知A公司或者其本人已經沒有實際履行合同主要義務的能力，並在確實無法履行合同後，隨即採取了停止經營並逃匿的方式逃避債務，故其依法構成合同詐騙罪。被告人歐陽以非法佔有為目的，在簽訂、履行合同的過程中，騙取11家被害單位人民幣1,600萬元，數額特別巨大，但考量其到案後能夠如實供述犯罪行為，認罪態度較好，因此判處其處有期徒刑十四年，並處罰金人民幣50萬元。

實務要點

《中華人民共和國刑法》第224條規定：有下列情形之一，以非法占有為目的，在簽訂、履行合同過程中，騙取對方當事人財物，數額較大的，處三年以下有期徒刑或者拘役，並處或者單處罰金；數額巨大或者有其他嚴重情節的，處三年以上十年以下有期徒刑，並處罰金；數額特別巨大或者有其他特別嚴重情節的，處十年以上有期徒刑或者無期徒刑，並處罰金或者沒收財產：（一）以虛構的單位或者冒用他人名義簽訂合同的；（二）以偽造、變造、作廢的票據或者其他虛假的產權證明作擔保的；（三）沒有實際履行能力，以先履行小額合同或者部分履行合同的方法，誘騙對方當事人繼續簽訂和履行合同的；（四）收受對方當事人給付的貨物、貨款、預付款或者擔保財產後逃匿的；（五）以其他方法騙取對方當事人財物的。

最高人民檢察院、公安部《關於公安機關管轄的刑事案件立案追訴標準的規定（二）》第77條規定：以非法占有為目的，在簽訂、履行合同過程中，騙取對方當事人財物，數額在二萬元以上的，應予立案追訴。

◎ 案例索引

天眼查：廣東省高級人民法院（2016）粵刑終1443號《刑事判決書》

案例93

在中國大陸，企業違反安全管理規定致重大人員傷亡，
可構成重大責任事故罪

　　被告人廖某是廣州某海運學校的老師，負責救生艇的維護和保養工作；被告人李某是廣州某培訓機構的老師，取得了船舶的相關教師資格證。2014年4月，廖某和李某共同帶領海運學校的28名學生，開展關於救生艇操作的相關戶外課程。

　　課程開始後，廖某將全部28名學生帶到平臺講解注意事宜，李某則自行走入救生艇內檢查救生艇的基本狀況。李某在檢查救生艇的過程中，因發現救生艇無法正常打火，因此開始調整，結果錯把救生艇的自動脫鉤裝置保險手柄當成救生艇的檔位手柄來操作。最終導致救生艇掉落砸到了平臺上正在上課的6名同學，並釀成2人死亡，1人重傷，3人輕傷／輕微傷的重大安全事故。

　　另經調查核實：學校管理規範寫明，在平臺授課時，每批人數不得超過10人，但廖某當天為了趕時間，違規讓28名學生同時到平臺上講課。另事後，學校積極與受害人家屬達成調解，並取得受害人家屬的諒解。

法院認為

被告人廖某明知在平臺上授課時，每批人數不得超過10人，但其違規讓28人同時擠上平臺是造成事故的原因；被告人李某在不清楚救生艇具體結構的前提下，誤將救生艇的自動脫鉤裝置保險手柄當成檔位手柄來操作也是造成事故的原因，兩人均屬於在生產、作業中違反有關安全管理規定的行為並因此造成重大傷亡，依法構成重大責任事故罪；考慮到被告人廖某和李某已獲取受害人家屬諒解，被告人廖某情節顯著輕微，責任相對較小，且無社會危害性，故依法判處有期徒刑一年，緩刑一年；被告人李某責任較大，故依法判

處有期徒刑一年三個月。

實務要點

《中華人民共和國刑法》第134條規定：在生產、作業中違反有關安全管理的規定，因而發生重大傷亡事故或者造成其他嚴重後果的，處三年以下有期徒刑或者拘役；情節特別惡劣的，處三年以上七年以下有期徒刑。

最高人民法院、最高人民檢察院《關於辦理危害礦山生產安全刑事案件具體應用法律若干問題的解釋》第4條：發生礦山生產安全事故，具有下列情形之一的，應當認定為刑法第一三四條（重大責任事故罪）、第一三五條規定的「重大傷亡事故或者其他嚴重後果」：（一）造成死亡一人以上，或者重傷三人以上的；（二）造成直接經濟損失一百萬元以上的；（三）造成其他嚴重後果的情形。

具有下列情形之一的，應當認定為刑法第134條、第135條規定的「情節特別惡劣」：（一）造成死亡三人以上，或者重傷十人以上的；（二）造成直接經濟損失三百萬元以上的；（三）其他特別惡劣的情節。

◎ 案例索引

http://openlaw.cn：廣東省廣州市中級人民法院（2016）粵01刑終431號《刑事判決書》

PART **3**

境外居民在中國大陸結婚、離婚、繼承和收養典型案例彙編

第一章

結婚

案例94

境外居民與中國大陸居民在大陸辦理結婚登記，
應符合大陸法律的要求

2005年4月6日，重慶市民政局頒發了渝民結（2005）字第390號的結婚證書，結婚證書顯示的女方為中國大陸居民楊某，男方為臺灣地區居民洪某。在結婚檔案中顯示，楊某當時提供了其戶口名簿原件、身份證原件、楊某本人無配偶以及與對方當事人沒有直系血親和三代以內旁系血親關係的簽字聲明；洪某當時提供了其有效通行證、身份證、經居住地公證機構公證的本人無配偶以及與對方當事人沒有直系血親和三代以內旁系血親關係的聲明。2013年1月11日，原告楊某發現自己已被登記為結婚，而自己與男方洪某素不相識，因此研判系被他人冒用身份所導致，即：重慶市民政局進行的結婚登記應屬錯誤。原告楊某因此向法院起訴，請求法院責令重慶市民政局撤銷渝民結（2005）字第390號結婚證書。

法院認為

雖然重慶市民政局根據《婚姻登記條例》規定，確認了婚姻雙方當事人所提交的材料文件符合形式要求，但根據重慶市公信物證司法鑑定所出具的檢驗意見書，已查明《結婚登記審查處理表》中關於女方「楊某」簽名字跡處指紋不是楊某本人所留、字跡不是楊某本人所寫。因此，應推定到場登記結婚的並非本案原告楊某，本案原告楊某不具有與洪某結婚的真實意思，應確認重慶市民政局頒發的渝民結（2005）字第390號結婚證書無效。

實務要點

中國大陸《婚姻登記條例》第4條第2款規定：中國公民同外國人在中國大陸結婚的，中國大陸居民同香港居民、澳門居民、臺灣居民、華僑在中國大陸

結婚的，男女雙方應當共同到中國大陸居民常住戶口所在地的婚姻登記機關
辦理結婚登記。同時，該條例第7條還規定：婚姻登記機關應當對結婚登記
當事人出具的證件、證明材料進行審查並詢問相關情況。對當事人符合結婚
條件的，應當當場予以登記，發給結婚證。亦即，結婚當事人除應備齊辦理
結婚登記所需書面資料外，婚姻登記機關還應對證件、證明材料履行必要的
審查義務，審查到場的雙方是否要求登記結婚的雙方，同時，還需就結婚是
否為雙方的共同意思表示等相關問題進行必要詢問，以確保其登記行為的對
世效力。

◎ 案例索引
中國裁判文書網：重慶市渝北區人民法院（2013）渝北法行初字第00094號
《行政判決書》

案例95

中國大陸法院認定境外居民的婚姻效力
適用雙方共同經常居所地法

　　1954年8月29日，中國香港居民毛某及龐某在香港根據香港法律舉
行婚禮（以下簡稱「前婚姻」），婚後雙方共同在香港生活，並育有五
名子女。後，龐某前往中國大陸的廣東省工作，並認識了中國大陸居民
陳某，龐某在明知自己有配偶的情況下，隱瞞了婚姻關係，並與陳某在
中國大陸辦理登記結婚（以下簡稱「後婚姻」），雙方共同到婚姻登記
機關登記申領了中國大陸的結婚證。

　　毛某獲悉龐某存在的後婚姻後，以龐某前合法婚姻關係未消滅為
由，請求確認龐某與陳某的婚姻（後婚姻）關係無效。

法院認為

毛某與龐某於1954年8月29日在香港按習俗舉行婚禮，該儀式符合香港法例第178章《婚姻制度改革條例》第8條新式婚姻的規定，且香港高等法院於2017年3月3日判決毛某與龐某從1954年8月29日起成為合法的夫妻，雙方前婚姻關係合法有效。龐某之後再與陳某在中國大陸辦理結婚登記，不符合《中華人民共和國婚姻法》關於一夫一妻的要求，後婚姻屬無效婚姻。

實務要點

《中華人民共和國涉外民事關係法律適用法》第21條規定：結婚條件，適用當事人共同經常居所地法律。
《中華人民共和國婚姻法》第2條規定：實行婚姻自由、一夫一妻、男女平等的婚姻制度。

◎ 案例索引
中國裁判文書網：珠海市中級人民法院（2015）珠中法審監民提字第7號《民事判決書》

案例96

境外居民在婚姻存續期間，又與中國大陸居民結婚，可構成重婚罪

1990年4月28日，中國大陸居民張某與香港居民邱某在天津市民政局登記結婚，婚後二人前往香港定居並育有一女。其後，張某取得香港永久居留權，邱某婚後一直帶著女兒繼續留在香港生活，張某則前往天津經商生活，二人長期分居。2009年4月1日，張某在沒有依法解除與邱某婚姻關係的情況下，另以香港居民身份在天津市民政局與中國大陸居民倪某登記結婚，並育有一子。2014年1月15日，張某與倪某離婚。

法院認為

香港居民張某與邱某的婚姻關係沒有依法解除前，即張某存在合法配偶，在此情況下，張某隱瞞事實真相，又與中國大陸居民倪某登記結婚，其行為已明顯構成重婚罪，應予懲處。重婚罪為行為犯，張某重婚行為已經完成，故不能因嗣後與倪某離婚而免除其刑責。

實務要點

《中華人民共和國涉外民事關係法律適用法》第21條規定：結婚條件，適用當事人共同經常居所地法律。

《中華人民共和國刑法》第258條規定：有配偶而重婚的，或者明知他人有配偶而與之結婚的，處二年以下有期徒刑或者拘役。

◎ 案例索引

中國裁判文書網：天津市第一中級人民法院（2016）津01刑終60號《刑事裁定書》

案例97

中國大陸法律承認婚前（婚內）財產約定的法律效力

　　龍某於1977年與蔡某結婚，婚後生育一女，該女為龍某法定繼承人。2000年8月21日龍某與蔡某離婚。2002年1月30日龍某與楊某登記結婚。龍某與楊某再婚後沒有生育子女。

　　2006年龍某與楊某購買了位於廣州市海珠區紡織路73號的房屋一套，該房登記在龍某與楊某名下。龍某於2012年7月8日出具《約定》一份，記載「海珠區紡織路73號房地產證字第C4992815號和朗晴居二期F503房〔在按揭，尚未辦理房地產權證〕，夫妻婚後共有財產都由妻子楊某所有。特此約定。」的。龍某於2012年7月17日死亡。現龍某與蔡某所生之女要求繼承前述房屋中屬於龍某的份額，並因此與楊某產生爭議。

法院認為

位於廣州市海珠區紡織路73號的涉案房屋是龍某與楊某在婚姻關係存續期間所購買，屬於龍某與楊某的夫妻共同財產，龍某既已通過出具《約定》的書面形式對夫妻共同財產如何分配作出約定，該《約定》合法有效，涉案房屋的全部產權即應歸屬楊某所有。因此，龍某死亡時，涉案房屋並非龍某遺產，其女不能繼承該屋權利。

實務要點

《中華人民共和國婚姻法》第19條規定：夫妻可以約定婚姻關係存續期間所得的財產以及婚前財產歸各自所有、共同所有或部分各自所有、部分共同所有。約定應當採用書面形式。沒有約定或約定不明確的，適用本法第十七條、第十八條的規定。夫妻對婚姻關係存續期間所得的財產以及婚前財產的約定，對雙方具有約束力。夫妻對婚姻關係存續期間所得的財產約定歸各自所有的，夫或妻一方對外所負的債務，第三人知道該約定的，以夫或妻一方所有的財產清償。

備註：《中華人民共和國婚姻法》第17條規定：夫妻在婚姻關係存續期間所得的下列財產，歸夫妻共同所有：（一）工資、獎金；（二）生產、經營的收益；（三）知識產權的收益；（四）繼承或贈與所得的財產，但本法第十八條第三項規定的除外；（五）其他應當歸共同所有的財產。夫妻對共同所有的財產，有平等的處理權。

第18條規定：有下列情形之一的，為夫妻一方的財產：（一）一方的婚前財產；（二）一方因身體受到傷害獲得的醫療費、殘疾人生活補助費等費用；（三）遺囑或贈與合同中確定只歸夫或妻一方的財產；（四）一方專用的生活用品；（五）其他應當歸一方的財產。

◎ 案例索引

中國裁判文書網：廣州市中級人民法院（2014）穗中法民一終字第910號《民事判決書》

案例98

在中國大陸，如無特別約定，婚前財產在離婚時仍屬個人所有

2014年4月，李某與嚴某在佛山市高明區婚姻登記處登記結婚，婚後雙方沒有生育子女。婚前，嚴某的父母分別於2011年12月10日、2013年8月23日以嚴某的名義出資購買位於佛山市高明區荷城街道荷富路房屋一套（以下簡稱「荷富路房屋」），及位於佛山市高明區荷城街道荷富路美的西海岸花園地下室汽車位一套（以下簡稱「地下室汽車位」）。後，李某、嚴某因感情不睦於2015年6月18日在佛山市高明區婚姻登記處協議離婚。

離婚時，李某、嚴某簽訂了離婚協議書，約定位於荷富路房屋一套歸李某所有，但並未約定地下室汽車位的權利歸屬。

法院認為

荷富路房屋、地下室汽車位均是李某與嚴某於結婚登記前，由嚴某父母以嚴某的名義出資所購買，屬於嚴某婚前財產。但雙方協議離婚時，已約定荷富路房屋歸屬李某所有，李某可根據此約定要求嚴某辦理房屋過戶；與此相較，雙方離婚協議並未反映出對於地下室汽車位進行處理，因此地下室汽車位仍然屬於嚴某婚前個人財產，李某不得要求予以分割。

實務要點

《中華人民共和國婚姻法》第18條規定：有下列情形之一的，為夫妻一方的財產：（一）一方的婚前財產；（二）一方因身體受到傷害獲得的醫療費、殘疾人生活補助費等費用；（三）遺囑或贈與合同中確定只歸夫或妻一方的財產；（四）一方專用的生活用品；（五）其他應當歸一方的財產。

備註：《中華人民共和國婚姻法》第31條規定：男女雙方自願離婚的，准予離婚。雙方必須到婚姻登記機關申請離婚。婚姻登記機關查明雙方確實是自願並對子女和財產問題已有適當處理時，發給離婚證。

◎案例索引

中國裁判文書網：佛山市中級人民法院（2018）粵06民終5040號《民事判決書》

案例99

在中國大陸以結婚為目的的贈與，未能結婚時可請求返還

冀某、陳某於2015年9月透過友人介紹相識，雙方於2015年10至11月間確立戀愛關係。陳某稱交往期間，曾向冀某給付多筆財物，包括金額額度100萬元的銀行卡。之後雙方在論及婚嫁時，陳某更於2016年1月29日向冀某轉帳1,000萬元，轉帳單上的摘要為婚姻押金。

後冀某、陳某於2016年5月確認結束戀愛關係，陳某據此要求冀某返還100萬元，及以結婚為前提所支付的1,000萬元。

法院認為

100萬元銀行卡是陳某在戀愛期間向冀某所為的自願贈與行為，即便雙方關係不存在，仍不可任意撤銷該贈與合同。但陳某在支付該筆1,000萬元時已清楚注明了該筆款為婚姻押金，該備註即顯示陳某贈與該筆款項是以冀某與陳某結婚為前提，從而區別於戀愛期間陳某對冀某的一般財物贈與行為。因此，在雙方結婚目的無法實現的情況下，該1,000萬元贈與行為的解除條件成就，冀某應返還陳某1,000萬元。

實務要點

最高人民法院《關於適用〈中華人民共和國婚姻法〉若干問題的解釋（二）》第10條規定：當事人請求返還按照習俗給付的彩禮的，如果查明屬於以下情形，人民法院應當予以支持：（一）雙方未辦理結婚登記手續的；……。同時，《中華人民共和國合同法》第45條規定：當事人對合同的

效力可以約定附條件。附生效條件的合同，自條件成就時生效。附解除條件的合同，自條件成就時失效。

◎ **案例索引**
中國裁判文書網：深圳市中級人民法院（2018）粵03民終23349號《民事判決書》

第二章

離婚

案例100

在中國大陸協議離婚，除簽離婚協議外，還必須辦理離婚登記

姜先生與何女士2007年，兩人經朋友介紹相識，相似的經歷讓兩個年輕人有了共同語言，他們很快相戀，並登記結婚。2008年，何女士生下兒子小冰，夫妻倆告別了從前輕鬆的生活。孩子出生後，何女士忙著給孩子餵奶、哄孩子睡覺，可姜先生在家卻沉迷於手機遊戲，何女士因此經常抱怨，夫妻倆摩擦不斷。2010年春節期間，夫妻倆又因小事起了爭執，心灰意冷的何女士脫口而出：「離婚！」姜先生也厭倦了爭吵，當即寫了一份離婚協議。雙方約定，孩子跟何女士一起生活，夫妻倆沒有共同財產可分割。協議簽訂後，姜先生和何女士都沒主動提出去民政局辦理離婚手續，並且不再提及此事。直到2015年，姜先生方拿著前述離婚協議向法院起訴離婚。

法院認為

離婚協議簽訂後不當然發生地法律效力，只有雙方在民政部門或法院辦理了離婚手續後才能生效。姜先生與何女士雖在2008年即簽訂離婚協議，但因沒有辦理離婚登記手續，不產生離婚的法律效果。現姜先生持該離婚協議起訴離婚，已時過境遷，並何女士堅決反對，法院應以當前雙方的真實情感狀況重新審視該協議的效力。

實務要點

《中華人民共和國婚姻法》第31條規定：男女雙方自願離婚的，准予離婚。雙方必須到婚姻登記機關申請離婚。婚姻登記機關查明雙方確實是自願並對子女和財產問題已有適當處理時，發給離婚證。
《婚姻登記條例》第11條第1款規定：辦理離婚登記的內地居民應當出具下列證件和證明材料：（一）本人的戶口名簿、身份證；（二）本人的結婚

證：（三）雙方當事人共同簽署的離婚協議書。

◎ 案例索引

中國法院網：《多年前的離婚協議　如今為何被判無效》https://www.
chinacourt.org/article/detail/2017/01/id/2512117.shtml。

案例101

離婚協議中約定的放棄對子女監護義務的條款，在中國大陸無效

　　鹿某、何某原係夫妻關係，雙方婚後育有一女何女。2007年8月21日，鹿某、何某在民政局協議離婚，約定何女由何某撫養，鹿某則放棄關於何女的一切權利義務。

　　何女隨何某生活期間均由何某父母代其撫養，但何某後因盜竊於2015年3月12日被廣東省廣州市天河區人民法院判處有期徒刑十個月，家中頓失經濟支柱，故何某作為何女的法定代理人委託律師起訴鹿某，要求鹿某履行監護義務。鹿某以協議已有約定為由進行抗辯。

法院認為

何女既是鹿某、何某的親生子女，鹿某、何某即是何女未成年之前的法定監護人，其對何女的監護義務，不能僅通過雙方合同約定方式就進行變更或調整。因此，即便鹿某於離婚時與何某已就何女的撫養問題進行了約定，且注明鹿某放棄了一切關於何女權利和責任，但不能以此規避鹿某對何女應盡的監護法定責任。

實務要點

《中華人民共和國民法通則》第16條第1款規定：未成年人的父母是未成年人的監護人。

最高人民法院《關於貫徹執行〈中華人民共和國民法通則〉若干問題的意見》第21條規定：夫妻離婚後，與子女共同生活的一方無權取消對方對該子女的監護權。但是，未與該子女共同生活的一方，對該子女有犯罪行為、虐待行為或者對該子女明顯不利的，人民法院認為可以取消的除外。

最高人民法院《關於貫徹執行〈中華人民共和國民法通則〉若干問題的意見》第10條的規定：監護人的監護職責包括：保護被監護人的身體健康，照顧被監護人的生活，管理和保護被監護人的財產，代理被監護人進行民事活動，對被監護人進行管理和教育，在被監護人合法權益受到侵害或者與人發生爭議時，代理其進行訴訟。父母雙方即時在離婚後，仍均有義務確保未成年子女的身體健康、照顧其生活、代理其進行民事活動、對其進行管理和教育等具體監護職責直至其成年為止。

◎ 案例索引

中國裁判文書網：綿陽市涪城區人民法院（2014）涪民初字第7488號《民事判決書》

案例102

在中國大陸與特定保護對象進行訴訟離婚時，需適用特別規定

榮某與張某約於2013年經人介紹相識，於2014年登記結婚。榮某現以雙方婚後經常發生矛盾感情淡漠為由訴至法院請求離婚，但張某於榮某提起訴訟要求離婚時已懷有身孕，張某以此抗辯，不同意離婚。

法院認為

為保障婦女懷孕期間的權益，禁止男方在女方懷孕期間提起訴訟，要求離婚；除有助女方安心待產以外，更可確保胎兒的婚生子女身份。現張某正在懷孕期間，且張某也不同意離婚，榮某要求離婚不符合前述精神和法律規定；男方榮某的離婚要求不予支持。

實務要點

《中華人民共和國婚姻法》第34條：女方在懷孕期間、分娩後一年內或中止妊娠後六個月內，男方不得提出離婚。女方提出離婚的，或人民法院認為確有必要受理男方離婚請求的，不在此限。

備註：根據《中華人民共和國婚姻法》第31條規定：男女雙方自願離婚的，准予離婚。雙方必須到婚姻登記機關申請離婚。婚姻登記機關查明雙方確實是自願並對子女和財產問題已有適當處理時，發給離婚證。

《中華人民共和國婚姻法》第33條的規定：現役軍人的配偶要求離婚，須得軍人同意，但軍人一方有重大過錯的除外。該規定也是中國大陸訴訟離婚中應注意的事項。

◎ 案例索引

中國裁判文書網：焦作市中級人民法院（2016）豫08民終392號《民事裁定書》

案例103

中國大陸對夫妻雙方簽訂的忠誠協議，原則上予以保護

　　1998年正月，胡某、葉某經人介紹認識並建立戀愛關係，後在浙江省磐安縣安文鎮政府登記結婚。2009年8月12日，雙方簽訂《約定》一份，約定：雙方必須以家為重，忠誠於家，必須誠實守信，不違背承諾；如一方違約，過錯方必須賠償無過錯方50萬元。2009年9月5日，雙方再次簽訂《協議書》一份，約定：雙方如有證據證明對方有不忠於夫妻感情的事情（包括但不限於婚外情、嫖賭、重婚、與他們同居），而且由過錯方先提出離婚的，必須承擔以下責任：過錯方應支付無過錯方精神損害賠償金人民幣50萬元。後發現胡某先後與曹某、陳某關係曖昧，且與陳某開房同居，導致夫妻感情出現了隔閡，胡某就其行為多次向葉某出具悔過書。2014年1月6日，胡某向法院起訴離婚。葉某同意離婚，但要求胡某賠償精神損失50萬元。

法院認為

胡某先後與曹某、陳某關係曖昧，且與陳某開房同居，雖沒有達到「重婚」或「與他人同居」等情節嚴重的情形，但在該情形下，葉某是否有權要求損害賠償，法律並無禁止性規定。現胡某與葉某經過協商約定，一方違反忠實義務應向另一方支付精神損害賠償。該約定系雙方對忠實義務的量化，未違反法律的禁止性、效力性規定。而對於損害賠償金額，應根據侵權精神損害賠償的確定原則，並結合當地社會經濟水準、葉某的承受能力等酌情確定。本案酌定胡某賠償葉某精神損失金額為20萬元。

實務要點

《中華人民共和國婚姻法》第4條規定：夫妻應當相互忠實。第46條規定：重婚、有配偶者與他人同居、導致離婚的，無過錯方有權請求損害賠償。

最高人民法院《關於適用〈中華人民共和國婚姻法〉若干問題的解釋（一）》第28條規定：涉及精神損害賠償的，適用最高人民法院《關於確定民事侵權精神損害賠償責任若干問題的解釋》的有關規定。

備註：最高人民法院《關於確定民事侵權精神損害賠償責任若干問題的解釋》第10條第1款規定：精神損害的賠償數額根據以下因素確定：（一）侵權人的過錯程度，法律另有規定的除外；（二）侵害的手段、場合、行為方式等具體情節；（三）侵權行為所造成的後果；（四）侵權人的獲利情況；（五）侵權人承擔責任的經濟能力；（六）受訴法院所在地平均生活水準。

◎ 案例索引

中國裁判文書網：金華市中級人民法院（2014）浙金民終字第723號《民事判決書》

案例104

中國大陸法院在進行離婚共同財產分割時，
會將婦女兒童權益保障作為重要考慮因素

李某、梁某原係夫妻。雙方於1997年7月18日登記結婚，1997年12月22日生育一子。因夫妻感情不和，李某起訴要求離婚，法院認定李某、梁某婚姻破裂判決離婚，且認定李某對婚姻破裂存在過錯。

由於針對夫妻婚後所購坐落於湛江市霞山區民享路27號房屋（以下簡稱「民享路房屋」），雙方在法院判決離婚時均表示由雙方另行協議，故在前述離婚判決中法院沒有進行一併處理。現因雙方已無法協議處理夫妻財產分配，又另案向法院起訴請求分割民享路房屋。

法院認為

即便夫妻已經離婚，如有共同財產尚未分割的，一方仍有權向法院要求予以分割。結合本案事實，考慮到李某、梁某離婚後，實際上是由梁某撫養兒子，且離婚生效判決也確認夫妻離婚是因李某過錯行為所致，因此，對夫妻財產的分割，應優先給予梁某照顧，酌情由李某和梁某按照2：8的比例分割民享路房屋。民享路房屋歸梁某所有，由梁某向李某補償房屋折價款的20%。

實務要點

最高人民法院《關於適用〈中華人民共和國婚姻法〉若干問題的解釋（三）》第18條規定：離婚後，一方以尚有夫妻共同財產未處理為由向人民法院起訴請求分割的，經審查該財產確屬離婚時未涉及的夫妻共同財產，人民法院應當依法予以分割。

《中華人民共和國婚姻法》第39條第1款：離婚時，夫妻的共同財產由雙方協議處理；協議不成時，由人民法院根據財產的具體情況，照顧子女和女方

權益的原則判決。

《中華人民共和國婦女權益保障法》第48條第1款的規定：夫妻共有的房屋，離婚時，分割住房由雙方協議解決；協議不成的，由人民法院根據雙方的具體情況，按照照顧子女和女方權益的原則判決。夫妻雙方另有約定的除外。

◎案例索引

中國裁判文書網：湛江市中級人民法院（2014）湛中法民一終字第794號《民事判決書》

案例105

在中國大陸，離婚協議中父母對子女贈與的承諾，
不可以單方面要求撤銷

　　李某與江某原是夫妻關係，婚後育有一子江子，後因感情不睦協議離婚。雙方在當地民政局辦理離婚登記時，簽署一份協議書，該協議書第3條第1款約定「李某同意將其個人財產位於唐山市路南區文北西樓16樓的房屋一戶（以下簡稱「房屋」）贈與給江子」。該房屋至今未辦理過戶登記。

　　後，李某以離婚後收入低微、生活發生困難為由，反悔將房屋贈與江子，起訴要求撤銷對江子的房屋贈與。

法院認為

夫妻雙方如在離婚協議中對於財產分割已達成協議，該協議對於男女雙方均產生拘束力。而不論離婚協議中所（分割）的財產是屬於夫妻之個人財產或者共同財產，因財產分割（含其中的贈與）條款是離婚協議中的組成部分，因此應適用婚姻法的相關規定處理。本案不能使用《中華人民共和國合同法》的規定處理。李某要求撤銷離婚協議中的財產贈與條款不予支持。

實務要點

最高人民法院《關於適用《中華人民共和國婚姻法》若干問題的解釋（二）》第8條規定：離婚協議中關於財產分割的條款或者當事人因離婚就財產分割達成的協議，對男女雙方具有法律約束力。

同時，前述司法解釋第9條規定：男女雙方協議離婚後一年內就財產分割問題反悔，請求變更或者撤銷財產分割協議的，人民法院應當受理。人民法院審理後，未發現訂立財產分割協議時存在欺詐、脅迫等情形的，應當依法駁回當事人的訴訟請求。

《中華人民共和國合同法》第2條規定：本法所稱合同是平等主體的自然人、法人、其他組織之間設立、變更、終止民事權利義務關係的協議。婚姻、收養、監護等有關身份關係的協議，適用其他法律的規定。

◎ 案例索引

中國裁判文書網：唐山市中級人民法院（2017）冀02民終4957號《民事判決書》

案例106

在中國大陸，夫妻一方之婚前個人財產在婚後產生的收益中的孳息和自然增值仍屬於該方個人財產

李某與孟某經人介紹相識後，1997年7月17日登記結婚，婚後無子女。結婚初期夫妻關係尚可。自2006年下半年，雙方感情出現破裂，孟某於2008年7月與李某分居，距今已達兩年以上，因無挽回可能，孟某起訴要求與李某離婚並依法分割夫妻共同財產即位於北京市朝陽區利澤西園211號的房屋一套（以下簡稱「朝陽區房屋」）

經查實，朝陽區房屋是李某在與孟某婚後所購，當時總價款為人民幣40萬元，由李某以其個人財產支付首付款人民幣20萬元，剩餘貸款則以夫妻二人婚後財產支付。現貸款已全數償還完畢，並預估房屋價值為人民幣200萬元。就該房屋的分割雙方產生分歧。

法院認為

夫妻一方的個人財產在婚後產生的收益，除孳息和自然增值外，應認定為夫妻共同財產。李某既是用其個人財產支付朝陽區房屋的首付款，則在李某所支付首付款範圍，即按首付款比例所對應產生的房屋自然增值內即屬於李某的個人財產；除此之外，屬於夫妻共同財產。考慮到本案朝陽區房屋現登記在李某名下，由李某實際居住等事實，朝陽區房屋歸屬李某所有較為適宜。至於夫妻共同財產即房屋增值部分人民幣100萬元（含夫妻共同財產所支付房屋價款本金和利息），酌情考慮照顧婦女權益，則確定李某應給付孟某房屋折價款人民幣620,000元。

實務要點

最高人民法院《關於適用〈中華人民共和國婚姻法〉若干問題的解釋（二）的補充規定》第11條規定：婚姻關係存續期間，下列財產屬於婚姻法第十七條規定的其他應當歸共同所有的財產：（一）一方以個人財產投資取得的收益，……。

最高人民法院《關於適用〈中華人民共和國婚姻法〉若干問題的解釋（三）》第5條規定：夫妻一方個人財產在婚後產生的收益，除孳息和自然增值外，應認定為夫妻共同財產。

◎ 案例索引

中國裁判文書網：北京市第二中級人民法院（2013）二中民終字第14792號《民事判決書》

案例107

婚內財產分割協議，可作為中國大陸法院判決
離婚時分割財產的依據

蔡某、張某曾系夫妻關係，婚姻關係存續期間，雙方於2010年7月13日簽訂了《財產分割協議書》一份，該協議約定：一、甲（張某）、乙（蔡某）雙方的共有財產包括但不限於：汽車、房產、股票、公司股權、債權、債務、商業險等。二、甲方對外債務包括借款、欠款等由甲方獨立清償，與乙方無關；乙方對外沒有債權、債務。三、甲、乙雙方同意，夫妻共有的財產包括（但不限於）存款、汽車、房產、地產、股票、公司股權、債務、債權全部歸甲方所有。

後雙方因感情不睦，張某起訴要求離婚，並要求按照雙方簽訂的《財產分割協議書》分割財產，蔡某同意離婚，但認為在婚姻關係存續期間，不受《財產分割協議書》的約束，財產應重新進行分割。

法院認為

蔡某、張某之間簽署的《財產分割協議書》具有對夫妻共同財產約定的法律性質，與離婚協議中關於財產的約定不同。蔡某、張某之間根據《中華人民共和國婚姻法》約定婚姻關係存續期間所得的財產以及婚前財產歸各自所有、共同所有或部分各自所有、部分共同所有，並已採用書面形式，該協議對雙方具有約束力。蔡某、張某已同意離婚，而《財產分割協議書》既是雙方的真實意思表示，且不違反法律禁止性規定，對雙方均具有約束力。故，離婚涉及的財產分割雙方仍應依據《財產分割協議書》所約定的內容執行。

實務要點

《中華人民共和國婚姻法》第19條規定：夫妻可以約定婚姻關係存續期間所得的財產以及婚前財產歸各自所有、共同所有或部分各自所有、部分共同

所有。約定應當採用書面形式。沒有約定或約定不明確的，適用本法第十七條、第十八條的規定。

備註：根據最高人民法院《關於適用〈中華人民共和國婚姻法〉若干問題的解釋（三）》第14條規定：當事人達成的以登記離婚或者到人民法院協議離婚為條件的財產分割協議，如果雙方協議離婚未成，一方在離婚訴訟中反悔的，人民法院應當認定該財產分割協議沒有生效，並根據實際情況依法對夫妻共同財產進行分割。

◎ 案例索引

中國裁判文書網：深圳市中級人民法院（2013）深中法民終字第2687號《民事判決書》

案例108

中國大陸公民與其境外配偶離婚，可直接在大陸起訴

中國大陸公民何某與大韓民國公民申某經他人介紹相識，並於2007年12月14日在大韓民國登記結婚。雙方婚前缺乏對彼此瞭解，婚後又因生活習慣等種種原因長期分居，無法共同生活。現何某以夫妻感情明顯破裂為由，向中國大陸法院起訴請求離婚，法院無法將訴訟文書面送申某，申某未能出席庭審過程。

法院認為

本案為離婚糾紛，係有關身份關係的訴訟，因被告不在中國大陸居住，故本院作為原告的住所地，對本案具有管轄權，並應依法適用中華人民共和國法律處理本案。本案被告經公告送達未到庭，符合法律規定，可以缺席審理並作出判決。本案何某與申某依大韓民國之法律，於2007年在大韓民國登記結婚，其婚姻關係成立。因原、被告婚前缺乏瞭解，即草率結婚。婚後因長期分居，無法共同生活，本院認定夫妻感情確已破裂。判准離婚。

實務要點

一、管轄：《中華人民共和國民事訴訟法》第22條規定：下列民事訴訟，由原告住所地人民法院管轄；原告住所地與經常居住地不一致的，由原告經常居住地人民法院管轄：（一）對不在中華人民共和國領域內居住的人提起的有關身份關係的訴訟；（二）對下落不明或者宣告失蹤的人提起的有關身份關係的訴訟；（三）對被採取強制性教育措施的人提起的訴訟；（四）對被監禁的人提起的訴訟。

二、送達：《中華人民共和國民事訴訟法》第267條規定：人民法院對在中華人民共和國領域內沒有住所的當事人送達訴訟文書，可以採用下列方式：（一）依照受送達人所在國與中華人民共和國締結或者共同參加的國際條約中規定的方式送達；……（八）不能用上述方式送達的，公告送達，自公告之日起滿三個月，即視為送達。

三、法律適用：《中華人民共和國民法通則》第147條規定：中華人民共和國公民與外國人結婚適用婚姻締結地法律，離婚適用受理案件的法院所在地法律。

四、裁判：《中華人民共和國民事訴訟法》第144條規定：被告經傳票傳喚，無正當理由拒不到庭的，或者未經法庭許可中途退庭的，可以缺席判決。

◎ 案例索引

中國裁判文書網：延邊朝鮮族自治州中級人民法院（2014）延中民三初字第136號《民事判決書》

案例109

一方離婚時隱匿夫妻共同財產，另一方在離婚後

再次要求分割，中國大陸法院將予支持

孫某、卞某於1998年登記結婚。2013年10月16日雙方在哈爾濱市道外區民政局辦理了離婚登記，簽訂了離婚協議書，離婚協議書：第一項內容為雙方對婚生兩個女兒的撫養、撫養費的給付所作約定；第二項約定現有存款人民幣69,800餘元、股票投資款人民幣270,000元（現市值人民幣170,000餘元）、電腦、相機歸卞某；家電、傢俱歸孫某。

離婚後，孫某發現卞某隱藏雙方婚姻存續期間夫妻的共同財產，股票投資款實際為人民幣570,454元，孫某要求卞某進行分割未果後向法院起訴要求再分割該財產中被隱瞞的部分，並要求卞某少分配該隱匿財產。

法院認為

卞某、孫某在離婚協議約定股票投資款為270,000元，但經本院調取卞某名下股票總投資款為570,454元，卞某無法對其餘300,454元是其母親及妹妹對股票的投資予以證明，且孫某也不認可該部分事實，本院認定卞某確實隱瞞了股票資金。對於該部分婚後共同財產孫某有權要求進行分割，因卞某為故意隱瞞的過錯一方，本院酌情以6：4的比例予以分割，由孫某分得相對較大的比例。

實務要點

《中華人民共和國婚姻法》第39條規定：離婚時，夫妻的共同財產由雙方協議處理；協議不成時，由人民法院根據財產的具體情況，照顧子女和女方權益的原則判決。第47條第1款規定：離婚時，一方隱藏、轉移、變賣、毀損夫妻共同財產，或偽造債務企圖侵占另一方財產的，分割夫妻共同財產時，

對隱藏、轉移、變賣、毀損夫妻共同財產或偽造債務的一方，可以少分或不分。離婚後，另一方發現有上述行為的，可以向人民法院提起訴訟，請求再次分割夫妻共同財產。

◎ 案例索引

中國裁判文書網：哈爾濱市中級人民法院（2015）哈民二民終字第251號《民事判決書》

案例110

中國大陸法律保障離婚後不直接撫養子女的父或母一方對未成年子女的探視權

柯某與尚某於2013年7月26日在廣州市越秀區民政局辦理協議離婚，約定婚生女柯女由尚某直接撫養，隨尚某生活，撫養費由尚某負擔，柯某週末或假期可接柯女回柯某住處同住，於假期結束的前夕再送回。

離婚後，柯某與尚某對柯某具體探望柯女的時間和方式有爭議，以致柯某無法行使探視權。柯某因此訴至法院。

法院認為

離婚後不直接撫養子女的父或母一方的探視行為，既能滿足父母對未成年子女殷切關愛的情感需要，也能滿足未成年子女依戀於父母的情感需要，能使子女感受到父母的親情與關愛。子女和父母之間正常的溝通和親情交流，有利於子女身心的健康成長。因此，法律對此予以保障。

由於雙方就探視的時間和方式無法達成協議，本院依職權酌定探視條件，並認為每週星期五柯女放學時，由柯某甲接走柯女，次日下午三點前將柯女送回尚某住處。並在特殊節日（每年的元旦、五一勞動節的5月1日、中秋

節），柯某各可探望柯女一次，每次10小時爲適當方案。

實務要點

《中華人民共和國婚姻法》第38條規定：離婚後，不直接撫養子女的父或母，有探望子女的權利，另一方有協助的義務。行使探望權利的方式、時間由當事人協議；協議不成時，由人民法院判決。父或母探望子女，不利於子女身心健康的，由人民法院依法中止探望的權利；中止的事由消失後，應當恢復探望的權利。

備註：《中華人民共和國婚姻法》第48條規定：對拒不執行有關扶養費、撫養費、贍養費、財產分割、遺產繼承、探望子女等判決或裁定的，由人民法院依法強制執行。有關個人和單位應負協助執行的責任。

◎ 案例索引

中國裁判文書網：廣州市中級人民法院（2014）穗中法少民終字第169號《民事判決書》

案例111

國籍不是中國大陸法院決定子女直接撫養權的法定理由

宋某（美國國籍）與中國公民刑某於2005年1月經人介紹認識，2006年7月8日登記結婚，2009年3月14日生育女兒宋女（具有美國國籍）。2012年10月27日，青島市嶗山區人民法院以（2012）嶗民一初字第739號民事判決書，判決宋某、刑某離婚生效，宋女由刑某直接撫養，宋某每月支付撫養費1,200元，宋某對婚生女宋女享有每月一次的探視權，具體探視方式由宋某、刑某自行協商。

後宋某自行將宋女攜離，且以中國不承認雙重國籍，宋女為美國國籍，美國對於未成年子女的福利制度較中國占優勢為由，請求變更宋女由宋某直接撫養。

法院認為

山東省青島市嶗山區人民法院於2012年10月27日以（2012）嶗民一初字第739號的生效民事判決書，宋女已確定由刑某撫養。而宋某對已經生效的判決書抗拒執行，將宋女藏匿至今，致使母女至今不得相見，剝奪了女兒享受母愛親情的公民基本權利，剝奪了刑某身為母親所應有的基本權利。現上訴人以女兒是美國國籍，由其撫養赴美國更有利於孩子入學、教育和成長等為由，要求變更撫養權的請求，不符合法律規定的變更子女撫養關係的法定事由，其請求不受法律支持。

實務要點

最高人民法院《關於人民法院審理離婚案件處理子女撫養問題的若干具體意見》第16條規定：一方要求變更子女撫養關係有下列情形之一的，應予支持。(1)與子女共同生活的一方因患嚴重疾病或因傷殘無力繼續撫養子女的；(2)與子女共同生活的一方不盡撫養義務或有虐待子女行為，或其與子女共同生活對子女身心健康確有不利影響的；(3)十周歲以上未成年子女，願隨另一方生活，該方又有撫養能力的；(4)有其他正當理由需要變更的。

備註：《中華人民共和國國籍法》第3條規定：中華人民共和國不承認中國公民具有雙重國籍。第5條規定：父母雙方或一方為中國公民，本人出生在外國，具有中國國籍；但父母雙方或一方為中國公民並定居在外國，本人出生時即具有外國國籍的，不具有中國國籍。

◎ 案例索引

中國裁判文書網：青島市中級人民法院（2015）青少民終字第175號《民事判決書》

案例112

在中國大陸，離婚時，股權同樣可以進行分割

　　吳某、潘某於2004年5月10日登記結婚。在雙方婚姻存續期間，潘某與他人共同投資設立SW建材有限公司，潘某占50%股權份額，並潘某被推選為該公司的法定代表人。

　　2014年5月9日經三都縣人民法院（2014）三民初字第105號民事判決書判決准予吳某、潘某離婚。由於該離婚判決未就潘某在SW建材有限公司的股權作出分割，吳某、潘某亦無法達成一致，故吳某向法院起訴，要求分割登記在潘某名下的SW建材有限公司的50%的股權份額，將其中的50%（即占SW建材有限公司全部股權的25%）登記在其名下。

法院認為

SW建材有限公司係在吳某、潘某婚姻存續期間與他人共同投資設立，就此吳某已向法院提供了SW建材有限公司設立登記的相關材料，包括公司設立登記審核表、企業名稱預先核准通知書、企業名稱預先核准申請書、公司股東出資資訊、股東投資協議書、驗資報告書、SW建材有限公司章程等證據材料，該股權權利屬夫妻共同財產範圍，吳某要求進行分割本院予以支持。

實務要點

《中華人民共和國婚姻法》第17條規定：夫妻在婚姻關係存續期間所得的下列財產，歸夫妻共同所有：（一）工資、獎金；（二）生產、經營的收益；（三）知識產權的收益；（四）繼承或贈與所得的財產，但本法第十八條第三項規定的除外；（五）其他應當歸共同所有的財產。夫妻對共同所有的財產，有平等的處理權。

最高人民法院《關於適用〈婚姻法〉若干問題的解釋（二）》第16條規定：

人民法院審理離婚案件，涉及分割夫妻共同財產中以一方名義在有限責任公司的出資額，另一方不是該公司股東的，按以下情形分別處理：（一）夫妻雙方協商一致將出資額部分或者全部轉讓給該股東的配偶，過半數股東同意、其他股東明確表示放棄優先購買權的，該股東的配偶可以成為該公司股東；（二）夫妻雙方就出資額轉讓份額和轉讓價格等事項協商一致後，過半數股東不同意轉讓，但願意以同等價格購買該出資額的，人民法院可以對轉讓出資所得財產進行分割。過半數股東不同意轉讓，也不願意以同等價格購買該出資額的，視為其同意轉讓，該股東的配偶可以成為該公司股東。用於證明前款規定的過半數股東同意的證據，可以是股東會決議，也可以是當事人通過其他合法途徑取得的股東的書面聲明材料。

◎ 案例索引
中國裁判文書網：黔南布依族苗族自治州中級人民法院（2015）黔南民終字第127號《民事判決書》

第三章

繼承

案例113

被繼承人在中國大陸的遺產，其境外繼承人可繼承

謝某與何某是夫妻關係，兩人共生育5個子女，分別為謝某甲、謝某乙、謝某丙（1979年遷往香港）、謝某丁、謝某戊（1991年遷往澳門）。謝某1992年去世，其父母均先於其死亡。謝某身後留有位於佛山市順德區均安鎮房屋一套（以下簡稱「房屋」），是謝某與何某的夫妻共有財產，其登記權屬人為何某。而何某同意將對房屋的共有份額與繼承份額贈與給謝某甲；謝某乙、謝某丁亦同意將其對房屋的繼承份額贈與給謝某甲；謝某甲因無法聯繫到謝某丙、謝某戊，故向法院起訴，要求就該房屋進行分割，並為其一人所有。

法院認為

房屋原為謝某與何某共同共有，雖登記為何某所有，但可確認兩人各分別共有1/2。謝某去世後，謝某個人所有的1/2屬於遺產，由其法定繼承人，即何某、謝某甲、謝某乙、謝某丙、謝某丁、謝某戊繼承，均有繼承權，可分別取得1/12的份額。現何某同意將對房屋的共有份額和繼承份額贈與給謝某甲，謝某乙、謝某丁同意將其對房屋的繼承份額贈與給謝某甲，何某、謝某乙、謝某丁的行為法律不予禁止，且謝某甲亦予以接受，本院予以准許。即謝某甲可擁有該房屋5/6份額。謝某丙、謝某戊雖未到庭，但其繼承權仍應予以保護，本院確認謝某丙、謝某戊分別擁有該房屋1/12的份額；並根據謝某甲的請求依法進行分割。

實務要點

《中華人民共和國繼承法》第9條規定：繼承權男女平等。第13條第1款規定：同一順序繼承人繼承遺產的份額，一般應當均等。第25條第1款規定：繼承開始後，繼承人放棄繼承的，應當在遺產處理前，作出放棄繼承的表

示。沒有表示的，視爲接受繼承。

備註：《中華人民共和國物權法》第99條規定：共有人約定不得分割共有的
　　　不動產或者動產，以維持共有關係的，應當按照約定，但共有人有重
　　　大理由需要分割的，可以請求分割；沒有約定或者約定不明確的，按
　　　份共有人可以隨時請求分割，共同共有人在共有的基礎喪失或者有重
　　　大理由需要分割時可以請求分割。因分割對其他共有人造成損害的，
　　　應當給予賠償。第100條第1款規定：共有人可以協商確定分割方式。
　　　達不成協議，共有的不動產或者動產可以分割並且不會因分割減損價
　　　值的，應當對實物予以分割；難以分割或者因分割會減損價值的，應
　　　當對折價或者拍賣、變賣取得的價款予以分割。

◎ 案例索引

中國裁判文書網：佛山市順德區人民法院（2016）粵0606民初7007號《民事
判決書》

案例114

被繼承人死亡前的經常居住地如在中國大陸境外，
法定繼承可能適用境外法律的規定

　　1994年5月16日，李某（臺灣居民）與高某在雲南省昆明市民政局
登記結婚，婚後的經常居住地為臺灣，未育有子女。1995年2月28日，
李某在雲南省公證處辦理收養公證，收養唐某為養女。1995年4月30日
李某去世。現就李某在臺灣的遺產如何繼承，在李某的同胞兄弟姊妹李
某甲、李某乙、李某丙與李某的配偶高某、養女唐某之間引發爭議。

　　高某認為：其係李某乙的配偶，唐某係與李某有撫養關係的繼女，
依《中華人民共和國繼承法》應為第一順序繼承人，第二順序繼承人不
得繼承；李某甲、李某乙、李某丙認為：其係李某的同胞兄弟姊妹，依
臺灣地區的繼承法，有權繼承李某的遺產。

法院認為

被繼承人李某乙係臺灣地區居民，雖生前數次回大陸探親，但其死亡時的經常居所地、遺產所在地均在臺灣地區，故李某乙遺產的繼承分配應適用臺灣地區民法中關於法定繼承的規定，且該規定並不違反中國大陸法律的基本原則或社會公共利益。而依臺灣地區民法之規定，李某甲、李某乙及李某丙作為被繼承人李某的同胞兄弟姊妹，應共同繼承李某遺產的一半；而高某作為被繼承人李某之配偶，亦應繼承一半。而唐某與李某因雙方並未到民政部門辦理收養登記，故雙方的收養並未成立，其不構成李某的養女，不具有繼承權。

實務要點

最高人民法院《關於審理涉台民商事案件法律適用問題的規定》第1條規定：人民法院審理涉台民商事案件，應當適用法律和司法解釋的有關規定。根據法律和司法解釋中選擇適用法律的規則，確定適用臺灣地區民事法律的，人民法院予以適用。

《中華人民共和國涉外民事關係法律適用法》第31條規定：法定繼承適用被繼承人死亡時經常居所地法律，但不動產法定繼承，適用不動產所在地法律。

備註：在臺灣地區，配偶是當然繼承人，子女是第一順序繼承人；父母是第二順序繼承人；兄弟妹是第三順序繼承人；祖父母是第四順序繼承人。繼承人為同一順序者，平均繼承；當然繼承（配偶）與其他順序繼承人繼承時，其份額比例如下：與第一順序繼承人繼承時，平均繼承；與第二順序或第三順序繼承時，配偶占二分之一，其他繼承人共占二分之一；與第四順序繼承時，配偶占三分二，其他繼承人共占三分之一。如無第一至第四順序繼承人，僅有配偶繼承時，應由其繼承全部遺產。

◎ 案例索引

中國裁判文書網：重慶市第三中級人民法院（2013）渝三中法民終字第00795號《民事判決書》

案例115

在中國大陸，立遺囑應保留弱勢法定繼承人的必要份額

　　龔某生於1931年11月12日，1935年間，龔某與李某在民政部門辦理了結婚登記手續。2013年9月1號，龔某書寫遺書一份載明：「本人龔某，我自願安排我晚年生活。現在我經濟財產，由我與李某共同生活，共同享受。我去世後，我全部的經濟財產，由我侄子龔某甲繼承。」後龔某於2014年11月30日因病去世。龔某甲持龔某的遺書，要求承繼龔某的遺產（一幅宅基地及其地上建築物）。李某作為龔某的配偶，認為：在龔某書寫遺書時，自己已患有大細胞淋巴瘤，正在進行化療，需要大量醫療費，龔某遺書未考慮到李某的基本生活、治療所需，侵害其特留分利益。龔某的遺產其仍有權繼承。雙方因此發生爭議。

法院認為

　　本案中，李某已年滿73周歲，屬於農村低保救助人員，已喪失勞動能力且無生活來源，更為甚者，其目前罹患大細胞淋巴瘤，需接受多階段的放化治療，但涉案遺囑未考慮到李某基本生活及未來治療之所需，未為其保留任何份額，於法不合，應當為該繼承人留下基本生活、醫療及康復之所需。本院考慮到惡性腫瘤的醫治花費不菲及本案雙方當事人的經濟狀況等因素，認定龔某剩餘遺產應全部用於保障李某基本生活及治療所需，龔某甲要求承繼龔某的遺產不予支持。

實務要點

《中華人民共和國繼承法》第19條規定：遺囑應當對缺乏勞動能力又沒有生活來源的繼承人保留必要的遺產份額。

最高人民法院關於貫徹執行《中華人民共和國繼承法》若干問題的意見37條規定：遺囑人未保留缺乏勞動能力又沒有生活來源的繼承人的遺產份額，遺產處理時，應當為該繼承人留下必要的遺產，所剩餘的部分，才可參照遺囑確定的分配原則處理。繼承人是否缺乏勞動能力又沒有生活來源，應按遺囑生效時該繼承人的具體情況確定。

◎ 案例索引

中國裁判文書網：荊門市中級人民法院（2016）鄂08民終814號《民事判決書》

案例116

繼承人放棄繼承後反悔且遺產處理完成的，中國大陸法院不予支持

2014年12月24日，被繼承人蔡某因病去世，蔡父、蔡母健在，其配偶張某健在，蔡某生前與張某生育的張子健在。除前述父母、配偶及子女外，蔡某無其他第一順序的繼承人。2016年5月19日，蔡父、蔡母、張某與張子作為被繼承人蔡某第一順序繼承人，就被繼承人蔡某的遺產繼承在四川省夾江縣公證處作了公證。繼承公證結果為：蔡父、蔡母、張某均放棄對被繼承人蔡某遺產的繼承，被繼承人蔡某的遺產由張子繼承，被繼承人蔡某名下的債務也由張子負責清償。被繼承人蔡某與張某共同共有數套門市，無其他遺產。嗣後，張子依據公證書辦理了門市過戶手續。

現蔡父、蔡母、張某以經濟困難，無其他收入，其放棄繼承權的行為導致生活陷入困難為由，請求重新分割蔡某的遺產。張子亦予以同意。

法院認為

根據繼承公證書的內容，各方均同意公證書上所列財產的一半爲被繼承人蔡某的遺產，蔡父、蔡母、張某對此均放棄繼承，全數遺產均由張某子繼承，被繼承人蔡某名下的債務也由張子負責清償，現所爭議的數套門市已經辦理過戶，物權屬張子所有，屬全體繼承人已經對被繼承人蔡某的遺產完成分配處理，即使張子同意，該財產已與繼承無關，依法不得再予反悔。本院對蔡父、蔡母、張某三人的請求不予支持。

實務要點

《中華人民共和國繼承法》第26條規定：夫妻在婚姻關係存續期間所得的共同所有的財產，除有約定的以外，如果分割遺產，應當先將共同所有的財產的一半分出爲配偶所有，其餘的爲被繼承人的遺產。

最高人民法院《關於貫徹執行〈中華人民共和國繼承法〉若干問題的意見》第50條規定：遺產處理前或在訴訟進行中，繼承人對放棄繼承翻悔的，由人民法院根據其提出的具體理由，決定是否承認。遺產處理後，繼承人對放棄繼承翻悔的，不予承認。

《中華人民共和國物權法》第14條規定：不動產物權的設立、變更、轉讓和消滅，依照法律規定應當登記的，自記載於不動產登記簿時發生效力。

◎ 案例索引

中國裁判文書網：樂山市中級人民法院（2017）川11民終1617號《民事判決書》

案例117

在中國大陸，受遺囑人未及時表示在法定期限內接受遺囑的，視為其不同意接受遺囑，法定繼承人有權進行繼承

王某與柴某於1964年9月30日結婚，婚後生育兒子王子、女兒王女，郭某係柴某的外甥女。王某、柴某兩人婚後共同財產為坐落於濟南市曆城區工業南路103號A座房屋一棟（以下簡稱「房屋」），王某於2004年9月去世，生前未立有遺囑，柴某於2005年1月去世。王某、柴某的父母在2004年9月以前均已去世。

王子、王女認為：在王某過世之後，王子、王女及柴某為其法定繼承人，柴某享有房屋份額為4/6（夫妻共同共有權益及遺產權益），王子、王女各享有房屋份額1/6。在柴某過世後，王子、王女為其法定繼承人，連同繼承的母親王某的份額合計各享有房屋份額1/2。

郭某於2015年提出一份柴某代書遺囑，內容為：我的外甥女郭某自成人以來，在生活起居、醫療保健等各個方面，都給予了我極大的幫助，起到了贍養我的作用，尤其是在我幾次病重期間，想方設法、全力救護，多次挽救了我的生命，使我非常感動和感激。根據本人的意願，願將我的遺產全部交給郭某繼承，其他任何人不得參與我的遺產分割。日期2004年7月18日。遺囑下方有「柴某」字樣簽字並有捺印，遺囑上還有代筆人鞠某某、見證人李某、見證人王某簽名捺印。據此，郭某主張柴某遺留的房屋份額4/6應歸其所有。

法院認為

郭某並非柴某的法定繼承人，其所持柴某代書遺囑，實為遺贈。法律規定了接受遺贈的方式，即：受遺贈人應當在知道受遺贈後兩個月內，向其他繼承人或利害關係人作出接受遺贈的表示。柴某的遺囑既於2004年7月已形成，且被繼承人柴某於2005年去世，但郭某明知遺囑內容卻直至2015年才向王

子、王女出示遺囑，表示願意接受遺贈，早已超過法律規定的兩個月的最長意思表示期限。故不論遺囑是否為真實，均未發生法律效力。郭某不因該份代筆遺囑取得房屋權益。

實務要點

《中華人民共和國繼承法》第10條 遺產按照下列順序繼承：第一順序：配偶、子女、父母。第二順序：兄弟姐妹、祖父母、外祖父母。……。第16條第3款規定：公民可以立遺囑將個人財產贈給國家、集體或者法定繼承人以外的人。第25條規定：繼承開始後，繼承人放棄繼承的，應當在遺產處理前，作出放棄繼承的表示。沒有表示的，視為接受繼承。受遺贈人應當在知道受遺贈後兩個月內，作出接受或者放棄受遺贈的表示。到期沒有表示的，視為放棄受遺贈。

◎ 案例索引

中國裁判文書網：濟南市中級人民法院（2015）濟民五終字第17號《民事判決書》

案例118

在中國大陸，死亡宣告被撤銷的，
繼承人原依法繼承的財產應予返還

1962年7月20日周某與張某結婚，婚後生育周子、周女。1993年，周某離家出走。2000年，當地政府推出舊房出售政策，張某購買後將位於唐山市路北區龍泉北里301樓房屋（以下簡稱「房屋」）登記為周某、張某按份共有，各占50%。2004年，周子向法院申請宣告周某死亡，2005年7月12日唐山市路北區人民法院作出（2004）北民初字第1號民事判決書，宣告周某死亡。2008年4月25日，張某與周子、周女在唐山市路南公證處就繼承周某對房屋享有的50%的產權一事辦理公證，

周子、周女放棄繼承,房屋由張某一人繼承。

2014年11月27日,周某回家,並向法院申請撤銷宣告死亡。唐山市路北區人民法院以(2014)北民特字第12號民事判決書撤銷了之前死亡宣告判決。周某因此要求恢復其對房屋享有的50%產權。

法院認為

公民的合法的民事權益受法律保護。被撤銷死亡宣告的人有權請求返還財產或給予適當補償。周某在被其近親屬宣告死亡期間,張某基於周子、周女放棄繼承方式,繼承了屬於周某的房屋遺產。現周某既已出現並已撤銷宣告死亡判決書,其要求確認對於房屋仍享有50%的所有權,而該房屋仍在張某的控制之下,財產可以返還,故其請求應當予以支持。

實務要點

《中華人民共和國民法總則》第46條規定:自然人有下列情形之一的,利害關係人可以向人民法院申請宣告該自然人死亡:(一)下落不明滿四年;(二)因意外事件,下落不明滿二年。第48條規定:被宣告死亡的人,人民法院宣告死亡的判決作出之日視為其死亡的日期;因意外事件下落不明宣告死亡的,意外事件發生之日視為其死亡的日期。第53條規定:被撤銷死亡宣告的人有權請求依照繼承法取得其財產的民事主體返還財產。無法返還的,應當給予適當補償。

◎ 案例索引

中國裁判文書網:唐山市路北區人民法院(2015)北民初字第927號《民事判決書》

案例119

在中國大陸，被繼承人與繼承人在同一事件中死亡，
死亡順序推定有特定的法律規則

時某與楊某原是夫妻關係。時某與楊某於2008年12月12日登記結婚，婚姻期間育有一個兒子時子。2013年7月10日，時某與楊某於經法院民事判決離婚生效，判決由時某直接撫養時子，並確定位於日照市嵐山區碑廓鎮和平村房屋（以下簡稱「房屋」）為時某個人財產。2013年9月17日，時某駕車沿342省道由東向西行駛至和平村路段發生車禍，致使時某、時子當場死亡。時某死亡前未再婚，時某父母均已去世。

現楊某向法院起訴，請求確認在時某、時子均已死亡後，按照繼承法其應繼承時某名下房屋的100%份額。

法院認為

案涉房屋已確認為時某所有，時某於死亡時應作為時某的遺產。時某除時子以外無其他法定繼承人存在，應推定作為長輩的時某在實踐中先死亡、時子在事件中後死亡，時某的房屋遺產由時子一人繼承；而在時子死亡後，因時子除楊某以外無其他法定繼承人存在，故該房屋由其母楊某一人繼承。楊某的請求予以支持。

實務要點

最高人民法院《關於貫徹執行〈中華人民共和國繼承法〉若干問題的意見》第2條規定：相互有繼承關係的幾個人在同一事件中死亡，如不能確定死亡先後時間的，推定沒有繼承人的人先死亡。死亡人各自都有繼承人的，如幾個死亡人輩份不同，推定長輩先死亡；幾個死亡人輩份相同，推定同時死亡，彼此不發生繼承，由他們各自的繼承人分別繼承。

備註：《保險法》第42條第2款的規定：受益人與被保險人在同一事件中死

亡，且不能確定死亡先後順序的，推定受益人死亡在先。前述規定與《繼承法》的規定存在不一致的情況。

◎案例索引

中國裁判文書網：日照市中級人民法院（2015）日民一終字第857號《民事判決書》

案例120

在中國大陸，代位繼承不適用遺囑繼承

李某與王某夫婦婚後共育有子女二人李女及李子。李某於1990年1月29日病故，王某於李某病故後購得位於洛陽市老城區文明街房屋一棟（以下簡稱「房屋」）。王某感念李女協助其日常生活甚多，對其多方照顧，1996年6月27日，經老城區公證處（1996）洛老證民字第97號公證書作成公證遺囑，內容為：我名下房產坐落在洛陽市老城區文明街，有房屋所有權證第06975號為憑。老伴在1990年去世了，現在根據每個孩子對我的態度，大女兒李女對我照顧最多，特立遺囑把我房產留給我大女兒李女所有，其他人無權干涉。後，李女在2004年3月24日死亡，其子為冀某。王某於2010年10月16日病故。

現冀某請求按照王某所作成的公證遺囑，確認由其代位繼承王某以遺囑留給李女的房屋的100%份額。

法院認為

李女於2004年3月24日病故，其母王某於2010年10月16日病故，李女早於王某死亡，代位繼承只適用於法定繼承，不適用於遺囑繼承，因此，王某的遺囑公證中關於歸屬李女房產遺產繼承權部分不再發生效力，冀某作為李女的代位繼承人，依法僅能按照法定繼承規定分配房屋的遺產份額。冀某要求按公證遺囑代位繼承李女遺產份額的主張，不予支持。

實務要點

《中華人民共和國繼承法》第27條規定：有下列情形之一的，遺產中的有關部分按照法定繼承辦理：（一）遺囑繼承人放棄繼承或者受遺贈人放棄受遺贈的；（二）遺囑繼承人喪失繼承權的；（三）遺囑繼承人、受遺贈人先於遺囑人死亡的；（四）遺囑無效部分所涉及的遺產；（五）遺囑未處分的遺產。第11條規定：被繼承人的子女先於被繼承人死亡的，由被繼承人的子女的晚輩直系血親代位繼承。代位繼承人一般只能繼承他的父親或者母親有權繼承的遺產份額。

◎ 案例索引

中國裁判文書網：洛陽市中級人民法院（2015）洛民終字第3237號《民事判決書》

第四章

收養

案例121

在中國大陸收養子女應遵守中國大陸法律規定

被繼承人黃某與羅某於1989年在隆回縣人民政府登記結婚，黃某、羅某婚後育有一女羅女（出生日期為1989年11月12日）。2005年7月8日，黃某、羅某與馬某（先天性聾啞）簽訂協議書，約定：馬某自願收養羅女為養女；羅某、黃某自願將羅女送給馬某為養女；自收養協議簽訂當年起，由送養人羅某每年負責支付馬某生活費1,000元，直至馬某百年之後。同年8月15日，領取收養登記證。2007年4月22日，雙方還就羅女被收養一事在隆回縣公證處辦理了（2007）隆證字第122號公證書。

後羅女生母黃某於2013年6月11日因病去世，留下位於長沙市雨花區勞動西路528號現代華都家園小戶型住宅一棟（以下簡稱「房屋」）。譚某係黃某母親，認為羅女已被馬某合法收養，羅女對於黃某遺產並無繼承權。

法院認為

《收養協議》簽訂之時，羅女已年滿十四周歲，不符合被收養人的年齡條件；羅某、黃某也沒有特殊困難無力撫養羅某的情形；此外，協議載明馬某天生聾啞，一直未婚未育，每年由羅某、黃某支付馬某1,000元，且協議簽訂後，羅女依然由羅某、黃某撫養，羅女的大學學費及在國外留學的費用也均由羅某、黃某夫妻負擔，由此可知，馬某根本欠缺撫養教育羅某的能力，不符合收養人的條件。故此，馬某與羅女之間的收養行為違反收養法規定屬於無效，羅女仍對黃某遺產有繼承權。

實務要點

《中華人民共和國收養法》第4條規定：下列不滿十四周歲的未成年人可以

被收養：（一）喪失父母的孤兒；（二）查找不到生父母的棄嬰和兒童；（三）生父母有特殊困難無力撫養的子女；第5條規定：下列公民、組織可以作送養人：（一）孤兒的監護人；（二）社會福利機構；（三）有特殊困難無力撫養子女的生父母。第6條規定：收養人應當同時具備下列條件：（一）無子女；（二）有撫養教育被收養人的能力；（三）未患有在醫學上認為不應當收養子女的疾病；（四）年滿三十周歲。

《中華人民共和國收養法》第25條規定：違反《中華人民共和國民法通則》第55條和本法規定的收養行為無法律效力。收養行為被人民法院確認無效的，從行為開始時起就沒有法律效力。

備註：根據《中華人民共和國收養法》第21條規定：外國人依照本法可以在中華人民共和國收養子女。外國人在中華人民共和國收養子女，應當經其所在國主管機關依照該國法律審查同意。收養人應當提供由其所在國有權機構出具的有關收養人的年齡、婚姻、職業、財產、健康、有無受過刑事處罰等狀況的證明材料，該證明材料應當經其所在國外交機關或者外交機關授權的機構認證，並經中華人民共和國駐該國使領館認證。

◎ 案例索引

中國裁判文書網：長沙市中級人民法院（2016）湘01民終1866號《民事判決書》

案例122

在中國大陸，養子女和生父母之間的權利義務
因收養關係的成立而消除

張女於1983年12月8日出生，孫某係其親生母親。1989年，張某、雷某夫婦收養了張女，在收養時，召開了包括孫某及張某、雷某在內等13人的家庭會議，並於同年10月為張某辦理了戶籍登記，張某之後即跟隨張某、雷某夫婦共同生活，並由其實際在家族內撫養教育。

1998年《中華人民共和國收養法》出臺，孫某以該法規定收養應該要向縣級以上人民政府民政部門登記完成登記手續，主張收養關係不存在，並因此要求張女應對其負贍養責任，起訴要求張某每月向其支付贍養費人民幣3,000元。

法院認為

張某被生母孫某送給張某、雷某夫婦收養後，其與養父母長期共同生活，相互履行了撫養、贍養義務，儘管其與養父母之間未到有關部門辦理相關手續，但相互長期生活的事實經調查確實得到群眾、親友的公認，故可以認定之間存在收養關係。養子女和生父母及其他近親屬間的權利和義務，因收養關係的成立而消除。孫某再要求張某應每月向其支付贍養費已無事實依據。

實務要點

《中華人民共和國收養法》第15條規定：收養應當向縣級以上人民政府民政部門登記。收養關係自登記之日起成立。第23條規定：養子女和生父母及其他近親屬間的權利和義務，因收養關係的成立而消除。

最高人民法院（84）法辦字第112號《關於貫徹執行民事政策法律若干問題的意見》第28條規定：親友、群眾公認，或有關組織證明確認養父母與養子女關係長期共同生活的，雖未辦理合法手續，也應按收養關係對待。

（注：該意見在2019年7月20日已由最高人民法院以「社會形勢發生變化，不再適用」為由廢止。）

◎ 案例索引

中國裁判文書網：鄭州市中級人民法院（2016）豫01民終9358號《民事判決書》

案例123

在中國大陸，養子女有權繼承養父母的遺產

　　李男、李女是被繼承人李某與其前妻曹某之養子女，李男、李女由李某和曹某撫養至成年。曹某1993年因病去世後，李某與方某於2001年11月27日再婚，婚後未生育子女。李某與方某再婚前，於2001年11月22日簽訂《婚約協約》一份，約定雙方同意婚前婚後（包括動產和不動產及其他勞動收入）歸各自所有。2014年10月27日，李某因病去世，登記在其名下的財產為綿陽市涪城區房屋一套（以下簡稱「房屋」）。李某死前並未立有遺囑。

　　現方某認為李男、李女不具有合法養子女身份，故李某的法定繼承人僅方某一人，應由其繼承李某房屋100%份額。雙方對繼承權產生爭議。

法院認為

根據李某與方某間的《婚約協約》，雙方財產無論屬於婚前或婚後財產一律屬於個人所有。故，房屋屬於李某個人財產，非李某與方某的婚後共同財產。房屋全部份額均為李某的遺產。

方某是李某配偶，其作為李某法定繼承人並無異議。根據公安機關提供的戶籍證明、常住人口登記卡以及李某生前所在單位出具的分配其喪葬費和死亡後一次性撫恤金說明，均明確確認了李男、李女系李某子女的內容。足以認定李男、李女係李某的養子女。養子女與婚生子女享有同等權利，與方某同為李某的第一順序繼承人。三人應均分李某名下的房屋。

實務要點

《中華人民共和國婚姻法》第17條規定：夫妻可以約定婚姻關係存續期間所得的財產以及婚前財產歸各自所有、共同所有或部分各自所有、部分共同所

有。約定應當採用書面形式。

《中華人民共和國繼承法》第10條規定：遺產按照下列順序繼承：第一順序：配偶、子女、父母；第二順序：兄弟姐妹、祖父母、外祖父母。繼承開始後，由第一順序繼承人繼承，第二順序繼承人不繼承。沒有第一順序繼承人繼承的，由第二順序繼承人繼承。本法所說的子女，包括婚生子女、非婚生子女、養子女和有扶養關係的繼子女。第26條規定：夫妻在婚姻關係存續期間所得的共同所有的財產，除有約定的以外，如果分割遺產，應當先將共同所有的財產的一半分出為配偶所有，其餘的為被繼承人的遺產。

◎ 案例索引

中國裁判文書網：綿陽市中級人民法院（2016）川07民終834號《民事判決書》

附錄

境外居民在中國大陸
生活指南

Ⅰ.外國人在中國大陸生活指南

指南1：如何辦理中國大陸簽證

一、中國大陸簽證的種類及其頒發對象？

中國大陸簽證分外交簽證、禮遇簽證、公務簽證和普通簽證。其中，普通簽證分八種，分別用中文拼音字母表示，具體為：旅遊簽證（L字簽證）、訪問簽證（F字簽證）、學習簽證、工作簽證（Z字簽證）、過境簽證（G字簽證）、（C字簽證）、記者簽證（J字簽證）、定居簽證（D字簽證）。

中國大陸簽證機關依法根據申請人的身份、來華目的，並參照護照種類，決定發給何種簽證。

二、中國大陸簽證上有哪些資訊？

中國大陸簽證上載有申請人姓名、性別、出生日期及護照號碼等個人身份資訊以及有效期、入境次數及停留期等簽證資訊。

三、外國公民在哪些情況下前往中國大陸可以免辦簽證？

（一）所在國與中國大陸簽有互免簽雙邊協議：根據中國大陸與有關國家簽署或達成的雙邊條約或協定，部分國家符合特定條件人員來華可免辦簽證。具體資訊，請查閱中外互免簽證協議一覽表。

（二）過境中國大陸：外國公民持已訂妥機座的聯程機票，搭乘國際航班從中國大陸直接過境，在過境城市停留不超過24小時，且不出機場的，可免辦簽證。下列國家公民，無論持何種護照，在上海過境停留（可出機場，但須從上海虹橋或浦東機場入出境）不超過48小時均可免辦簽證：美國、韓國、加拿大、澳大利亞、紐西蘭、德國、法國、奧地利、瑞典、丹麥、挪威、芬蘭、並到、荷蘭、比利時、盧森堡、西班牙、葡萄牙、希臘、義大利、愛沙尼亞、波蘭、捷克、拉脫維亞、立陶宛、馬爾他、瑞士、斯洛伐克、斯洛維尼亞、匈牙利。

（三）持中國大陸公安機關頒發的有效外國人居留許可者：赴華學習、任職、就業的外國人和常駐外國記者，入境後必須到公安機關申請辦理外國人居留手續。在居留許可有效期內，外國人可在華居留並多次出入境，無需另行辦理簽證。

（四）持有效中華人民共和國外國人永久居留證者。

（五）持有效APEC商務旅行卡者。APEC商務旅行卡相當於3年多次簽證，持卡人可憑旅行卡及與該卡相一致的有效護照，在旅行卡有效期內多次進入中國大陸境內，每次最長停留時間不超過2個月。

（六）自香港澳門進入前往珠三角者。

持與中國大陸建交國家的普通護照已在香港、澳門的外國人，經在香港、澳門合法註冊的旅行社組團進入廣東珠江三角洲地區（指廣州、深圳、珠海、佛山、東莞、中山、江門、肇慶、惠州市所轄行政區）旅遊，且停留不超過6天，可免辦簽證。

（七）跟團海南省旅遊者。

下列國家持普通護照的公民，經中國大陸國家旅遊局批准在海南註冊的國際旅行社組團（5人以上含5人）到海南省旅行，且停留不超過15天，可免辦簽證：美國、馬來西亞、泰國、韓國、菲律賓、印尼、德國、英國、法國、奧地利、義大利、俄羅斯、瑞士、瑞典、西班牙、荷蘭、加拿大、澳大利亞、紐西蘭、芬蘭、丹麥、挪威、烏克蘭、哈薩克斯塔、日本、新加坡。其中，韓國、德國、俄羅斯三國團組人數為2人以上（含2人），可停留21天。

（八）新加坡、汶萊、日本公民。

新加坡、汶萊、日本三國持普通護照的公民，前來中國大陸旅遊、經商、探親訪友或過境不超過15天者，從中國大陸對外國人開放口岸入境時，可免辦簽證。但以下情況需事先辦妥簽證：

1. 持普通護照赴華旅遊、經商、探親訪友預計停留期超過15天；
2. 持普通護照赴華學習、工作、定居、官方訪問、採訪報導。

四、來不及申請中國大陸簽證怎麼辦？

前來中國大陸簽證，申請人原則上應事先向中國駐外使領館處、駐香港、澳門公署或外交部授權的其他駐外機構申請辦理簽證。申請人應根據自己的行程，提前辦妥簽證。因下列事由確需緊急來華而來不及在上述中國駐外機關申辦簽證的，可以向公安部授權的口岸簽證機關申請辦理簽證：

（一）中方臨時決定邀請來華參加交易會的；

（二）應邀來華參加投標或者正式簽訂經貿合同的；

（三）按約來華監裝出口、進口商檢或者參加合同驗收的；

（四）應邀參加設備安裝或者工程搶修的；

（五）應中方要求來華解決索賠問題的；

（六）應邀來華提供科技諮詢的；

（七）應邀來華團組辦妥簽證後，經中方同意臨時增換的；

（八）看望危急病人或者處理喪事的；

（九）直接過境人員由於不可抗拒的原因不能在24小時內乘原機離境或者需改乘其他交通工具離境的；

（十）其他被邀請確實來不及在上述中國駐外機關申請簽證，並持有指定的主管部門同意在口岸申辦簽證的函電的。不屬上述情況者，口岸簽證機關不得受理其簽證申請。

備註：可以申請並不等於申請會被當然地批准，由此可能引起的一切責任應由申請人承擔。

除24小時過境不出機場、上海48小時過境、廣東6日便利游及海南15日免簽遊之外，美國、法國公民來華均須事先在境外辦妥簽證，而不可在口岸申請落地簽證。

五、前來中國大陸需要注意什麼？

（一）申請人來華前應檢查簽證是否有效，並有足夠的入境次數。

（二）外國人攜帶動植物，貨幣等物品進入中國大陸須遵守中國大陸相關法律，以及衛生檢疫，動植物檢驗檢疫，海關，以及金融監管部門的有關規定。

（三）外國人進入中國大陸不得從事與其申請簽證時申報事由無關的活動。

（四）外國公民不得逾（停留）期在華滯留。如需延期停留，必須在停留期滿前，前往當地公安機關申請延期。

（五）外國人前往不對外國人開放的市、縣旅行，須事先向所在市、縣公安局申請旅行證，獲准後方可前往。外國人未經允許，不得進入不對外開放的場所。

指南2：如何在口岸申請簽證

一、申請口岸簽證對象

出於人道原因需要緊急入境，應邀入境從事緊急商務、工程搶修或者具有其他緊急入境需要並持有有關主管部門同意在口岸申辦簽證的證明材料的外國人，旅行社按照國家規定組織入境旅遊的，可以向公安部委託的口岸簽證機關申請辦理口岸簽證。

二、申請口岸簽證途徑

1. 個人申請口岸簽證，由本人抵達口岸時向口岸簽證機關提出申請。

2. 旅遊團申請口岸簽證，由組織邀請的旅行社向口岸簽證機關提出申請。

3. 邀請單位（個人）可以在外國人抵達口岸前代外國人向本地口岸簽證機關提出申請；代外國人向非本地口岸簽證機關提出申請，可以通過本地地市級以上公安機關出入境管理機構代為轉交。

三、申請口岸簽證所需證明材料

　　外國人申請口岸簽證，應當接受口岸簽證機關詢問。口岸簽證機關需要向邀請單位（個人）核實有關情況的，相關單位（個人）應當予以配合。

　　申請口岸簽證應當提交有效護照或者其他國際旅行證件，填寫外國人口岸簽證申請表，提交符合規定要求的本人照片，有關主管部門或者邀請單位（個人）出具的與緊急入境事由相關的邀請函件、證明材料或者旅行社邀請函件。

　　邀請單位（個人）代外國人提出的口岸簽證申請，應當提交申請人護照或者其他國際旅行證件影本以及與處理緊急事務事由相關的邀請函件、證明材料。

四、其他注意事項

1. 口岸簽證機關收到邀請單位（個人）的代申請，經審核符合規定要求的，邀請單位（個人）將獲得口岸簽證機關出具的外國人口岸簽證受理單，申請人抵達口岸後憑外國人口岸簽證受理單向口岸簽證機關申請辦理簽證。

2. 口岸簽證機關經審查認為符合規定條件的，對個人簽發一次入境有效期不超過5天、停留期限不超過30天的相應種類簽證；對外國旅遊團簽發一次入境有效期不超過15天、停留期限不超過30天的團體旅遊簽證。

3. 持有口岸簽證的外國人，個人應當從口岸簽證簽發機關所在的口岸入境，旅遊團可以從所有對外開放口岸入境。特殊情況下，外國人應當按照口岸簽證機關的要求，在限定停留區域停留，在限定口岸出境。

4. 深圳、珠海、廈門口岸簽證機關可以簽發停留期限3天或者5天的特區旅遊簽證。持有特區旅遊簽證的外國人入境後停留區域不得超過入境口岸所在城市行政區域。

5. 外國人申請口岸簽證，應當按照規定向口岸簽證機關繳納簽證費。

指南3：如何取得中國大陸的工作許可證

　　原《外國專家來華工作許可證》、《外國人就業許可證書》已統一為《外國人工作許可通知》，採用電子化形式，用人單位和申請人可線上列印；原《外國專家證》和《外國人就業證》統一爲《外國人工作許可證》。對來華工作90日以上的外國人，應申請《外國人工作許可證》；《外國人工作許可證》是外國人在中國大陸工作的合法證件。對來華工作90日以下的（含90日），可申請外國人來華工作許可或者外國專家來華邀請函。國家外國專家局負責許可實施工作。

一、外國人申請中國大陸的工作許可的條件

（一）用人單位基本條件

　　依法設立，無嚴重違法失信記錄；聘用外國人從事的崗位應是有特殊需要，國內暫缺適當人選，且不違反國家有關規定的崗位；支付所聘用外國人的工資、薪金不得低於當地最低工資標準。法律法規規定應由行業主管部門前置審批的，需經過批准。

（二）申請人基本條件

　　應年滿18周歲，身體健康，無犯罪記錄，境內有確定的用人單位，具有從事其工作所必需的專業技能或相適應的知識水準。所從事的工作符合中國大陸經濟社會發展需要，爲國內急需緊缺的專業人員。法律法規對外國人中國大陸的工作另有規定的，從其規定。

二、用人單位聘用外國人來中國大陸工作（90日以上）的具體許可流程。

（一）用人單位或委託專門機構在外國人來華工作管理服務系統登記註冊帳號，線上提交許可申請。填寫或提供外國人來華工作許可申請表、工作資歷證明、最高學位（學歷）證書或相關批准文書、職業

資格證明、無犯罪記錄證明、體檢證明、聘用合同或任職證明（包括跨國公司派遣函）等。經批准後線上列印《外國人工作許可通知》。

（二）外國人憑《外國人工作許可通知》及其他所需材料到中華人民共和國駐外使、領館申請Z字簽證或F字簽證或R字簽證。

（三）外國人憑有效簽證入境後15日內，用人單位線上申領《外國人工作許可證》，並至所在地外國人工作管理部門領取證件。

（四）外國人憑有效簽證入境後30日內，需至用人單位所在地公安機關出入境管理機構辦理工作類居留證件。

三、外國人申請來華工作90日以下（含90日）的具體許可流程。

在外國人來華工作管理服務系統登記註冊帳號，線上提交許可申請。填寫或提供外國人來華工作許可或外國專家來華邀請函申請表；申請人承諾本人無犯罪記錄；工作合同、項目合同、合作協議或邀請單位邀請說明；邀請外國人的費用安排；對邀請行為的真實性作出承諾並對被邀請外國人在華費用支付等進行擔保。

受理機構應當自材料提交之日起5個工作日（材料提交當日不計算在期間內）內對網上提交的材料進行預審和受理。材料齊全、符合要求的，應當予以受理，將線上生成受理通知。受理後，決定機構將自受理之日起5個工作日內進行審查並作出決定。符合條件、標準的，作出准予行政許可決定，線上生成《外國人工作許可通知》；申請外國專家來華邀請函的，至簽發機構領取紙質外國專家來華邀請函。

四、外國人可在中國大陸境內申請來華工作許可（90日以上）的情形。

（一）持其他簽證或有效居留證件已入境的外國高端人才（A類）；

（二）在華工作的外國人變換用人單位，但工作崗位（職業）未變動，且

工作類居留許可在有效期內的；

（三）中國大陸公民的外籍配偶或子女、在華永久居留或工作的外國人的配偶或子女，持有效簽證或在有效期內的居留許可的；

（四）符合自由貿易區、全面創新改革試驗區相關優惠政策的；

（五）用人單位符合享有跨國公司在華地區總部相關優惠政策的；

（六）企業集團內部人員流動的；

（七）執行政府間協議或協議的；

（八）已持工作簽證依法入境的駐華機構代表人員；已獲得來華工作90日以下的外國人來華工作許可的，在其停留有效期內，被境內用人單位依法聘用的；

（九）其他審批機構認定符合條件的。

注：在獲得《外國人工作許可證》後，在有效簽證或者居留許可到期前，應至用人單位所在地公安機關出入境管理機構辦理工作類居留證件。

五、中國大陸對外國高端人才（A類）申請外國人來華工作許可的便利措施。

（一）受理機構網上預審通過的直接受理，給予受理電子回執單。申請人入境前不需提供紙質材料進行核驗；

（二）入選國內相關人才計畫的外國高端人才，全流程線上辦理，無需提交紙質材料核驗；

（三）符合《外國人來華工作分類標準》外國高端人才（A類），其工作資歷證明採用承諾制；

（四）符合《外國人來華工作分類標準》外國高端人才（A類），其最高學位（學歷）證書採用承諾制；

（五）無犯罪記錄證明採用承諾制；

（六）已合法入境的，可在境內申請外國人來華工作許可；

（七）申請外國人來華工作許可、外國人來華工作許可延期、註銷申請的，決定機構在5個工作日內進行審查並作出決定。

（八）申請來華工作90日以下的，可以申請外國專家來華邀請函，其他外國專家可隨行。獲得外國專家來華邀請函後可申請F簽證，可多次出入境，入境後無需辦理工作類居留證件。

（九）可給予最長期限達5年的外國人來華工作許可。

指南4：如何攜帶寵物入境中國大陸

境外居民如需攜帶寵物入境中國大陸，需遵守中國大陸建議監管相關規定，否則將被拒絕入境。因此入境前瞭解中國大陸的相關要求極為重要。

一、攜寵入境的基本要求

1. 攜帶入境的活動物僅限於犬或貓；
2. 一名攜帶人每次入境僅限攜帶一隻寵物；
3. 提供輸出國家或者地區官方動物檢疫機構出具的有效檢疫證書和狂犬病疫苗接種證書；
4. 寵物應當具有電子晶片；
5. 攜帶入境的寵物應在海關指定的隔離場所隔離檢疫30天；
6. 需隔離檢疫的寵物應當從建設有隔離檢疫設施的口岸入境。

二、免於隔離檢疫的情形

1. 來自指定國家或者地區攜帶入境的寵物，具有有效電子晶片，經現場檢疫合格的；
2. 來自非指定國家或者地區的寵物，具有有效電子晶片和採信實驗室出具的狂犬病抗體檢測報告（抗體滴度或免疫抗體量須在0.5IU/ml以上）並經現場檢疫合格的；
3. 攜帶寵物屬於導盲犬、導聽犬、搜救犬的，具有有效電子晶片，攜帶人提供相應使用者證明和專業訓練證明並經現場檢疫合格的。

備註1：指定國家或地區範圍

　　包括紐西蘭、澳大利亞、斐濟、法屬波利尼西亞、美國夏威夷、美國關島、牙買加、冰島、英國、愛爾蘭、列支敦士登、賽普勒斯、葡萄牙、瑞典、瑞士、日本、新加坡、中國香港、中國澳門。其他國家、地區均為非指定國家或地區。

備註2：需隔離檢疫的指定口岸

　　北京首都機場；北京西站；上海虹橋國際機場；上海浦東國際機場；上海火車站；上海國際客運中心；吳淞口國際郵輪碼頭；烏魯木齊地窩堡國際機場；阿拉山口口岸。無需隔離檢疫的寵物可通過任何口岸入境。

備註3：中國大陸海關採信的狂犬病抗體檢測結果的實驗室名單

1. 加拿大：Centre of Expertise for Rabies CFIA/ACIA
   Ottawa Laboratory Fallowfield Animal Diseases Research Institute；地址：3851 Fallowfield Road P.O. Box 11300 Station H Nepean, Ontario K2H 8P9 CANADA；

2. 中國：中國農業科學院（CAAS）、長春獸醫研究所（CVRI）狂犬病和野生動物相關人畜共患病診斷實驗室病毒學系；地址：中華人民共和國長春市淨月經濟開發區柳鶯西路666號；

3. 法國：Agence nationale de Sécurité Sanitaire de l'Alimentation, de l'Environnement et du Travail (Anses) Laboratoire de la faune sauvage de Nancy；地址：B.P. 40009 54220 Malzéville Cedex FRANCE；

4. 德國：Institute of Molecular Virology and Cell Biology, Friedrich-Loeffler Institut,Federal Research Institute for Animal Health；地址：Südufer 10 D-17493 Greifswald - Insel Riems GERMANY；

5. 韓國：Rabies Research Laboratory Division of Viral Disease Animal and Plant Quarantine Agency Ministry of Agriculture, Food and Rural Affairs (MAFRA)；地址：175 Anyang-ro, Manan-gu Anyang, Gyeongii 430-757

KOR EA (REP. OF)；

6. 墨西哥：Servicio Nacional de Sanidad, Inocuidad y Calidad Agroalimentaria；地址：Km. 37.5 de la Carretera México-Pachuca, Tecamac, Edo. de México MÉXICO；

7. 南非：Onderstepoort Veterinary Institute Rabies Unit；地址：Private Bag X05 Onderstepoort 0110 SOUTH AFRICA；

8. 英國：Rabies and Wildife Zoonoses Group Virology Department Animal and Plant Health Agency；地址：New Haw, Addlestone Surrey KT15 3NB Weybridge UNITED KINGDOM；

9. 美國：1)Poxvirus and Rabies Branch Division of High-Consequence Pathogens and Pathology National Center for Emerging and Zoonotic Infectious Diseases Centers for Disease Control and Prevention；地址：1600 Clifton Road, NE, Mail Stop G33 Atlanta, GA 30 333 UNITED STATES OF AMERICA；2)Kansas State University Rabies Laboratory；地址：Avenue, Mosier Hall Manhattan, Kansas 66503 UNITED STATES OF AMERICA。

指南5：如何在中國大陸申請居留證

中國大陸發給外國人的居留證件分為外國人居留證和外國人臨時居留證。外國人居留證是發給在中國大陸居留1年以上的人員。外國人臨時居留證是發給在中國大陸居留不滿1年的人員。

一、申請條件

持標D、Z、X、J-1字簽證的外國人以及根據中國大陸政府同該外國政府簽定的協議免辦簽證入境，需在中國大陸停留30日以上的外國人，必須自入境之日起30日內到居住地市、縣公安局辦理外國人居留證或者外國人臨時居留證。

持標有F、L、G、C字簽證的外國人，可以在簽證註明的期限內在中國大陸停留，不需辦理居留證件。

二、申請手續

向中國大陸當地市（縣）公安機關出入境管理部門提出申請，並須回答被詢問的有關情況及履行下列手續：

1. 交驗護照、簽證；
2. 與居留事由有關的證明；包括：
   (1) 持有《外國人工作許可證》；
   (2) 持有《外國人在中華人民共和國從事海上石油作業工作準證》，從事海上石油作業、不需登陸、有特殊技能的外籍勞務人員；
   (3) 文化部批准持《臨時營業演出許可證》進行營業性文藝演出的外國人。
3. 填寫居留申請表；
4. 交驗健康證明書，近期2吋半身正面免冠照片。

指南6：如何在中國大陸辦理結婚登記

中國大陸施行「一夫一妻」制度，中國大陸對外國人與中國大陸人通婚並不禁止，但外國人與中國大陸人在中國辦理結婚手續，應符合和遵守中國大陸的法律。

一、辦理條件

（一）雙方自願結婚；
（二）當事人男年滿22周歲，女年滿20周歲；
（三）當事人雙方均無配偶（未婚、離婚、喪偶）；
（四）當事人雙方沒有直系血親和三代以內旁系血親關係。

二、申請資料

（一）3張2吋雙方近期半身免冠彩色紅底合影照片

（二）國內居民：

1. 本人有效的居民身份證和戶口名簿（原件和影本一份）；

2. 本人無配偶以及與對方當事人沒有直系血親和三代以內旁系血親關係的簽字聲明（由婚姻登記機關提供）。

（三）華僑：

1. 本人的有效護照（原件和影本一份）；

2. 居住國公證機構或者有權機關出具的、經中華人民共和國駐該國使（領）館認證的本人無配偶以及與對方當事人沒有直系血親和三代以內旁系血親關係的證明，或者中華人民共和國駐該國使（領）館出具的本人無配偶以及與對方當事人沒有直系血親和三代以內旁系血親關係的證明。

3. 與中國無外交關係的國家出具的有關證明，應當經與該國及中國均有外交關係的第三國駐該國使（領）館和中國駐第三國使（領）館認證，或者經第三國駐華使（領）館認證。

（四）外國人：

1. 本人有效護照或其他有效的國際旅行證件（原件和影本一份）；

2. 所在國公證機構或者有權機關出具的、經中華人民共和國駐該國使（領）館認證或者該國駐華使（領）館認證的本人無配偶的證明，或者所在國駐華使（領）館出具的本人無配偶證明；

3. 與中國無外交關係的國家出具的有關證明，應當經與該國及中國均有外交關係的第三國駐該國使（領）館和中國駐第三國使（領）館認證，或者經第三國駐華使（領）館認證。

三、注意事項

國外的當事人無配偶聲明或者證明，自出具之日起6個月內有效。當

事人向婚姻登記機關提交的「本人無配偶證明」等材料是外國語言文字的，應當翻譯成中文。

指南7：配偶或未成年未婚子女為外國人，如何為其申請中國大陸永久居留證

中國大陸公民或者在中國大陸獲得永久居留資格的外國人的配偶或其未成年子女，如為外國人，而需投靠其配偶或父母的，在符合中國大陸法律的規定的條件時，可申請中國大陸永久居留證。

一、申請條件

中國大陸公民或者在中國大陸獲得永久居留資格的外國人的配偶，如屬外國人，並雙方婚姻關係存續滿五年；且已在中國大陸連續居留滿五年、每年在中國大陸居留不少於九個月而且有穩定生活保障和住所的，可以申請中國大陸永久居留證。

中國大陸籍父母或者持有《外國人永久居留證》的外國籍父母的未成年子女，如為外國人，且未滿18周歲、未婚的，其投靠父母的，可以申請中國大陸永久居留證。

二、申請材料

1. 填寫提供《外國人在中國永久居留申請表》；
2. 提供有效的外國護照或者能夠代替護照的證件；
3. 提供中國政府指定的衛生檢疫部門出具的或者經中國駐外使、領館認證的外國衛生醫療機構簽發的健康證明書；
4. 提供經中國駐外使、領館認證的國外無犯罪記錄證明；
5. 提供四張二英吋近期正面免冠彩色照片；
6. 配偶投靠需提供中國大陸籍配偶的常住戶籍證明或者外國籍配偶的《外

國人永久居留證》、婚姻證明、經公證的生活保障證明及房屋租賃或者產權證明。未成年未婚子女投靠需提供中國大陸籍父母的常住戶籍證明或者外國籍父母的《外國人永久居留證》、本人出生證明或者親子關係證明；屬收養關係的，還需提交收養證明。前述涉外國有關機構出具的證明需經中國駐該國使、領館認證。

三、辦理期限和費用

公安機關自受理外國人在中國永久居留的申請之日起六個月以內做出批准或者不批准的決定。目前的申請費為每人1,500元；證件費為每證300元。

備註：受理外國人在中國永久居留申請的機關是設區的市級人民政府公安機關，直轄市公安分、縣局；審核外國人在中國永久居留申請的機關是各省、自治區、直轄市公安廳、局；審批外國人在中國永久居留申請的機關是公安部。

指南8：如何申請加入中國國籍

入籍一個國家，即為該國公民。中國不承認公民的雙重國籍身份，並對外國人入籍中國具有較為嚴格的條件限制。

一、申請條件

外國人或無國籍人，願意遵守中國憲法和法律，並具有下列條件之一的，可以經申請批准加入中國國籍：

（一）中國人的近親屬；

（二）定居在中國的；

（三）有其他正當理由的。

二、受理、審批機關

受理國籍申請的機關，在國內為當地市、縣公安局，在外國為中國外交代表機關和領事機關。加入中國國籍申請，由中華人民共和國公安部負責審批。

三、申請手續

（一）填寫《加入中華人民共和國國籍申請表》；

（二）提交要求加入中國國籍的書面申請；

（三）提交相應證明，根據入籍理由不同，提供不同的證明文件，包括：

　　　1. 外國護照影本；

　　　2. 外國人永久居留證影本；

　　　3. 如父母雙方或一方為中國公民所生的子女，須提供本人出生時即具有外國國籍的相關證明。

　　　4. 受理機關認為與申請國籍有關的其他材料。

四、注意事項

被批准加入中國國籍後，不得再保留外國國籍。出入境手續按中國公民有關規定辦理。

Ⅱ.台、港、澳居民在中國大陸生活指南

指南1：如何申請來往中國大陸通行證

一、臺灣居民來往大陸通行證（臺胞證）申請

臺胞證由縣級以上公安機關出入境管理機構負責辦理，臺胞證分為五年多次出入境有效和三個月一次入出境有效兩種。從臺灣、香港、澳門地區來大陸的臺灣居民應辦理臺胞證，並通常可在7-20個工作日內可辦結。辦理流程如下：

（一）所需材料

辦理臺胞證應提交以下材料：

1. 填寫《臺灣居民來往大陸通行證申請表》；
2. 提交符合《出入境證件相片照相指引》的照片；
3. 交驗本人有效的臺灣地區身份證和臺灣地區出入境證件。沒有身份證的，交驗戶籍謄本或戶口名簿。有關證件交驗原件，留存身份證或戶籍謄本（戶口名簿）的影本或者電子掃描件。父母雙方為臺灣居民，本人在大陸出生，已取得臺灣地區入台許可的，應當交驗申請人父母臺胞證、本人出生證明。

（二）申請方式

臺灣居民申請臺灣居民來往大陸通行證應當本人前往受理機構提出申請，但符合下列情形之一的，可按相應規定提出申請：

1. 已滿（含）60周歲的，可以委託他人代為申請；
2. 未滿16周歲的，須由其監護人或監護人委託他人陪同或代為申請；
3. 因身患疾病等原因行動不便的，可以委託他人代為申請；
4. 國家移民管理局規定可以代為申請的其他情形。

被委託人應當提交申請人的委託書，監護人應當提交申請人的出生證明或者戶籍謄本等監護關係證明，代辦單位的代辦人應當提交單位公函。以上監護人、代辦人、被委託人均應當交驗本人身份證件原件，並提交證件影本或者留存電子掃描件。因身患疾病等原因行動不便的應當提交相應

證明材料。

　　一般情況下，口岸出入境管理機構受理臺胞證申請後，辦理時間不超過30分鐘。因探病、奔喪、訴訟、處理緊急商務或省級公安機關出入境管理機構認可的其他緊急事由申請臺胞證的，公安機關出入境管理機構按照急事急辦原則，優先審批辦理。

（三）補發、換發手續

　　符合後列條件之一，填寫《臺灣居民來往大陸通行證申請表》、提交符合《出入境證件相片照相指引》的照片、經核驗證件，即可申請補發或換發新的臺胞證。(1)五年期臺灣居民來往大陸通信證有效期不足6個月的；(2)持一次臺灣居民來往大陸通行證申請換發五年期臺灣居民來往大陸通行證的；(3)持本式臺灣居民來往大陸通行證申請換發電子臺灣居民來往大陸通行證的；(4)本人身份資訊發生變更的；(5)臺胞證損毀、遺失、被盜搶的；(6)需要補發或換發的其他情形。

二、港澳居民來往中國大陸通行證（回鄉證）申請

　　回鄉證由公安部委託香港中國旅行社、澳門中國旅行社分別受理香港居民、澳門居民申領通行證的申請；並授權廣東省公安廳負責審批簽發回鄉證，通常可在12個工作日內辦結。

　　回鄉證有效期分為3年和10年兩種。有效期為3年的通行證簽發給年齡不滿18歲的港澳居民使用，有效期為10年的通行證簽發給18歲以上（含18歲）的港澳居民使用。辦理流程如下：

（一）適合人群

　　凡具有中國籍的香港、澳門居民不管是否持有外國護照和旅行證件，只要未向國籍管理機關申報為非台港澳居民，均可申領回鄉證，作來往中國香港與中國大陸之間使用，包括：

1. 在香港、澳門出生，具有中國血統的香港、澳門永久性居民：以本人港澳居民身份證為憑；

2. 中國大陸居民，經批准赴港澳定居，成為香港、澳門居民者：以本人港澳居民身份證以及前往港澳通行證或者其他赴港定居的證明為憑；

3. 在中國其他地區出生的香港、澳門永久性居民中的中國公民：以本人的港澳居民身份證以及首次進入香港或者澳門時持用的旅行證件為憑；

4. 在外國出生的香港、澳門永久性居民中的中國公民：以本人的港澳居民身份證以及首次進入香港或者澳門時持用的旅行證件為憑；

5. 香港、澳門永久性居民中的外國籍或者無國籍人士，經批准恢復或者加入中國籍者：以本人的港澳居民身份證以及國籍變更證明為憑。

（二）所需材料

辦理回鄉證提供以下材料：

1. 提交填寫完整的《港澳居民來往中國大陸通行證申請表》（下稱「申請表」）；

2. 提交申請人符合要求的近期正面免冠彩色照片一張；

3. 交驗與申請人身份相應的證明文件，並提交相應的影本；

4. 提交審批機關認為確有必要的其他證明。

（三）補發、換發手續

1. 原持《港澳同胞回鄉證》的港澳居民，憑《港澳同胞回鄉證》；回鄉證失效後，持證人憑失效的回鄉證；回鄉證損壞，不能繼續使用的，持證人憑損壞的回鄉證；附以本人的港澳居民身份證並提交填寫完整的申請表，向受理機關申請換發新的回鄉證。

2. 在內地遺失回鄉證的，向遺失地公安派出所報失，憑報失證明向當地公安機關出入境管理部門申領赴港澳證件。回鄉證遺失人持該入出境通行證回港澳地區後，填寫遺失登記表和申請表，憑本人的港澳居民身份證向回鄉證受理機關申請補發新的回鄉證。

3. 在港澳地區遺失回鄉證的，向回鄉證受理機關報失，填寫遺失登記表和申請表，憑本人的港澳居民身份證向回鄉證受理機關申請補發新的回鄉證。

指南2：如何在中國大陸申請居住證

　　中國大陸在2018年出臺了《港澳臺居民居住證申領發放辦法》，港、澳、臺居民可在實際居住地公安機關指定的居住證受理點申辦居住證，持居住證的港、澳、臺居民在中國大陸居住期間，可享受諸多便利，目前包括：

1. 乘坐國內航班、火車等交通運輸工具；
2. 旅館、酒店住宿；
3. 辦理銀行、保險、證券和期貨等金融業務；
4. 與大陸（內地）居民同等待遇購物、購買公園及各類文體場館門票、進行文化娛樂商旅等消費活動；
5. 在居住地辦理機動車登記；
6. 在居住地申領機動車駕駛證；
7. 在居住地報名參加職業資格考試、申請授予職業資格；
8. 在居住地辦理生育服務登記；
9. 國家及居住地規定的其他便利。

一、申領條件

1. 台、港、澳居民前往中國大陸居住半年以上；
2. 符合有合法穩定就業、合法穩定住所、連續就讀條件之一；
3. 持港澳居民來往內地通行證（回鄉證）或臺灣居民來往大陸通行證（臺胞證）。

二、所需材料

1. 填寫並提供《台港澳居民居住證申領登記表》；
2. 提供回鄉證（港澳居民）、臺胞證（臺灣居民）；
3. 提供居住滿半年的證明材料（符合有合法穩定就業、合法穩定住所、連續就讀條件之一）；其中合法穩定住所證明可以是房屋租賃合同、或

房屋產權證明文件、或購房合同或者房屋出租人、用人單位、就讀學校出具的住宿證明等；合法穩定就業證明可以是工商營業執照、或勞動合同、或用人單位出具的勞動關係證明或者其他能夠證明有合法穩定就業的材料等；連續就讀證明可以是學生證、或就讀學校出具的能夠證明連續就讀的證明材料等。

4. 符合要求的本人照片（到照相館拍照，提供照片回執即可）；

材料齊備無誤的，公安機關在20個工作日內，最長不超過30個工作日辦結。

三、補領、換領

1. 居住證有效期滿、證件損壞難以辨認或者居住地變更的，持證人可以換領新證；居住證丟失的，可以申請補領；

2. 換領補領新證時，應當交驗本人回鄉證（港澳居民）、臺胞證（臺灣居民）；

3. 換領新證時，應當交回原證；

4. 換領、補領居住證，應當繳納證件工本費。

指南3：如何在中國大陸申報、繳納個人所得稅

　　根據中國大陸《個人所得稅法》的規定，在中國大陸境內居住有所得的人，以及不在中國大陸境內居住而從中國大陸境內取得所得的個人，包括中國大陸國內公民，在境內取得所得的外籍人員和港、澳、台同胞（合稱爲「境外居民」）。均應依法在中國大陸申報、繳納個人所得稅。

一、對境外居民的識別方法

　　中國大陸對沒有中國公民身份號碼的境外居民，由稅務機關賦予該居

民納稅人識別號。施行一人一號。

二、納稅人分類

中國大陸對境外納稅人，根據其住所地情況、居住期限的長度，區分爲居民納稅人和非居民納稅人，具體定義如下：

（一）居民納稅義務人：是指在中國大陸境內有住所，或者無住所而一個納稅年度內在境內居住滿183天的個人。居民納稅人，應當就其在中國大陸境內和境外取得的所得，依法繳納個人所得稅，但根據在中國大陸境內實際居住時長的不同有相應稅收優惠，直至居住滿5年後需就境內外全部所得依法繳納個人所得稅。

（二）非居民納稅義務人：是指在中國大陸境內無住所又不居住或者無住所而一個納稅年度內在境內居住不滿183天的個人。非居民納稅人，僅應就其從中國大陸境內取得的所得，依法繳納個人所得稅。

三、稅費計繳方式

中國大陸對個人所得稅區分爲綜合所得計繳和分類所得計繳兩種方式。

綜合所得計繳，是指對居民納稅人在一個納稅年度（自西曆1月1日起至12月31日止，下同）內取得的工資、薪金所得，勞務報酬所得，稿酬所得，特許權使用費所得進行綜合後，在扣除該年度全部的可扣除額後，再依據個人所得稅稅率計繳個人所得稅的一種方式。

分類所得計繳，是指對居民納稅人取得的經營所得，利息、股息、紅利所得，財產租賃所得，財產轉讓所得，偶然所得，在扣除成本費用（如有）後直接依據個人所得稅稅率按月或按次計繳個人所得稅的一種方式；以及對非居民納稅人取得全部所得在扣除成本費用（如有）後直接依據個人所得稅稅率按月或按次計繳個人所得稅的一種方式。

四、可扣除項目及金額

（一）基本扣除

居民納稅人在每一個納稅年度的基本扣除費用是六萬元。非居民納稅人的工資、薪金所得，其每月的基本扣除費用是五千元。非居民納稅人的勞務報酬所得、稿酬所得、特許權使用費所得，以每次收入額為應納稅所得額。

（二）專項扣除

無論居民納稅人、還是非居民納稅人，每一個納稅年度或每月專項扣除的項目包括：醫療、養老、失業等社會保險費；住房公積金。通常均可據實扣除。

（三）專項附加扣除

專屬居民納稅人享有的權利，項目包括：子女教育、繼續教育、住房貸款利息、住房租金、贍養老人、大病支出。扣除標準為：子女教育，每個子女每月1,000元；繼續教育，每年3,600元或4,800元；住房貸款利息，每月1,000元；住房租金，每月扣除800～1,500；贍養老人，每月2,000元；大病支出，自費超出15,000元並在每年80,000元以內的部分。

（四）其他扣除

適用于居民納稅人，項目包括：商業健康險、稅收遞延型養老保險、企業年金。目前前述項目的扣除標準為：商業健康險年扣除額最高2,400元（200元／月）；稅收遞延型養老保險，目前僅在江蘇的蘇州工業園區、上海、福建進行試點，扣除限額按照當月工資薪金、連續性勞務報酬收入的6%和1,000元孰低辦法確定。企業年金，在不超過本人繳費工資計稅基數（上限為所在設區城市上一年度職工月平均工資300%）的4%標準內的部分，暫從個人當期的應納稅所得額中扣除；企業年金繳費每年不超過本企業上年度職工工資總額的1/12（約8.33%），在計入個人帳戶時，個人暫不繳納個人所得稅。

五、境外居民個人所得稅優惠政策

2019年3月14日，財政部、稅務總局聯合印發《財政部 稅務總局關於在中國大陸境內無住所的個人居住時間判定標準的公告》，爲境外居民特別是台港澳人士來中國大陸工作和創業注入一劑強力興奮劑。

（一）明確連續居住滿六年的起始年度爲2019年（含）及以後年度。

公告第1條規定：無住所個人一個納稅年度在中國大陸累計居住滿183天的，如果此前六年的任一年在中國大陸累計居住天數不滿183天或者單次離境超過30天，該納稅年度來源於中國大陸境外且由境外單位或者個人支付的所得，免予繳納個人所得稅。所稱此前六年，是指該納稅年度的前一年至前六年的連續六個年度，此前六年的起始年度自2019年（含）以後年度開始計算。

根據上述規定，在中國大陸無住所的個人，在符合下列任一情形之一者，其所獲得的由境外支付的境外所得將可免予在中國大陸納稅：

情形一：無住所個人一個納稅年度在中國大陸境內累計居住不滿183天的；

情形二：無住所個人一個納稅年度在中國大陸境內累計居住雖滿183天的；但連續滿183天的年度不足六年；

情形三：無住所個人一個納稅年度在中國大陸境內累計居住滿183天的年度雖然連續滿6年，但在該6年度中任一年度存在一次離境超過30天的；

針對境外居民關心的情形三中的6年的起算年度，公告第一條按照法不溯及既往的一般原則，明確「連續不滿6年」的起始年度爲2019年（含）及以後年度。舉例說明如下：

假設1：無住所境外居民張三2017年度首次入境中國大陸，並在2017年度及2018年度在中國大陸居住均滿183天，2019年仍將累計居住183天，情形三中的累計居住滿183天的首年度將從2019年開始計算，而不是從2017年開始計算。

假設2：無住所境外居民李四2015年度首次入境中國大陸，並在2015至2018各年度在中國大陸居住均滿183天，但其尚未一次性離境超過30天，如李四2019年度繼續在中國大陸居住並滿183天，2019年度仍是計算其累計居住滿183天年度的首年度，依情形三，即使2019-2024年李四每年仍累計在中國大陸居住滿183天，但只要其在2019-2024年度記憶體在一次性離境超過30日的情形，其在該6年中獲得的由境外支付的境外所得也可免予在中國大陸納稅。

假設3：無住所境外居民王五2019年入境中國大陸，在該年度起至2024年，假設其每年在中國大陸居住的時間累計均滿183天，而如果其在該6個年度中，不存在一次的一次性離境超過30天的，那麼自2019年起其各年度所獲得的由境外支付的境外所得均需在中國大陸納稅。

假設4：無住所境外居民王五2019年入境中國大陸，在該年度起至2024年，假設其每年在中國大陸居住的時間累計均滿183天，但其在該6個年度中的2023年存在一次離境超過30天的情況，那麼在2024年之前的其所獲得的由境外支付的境外所得均無需在中國大陸納稅；同時，王五續居住滿6年與否的起始年度變為2024年。

（二）明確只有在中國大陸逗留滿1個自然日中的全部24小時才計入在中國的居住時間。

根據之前的規定，無住所境外居民入境中國大陸及離開中國大陸的當日均按1天計入其在中國大陸的居住時間（注：當日往返數次亦按1天計算），使得在執行一次性離境30天的規定時，實際離境的時間需要達到32天方符合。

公告第2條規定：無住所個人一個納稅年度內在中國大陸境內累計居住天數，按照個人在中國大陸境內累計停留的天數計算。在中國大陸停留的當天滿24小時的，計入中國大陸居住天數，在中國大陸停留的當天不足24小時的，不計入中國大陸境內居住天數。

根據上述規定，無住所境外居民離境、入境中國大陸的當日基本上說不再有機會計入其在中國大陸居住的時間。這將使得執行一次性離境30天

的規定更加寬鬆。也使得作爲粵港澳大灣區成員的香港、澳門地區的居民在內地就業、創業更加不會感覺有壓力，甚至香港、澳門地區的居民在內地（特別是粵港澳大灣區內）有機會實現其在中國大陸的永久性的非居民納稅義務人身份。舉例說明如下：

假設1：無住所境外居民王五在2019年-2023年連續5年在中國大陸居住滿183天，2024年將持續該狀態，爲此，王五2024年準備一次性離境30日，其向雇傭單位請假，請問：其最少請假多少天即可符合中國大陸稅法的規定？按照以前的規定，王五至少請假32天方可達到一次性離境30日的要求，而現在，其就可以實實在在的只請假30天，因爲其離境和入境兩天均將不會再被計入其在中國大陸居住的時間。

假設2：香港、澳門永久性居民，週一來內地上班，週五返回；休息制度與內地員工相同，那麼其一周在內地的居住時間僅計算3天，如再扣除內地法定假日，其一年在內地的居住天數將不足150天，低於183日，其構成內地的非居民納稅義務人。

指南4：如何在中國大陸申請換領機動車駕駛證

一、申請資料

（一）《機動車駕駛證申請表》並經縣（區）以上醫院體檢合格；
（二）所在（國）地區駕駛證或國際駕駛證爲外文的，需提供並翻譯所在（國）地區駕駛證或國際駕駛證並交由公證處公證；
（三）提供居住證、營業執照並交由公證處公證；
（四）提供彩色一时紅色背景免冠便裝照片6張。

二、辦理流程

已領取所在（國）地區駕駛證或國際駕駛證的境外居民需考換中華人民共和國機動車駕駛證的，持上述資料到換領地車管所報名並領取《機動

車駕駛證申請表》到縣、區級以上醫院體檢。體檢合格的按照安排時間參加考試（筆試），考試合格後由省車管所核發駕駛證（駕駛員檔案可由市車管所或本人遞送，也可以委託他人遞送）。

指南5：如何辦理需在中國大陸使用的文件的公、認證

隨著境外人士在中國大陸的生活／生產日益頻繁，其在境外形成的文件需要在中國大陸使用的情況也越來越多，包括從境外離岸公司的商業登記證書，境外結婚證明、出生證明等，該等文件在中國大陸使用的前提就是要事先辦理境外文件的公、認證程序。

一、香港地區文件施行委託公證人制度。（注：澳門與香港的認證制度類似）

在香港地區形成為文件，如需要在中國大陸使用，需由司法部考核後委託部分香港律師作為委託公證人，負責對香港地區發生的法律行為、有法律意義的事實和文書出具有關公證文書，該公證文書經司法部在香港設立的中國法律服務（香港）有限公司審核並加蓋轉遞章轉遞後，送回內地方可使用。

二、臺灣地區文件施行海基、海協會轉遞核驗制度。

臺灣地區公證處出具公證書時，其將正本交予委託人，副本交予臺灣海基會寄送大陸地區海協會指定的文件所用省份的省級公證協會以備核驗。大陸地區在省級公證協會收到臺灣海基會寄送的文件後，委託人可持正本到相應的省級公證協會申請辦理公證書正副本相符核驗。協會工作人員在將當事人交來的正本與臺灣海基會寄來的副本比對後，正副本相符的，給當事人出具《臺灣公證書正副本相符核驗證明》，該公、認證即完

成，文件即可在大陸地區使用。

三、在外國形成文件施行使、領館公、認證制度。

對於在外國形成的相應法律文件如需要在中國大陸使用的，中國大陸施行公、認證程序，需視情況而定。若當事人所在國與中國訂立的有關條約中明確了相關證明程序的則按照條約規定執行；若沒有條約規定的，首先應當由該國或該國內實行獨立法律體系區域內，有公證資格的機構出具有效公證文書，再區分情況按如下程序辦理：

1. 與中國有外交關係的國家出具的、送往中國大陸地區使用的公證文書或有關文書，需先經該國外交部或其授權機構認證後，再送中國駐該國使、領館認證。
2. 與中國無外交關係的國家出具的、送往中國大陸地區使用的公證文書或有關文書，需先經該國外交部或其授權機構和與中國有外交關係國家駐該國使領館認證後，再辦理中國駐該第三國使領館的認證。

指南6：如何辦理在中國大陸之子女之復籍手續

一、臺灣居民申請流程

（一）（婚生）父母雙方攜帶小孩出生證明到出生所在地公證處辦理出生
　　　證；
（二）若小孩為非婚生，需父母及小孩三方共同到相關單位作親子鑑定
　　　後，再辦理公證；
（三）非婚生小孩之大陸方需辦理（放棄監護權公證），即指定由台籍方
　　　負責養育小孩，大陸方放棄養育權；
（四）如非婚生小孩母親為大陸籍，須辦理生育小孩前的婚姻狀況公證
　　　書；

（五）待辦理了符合上述條件的公證書寄到臺灣海基會，由海基會出具確認書（時間約30天）；

（六）台籍方（父或母）返台憑確認書在臺灣相關機構辦理小孩入台證；

（七）入臺灣手續辦妥後，到小孩大陸戶籍所在地辦理出境證件。

二、港、澳居民申請流程

（一）申請條件

香港居民：凡符合《中華人民共和國香港特別行政區基本法》第24條規定的香港永久居民在中國大陸所生中國大陸籍子女，在出生時其父親或母親已取得香港永久居民身份的（包括其父或母親在香港出生後回中國大陸居住一段時間又回香港居住的人員），不論年齡大小，均可以申請去香港定居（包括非婚生子女，但不包括繼子女，養子女）。香港永久性居民在中國大陸所生中國大陸籍子女申請《前往港澳通行證》即視爲申請香港「居留權證明書」。

澳門居民：符合下列條件之一的申請人有資格以澳門永久性居民將其在中國大陸所生中國大陸籍子女身份申請赴澳門定居：

1. 父或母所持有效的《澳門居民身份證》上載明出生地爲澳門（出生地代碼爲"A"）；

2. 父或母所持有效的《澳門居民身份證》首次發出日期距申請人出生時已滿七年；

3. 父或母持有效的《澳門居民身份證》，同時在申請人出生時，父或母也持有澳門治安警察局發出的永久居留證。

（二）申請手續

申請人向市公安局出入境管理部門提出申請，並履行下列手續：

1. 提交填寫完整並貼有申請人近期正面免冠照片（規格32X40 mm）的《香港永久性居民在中國大陸所生中國籍子女赴香港定（或澳門）居申請表》和二張同申請表上相同的照片；

2. 交驗出生證、身份證、戶口名簿或者其他戶籍證明（16歲以下兒童免交身份證）；

3. 交驗父母雙方或一方在香港或澳門的身份證、回鄉證、結婚證（若父母已死亡的須提供死亡證明），父母雙方有前妻（前夫）的，需交驗有關材料（如結婚證、離婚證、死亡證）；

4. 申請人在香港、澳門一方的父或母，如曾在香港住滿7年的，可提供相應的證明材料；

5. 申請人的父或母一方未去港定居的，應交驗中國大陸的身份證、戶口名簿、結婚證；

6. 申請人所在單位或派出所對申請人單程往港、澳的意見；

7. 公安出入境管理部門認爲確有必要的其他證明。

公安分局接收申請材料後發給受理回執，在10個工作日內對申請個案進行調查核實，提出意見報市公安局，市局將符合條件的上報省級公安廳出入境管理處。由公安廳出入境管理處將申請資料轉送香港、澳門入境事務處。省級公安廳出入境管理處將根據香港、澳門入境事務處返回的核查結果，向符合規定的申請人簽發《前往港澳通行證》往香港、澳門定居。

備註：非婚生子女除履行與婚生子女相同的申請審批手續外，還須提交證明親子關係的相關資料（母親懷孕時父母同居的證明、產前檢查證明、父母交往證明、他人旁證等），並準備接受基因（DNA）測試。

指南7：中國大陸向台、港、澳居民開放的專業資格考試暨資格互認、考試合作的情況

一、向台港澳居民開放的職業資格考試目錄

（一）專業技術人員職業資格類，包括：

1.教師資格。2.法律職業資格。3.註冊會計師。4.民用核安全設備無

損檢驗人員資格。5.民用核設施操縱人員資格。6.註冊核安全工程師。7.註冊建築師。8.監理工程師。9.房地產估價師。10.造價工程師。11.註冊城鄉規劃師。12.建造師。13.勘察設計註冊工程師（註冊結構工程師、註冊土木工程師（岩土））。14.註冊驗船師。15.船員資格。16.獸醫資格。17.拍賣師。18.演出經紀人員資格。19.醫生資格。20.護士執業資格。21.母嬰保健技術服務人員資格。22.出入境檢疫處理人員資格。23.註冊設備監理師。24.註冊計量師。25.新聞記者職業資格。26.註冊安全工程師。27.執業藥師。28.專利代理人。29.導遊資格。30.特種設備檢驗、檢測人員資格認定。31.工程諮詢（投資）專業技術人員職業資格。32.通訊專業技術人員職業資格。33.電腦技術與軟件專業技術資格。34.社會工作者職業資格。35.會計專業技術資格。36.資產評估師。37.經濟專業技術資格。38.土地登記代理專業人員職業資格。39.環境影響評價工程師。40.房地產經紀專業人員職業資格。41.機動車檢測維修專業技術人員職業資格。42.公路水運工程試驗檢測專業技術人員職業資格。43.水利工程品質檢測員資格。44.衛生專業技術資格。45.審計專業技術資格。46.稅務師。47.認證人員職業資格。48.出版專業技術人員職業資格。49.統計專業技術資格。50.銀行業專業人員職業資格。51.證券期貨業從業人員資格。52.文物保護工程從業資格。53.翻譯專業資格。

（二）技能人員職業資格類，包括：

1.消防設施操作員。2.焊工。3.家畜繁殖員。4.健身和娛樂場所服務人員。5.軌道交通運輸服務人員。6.機械設備修理人員。7.通用工程機械操作人員。8.建築安裝施工人員。9.土木工程建築施工人員。10.房屋建築施工人員。11.水產類、輸排和水處理人員。12.氣體生產、處理和輸送人員。13.電力、熱力生產和供應人員。14.儀器儀錶裝配人員。15.電子設備裝配調試人員。16.電腦製造人員。17.電子器件製造人員。18.電子元件製造人員。19.電線電纜、光纖光纜及電工器材製造人員。20.輸配電及控制設備製造人員。21.汽車整車製造人員。22.醫療器械製品和康復輔具生產人員。23.金屬加工機械製造人員。24.工裝工具製造加工人員。25.機

械熱加工人員。26.機械冷加工人員。27.硬質合金生產人員。28.金屬軋製人員。29.輕有色金屬冶煉人員。30.重有色金屬冶煉人員。31.煉鋼人員（煉鋼原料工、煉鋼工）。32.煉鐵人員（高爐原料工、高爐煉鐵工、高爐運轉工）。33.礦物采選人員。34.陶瓷製品製造人員。35.玻璃纖維及玻璃纖維增強塑膠製品製造人員。36.水泥、石灰、石膏及其製品製造人員。37.藥物製劑人員。38.中藥飲片加工人員。39.塗料、油墨、顏料及類似產品製造人員。40.農藥生產人員。41.化學肥料生產人員。42.基礎化學原料製造人員。43.化工產品生產通用工藝人員。44.煉焦人員。45.工藝美術品製作人員。46.木製品製造人員。47.紡織品和服裝剪裁縫紉人員。48.印染人員。49.織造人員。50.紡紗人員。51.纖維預處理人員。52.酒、飲料及精製茶製造人員。53.乳製品加工人員。54.糧油加工人員。55.動植物疫病防治人員。56.農業生產服務人員。57.康復矯正服務人員。58.健康諮詢服務人員。59.電腦和辦公設備維修人員。60.汽車摩托車修理技術服務人員。61.保健服務人員。62.美容美髮服務人員。63.生活照料服務人員。64.有害生物防制人員。65.環境治理服務人員。66.水文服務人員。67.水利設施管養人員。68.地質勘查人員。69.檢驗、檢測和計量服務人員。70.測繪服務人員。71.安全保護服務人員。72.人力資源服務人員。73.物業管理服務人員。74.資訊通信網路運行管理人員。75.廣播電視傳輸服務人員。76.資訊通信網路維護人員。77.餐飲服務人員。78.倉儲人員。79.航空運輸服務人員。80.道路運輸服務人員。81.消防和應急救援人員。

二、中國大陸與港澳專業人士資格互認及考試合作情況

（一）專業人士資格（考試）互認的情況

　　包括：房地產估價師（香港稱「產業測量師」）、建築師、結構工程師、規劃師、造價工程師（香港稱「工料測量師」）、監理工程師（香港稱「建築測量師」）；證券類從業資格、期貨類從業資格；法律職業資格；保險仲介人員考試；全國電腦技術與軟件專業技術資格（水準）考試；專利代理人資格。

（二）考試合作情況

包括：註冊會計師考試，對已通過當地註冊會計師考試的人員在申請對方考試時，相互豁免「財務成本管理」和「審計」兩個考試科目。在醫療領域，CEPA允許符合條件的港澳永久居民參加內地臨床、中醫、口腔類別的國家醫師資格考試，成績合格者，發給醫生《醫師資格證書》。

Ⅲ.關於出右法律集團

集團簡介

- 出右法律集團旗下現於兩岸分別有位於中國大陸廣東省之廣東出右律師事務所，及位於臺北之出右律師事務所。
- 廣東出右律師事務所是經廣東省司法廳批准，於2016年11月設立的一家綜合性律師事務所（執業許可證號：24419201610590933），辦公地點位於廣東省東莞市台商大廈（環球經貿中心）主樓六樓，處於東莞市行政商業文化中心地區，辦公環境優美，各項設施先進。
- 「出右」出自《史記‧田叔列傳》中的「無出其右」，意為超越卓越、銳意進取、追求第一。事務所始終秉承「服務、專業、責任、創新、分享」的建所理念，傾力提供超越客戶滿意度和法律專業化的全方位服務；認真踐行忠實於法律、忠實於委託人的執業責任，不斷探索、創新和優化服務模式，在伴隨客戶的成長、成功中不斷前行，致力於實現事務所價值與個人價值的共存、共用，成為行業公司化運作的領先品牌。
- 出右人始終堅持以最誠摯的態度為客戶提供最優質的專業法律服務，竭誠為各國各地區外商客戶在中國大陸地區的業務開展搭建法律溝通的橋樑、構築法律保障的大廈。日前，為了向臺灣地區客戶提供更為全面的法律服務，已與臺北出右律師事務所建立互為策略聯盟的緊密關係。臺北出右律師事務所設在臺北市信義區臺北101大樓27樓E室。

作者群簡介

劉　媛律師	現職：廣東出右律師事務所律師（訴訟部主管）
	最高學歷：東莞理工學院，法學學士
鄧寶霖律師	現職：廣東出右律師事務所律師（顧問部主管）
	最高學歷：華中科技大學，法學學士
陳慧冰律師	現職：廣東出右律師事務所律師（訴訟部）
	最高學歷：汕頭大學，法學與工商管理雙學士
方智藝律師	現職：廣東出右律師事務所律師（訴訟部）
	最高學歷：南京陸軍指揮學院，法學學士
蔡楚嫻律師	現職：廣東出右律師事務所律師（訴訟部）
	最高學歷：東莞理工學院，法學學士
侯文景律師	現職：廣東出右律師事務所律師（顧問部）
	最高學歷：武漢大學，法學碩士
吳文軍律師	現職：廣東出右律師事務所律師（顧問部）
	最高學歷：惠州學院，法學學士
邱嘉俊律師	現職：廣東出右律師事務所律師（非訟部）
	最高學歷：惠州學院，法學學士

作者群簡介

劉　媛律師　　現職：廣東出右律師事務所律師（訴訟部主管）
　　　　　　　最高學歷：東莞理工學院，法學學士

鄧寶霖律師　　現職：廣東出右律師事務所律師（顧問部主管）
　　　　　　　最高學歷：華中科技大學，法學學士

陳慧冰律師　　現職：廣東出右律師事務所律師（訴訟部）
　　　　　　　最高學歷：汕頭大學，法學與工商管理雙學士

方智藝律師　　現職：廣東出右律師事務所律師（訴訟部）
　　　　　　　最高學歷：南京陸軍指揮學院，法學學士

蔡楚嫻律師　　現職：廣東出右律師事務所律師（訴訟部）
　　　　　　　最高學歷：東莞理工學院，法學學士

侯文景律師　　現職：廣東出右律師事務所律師（顧問部）
　　　　　　　最高學歷：武漢大學，法學碩士

吳文軍律師　　現職：廣東出右律師事務所律師（顧問部）
　　　　　　　最高學歷：惠州學院，法學學士

邱嘉俊律師　　現職：廣東出右律師事務所律師（非訟部）
　　　　　　　最高學歷：惠州學院，法學學士

國家圖書館出版品預行編目資料

投資中國大陸法律環境報告—企管、貿易、稅
務、居住典型案例／出右律師事務所著. ——
初版.——臺北市：五南，2019.12
　面；　公分
ISBN 978-957-763-802-1 (平裝)

1.法律　2.論述分析　3.中國

582.189　　　　　　　　　108020992

4U21

投資中國大陸法律環境報告
企管、貿易、稅務、居住典型案例

作　　　者 — 出右律師事務所

發 行 人 — 楊榮川

總 經 理 — 楊士清

總 編 輯 — 楊秀麗

副總編輯 — 劉靜芬

封面設計 — 王麗娟

出 版 者 — 五南圖書出版股份有限公司

地　　　址：106台北市大安區和平東路二段339號4樓

電　　　話：(02)2705-5066　　傳　　真：(02)2706-6100

網　　　址：http://www.wunan.com.tw

電子郵件：wunan@wunan.com.tw

劃撥帳號：01068953

戶　　　名：五南圖書出版股份有限公司

法律顧問　林勝安律師事務所　林勝安律師

出版日期　2019年12月初版一刷

定　　　價　新臺幣480元